OS USOS
DO ARGUMENTO

OS USOS DO ARGUMENTO

Stephen E. Toulmin

Tradução
REINALDO GUARANY

Esta obra foi publicada originalmente em inglês com o título
THE USES OF ARGUMENT por The Press Syndicate of the University of Cambridge.
Copyright © Cambridge University Press, 1958.
Copyright © 2001, Livraria Martins Fontes Editora Ltda.,
São Paulo, para a presente edição.

1ª edição 2001
3ª edição 2022

Tradução
REINALDO GUARANY
MARCELO BRANDÃO CIPOLLA
(Nota à presente edição e Prefácio)

Revisão da tradução
Carolina Andrade
Acompanhamento editorial
Maria Fernanda Alvares
Revisões
*Eliane Rodrigues de Abreu
Márcia da Cruz Nóboa Leme
Helena Guimarães Bittencourt
Dinarte Zorzanelli da Silva*
Produção gráfica
Geraldo Alves
Paginação
Studio 3 Desenvolvimento Editorial
Capa
Projeto gráfico *1+1 DESIGN*
Ilustração *Luís Fernandes*

Dados Internacionais de Catalogação na Publicação (CIP)
(Câmara Brasileira do Livro, SP, Brasil)

Toulmin, Stephen Edelston, 1922-2009
  Os usos do argumento / Stephen Edelston Toulmin ; tradução Reinaldo Guarany. – 3ª ed. – São Paulo : Editora WMF Martins Fontes, 2022.

  Título original: The uses of argument.
  Bibliografia.
  ISBN 978-85-469-0389-4

  1. Lógica 2. Raciocínio I. Título.

22-115006   CDD-168

Índices para catálogo sistemático:
1. Argumento : Lógica   168

Cibele Maria Dias - Bibliotecária - CRB-8/9427

Todos os direitos desta edição reservados à
Editora WMF Martins Fontes Ltda.
*Rua Prof. Laerte Ramos de Carvalho, 133 01325-030 São Paulo SP Brasil
Tel. (11) 3293-8150 e-mail: info@wmfmartinsfontes.com.br
http://www.wmfmartinsfontes.com.br*

Sumário

Nota à presente edição VII
Prefácio IX
Prefácio à edição de 1964 XIII
Prefácio à 1.ª edição XV
Introdução 1

I. Campos de argumento e modais 15
As fases de um argumento 22
Impossibilidades e impropriedades 31
Força e critérios 43
A campo-dependência dos nossos padrões 51
Questões para a agenda 55

II. Probabilidade 63
Eu sei, eu prometo, provavelmente 68
"Improvável porém verdadeiro" 75
Alegações impróprias e alegações equivocadas 81
O labirinto da probabilidade 88
Probabilidade e expectativa 94
Relações de probabilidade e probabilificação 102
A palavra "probabilidade" é ambígua? 107
Teoria da probabilidade e psicologia 120
O desenvolvimento de nossos conceitos de probabilidade 128

III. O layout *de argumentos* 135
    O padrão de um argumento: dados e garantias 139
    O padrão de um argumento: para apoiar nossas garantias 147
    Ambigüidades no silogismo 154
    A noção de "premissas universais" 162
    A noção de validade formal 169
    Argumentos analíticos e substanciais 176
    As peculiaridades dos argumentos analíticos 182
    Algumas distinções cruciais 193
    Os perigos da simplicidade 202

IV. Lógica prática e lógica idealizada 209
    Uma hipótese e suas conseqüências 211
    A verificação desta hipótese 221
    A irrelevância dos critérios analíticos 238
    Modalidades lógicas 241
    Lógica como um sistema de verdades eternas 253
    Construção de sistema e necessidade sistemática .. 268

V. As origens da teoria epistemológica 301
    Conseqüências adicionais de nossa hipótese 310
    Podem os argumentos substanciais ser redimidos? I – transcendentalismo 319
    Podem os argumentos substanciais ser redimidos? II – fenomenismo e ceticismo 327
    Argumentos substanciais não precisam de redenção. 331
    A justificação da indução 335
    Intuição e o mecanismo da cognição 343
    A irrelevância do ideal analítico 354

CONCLUSÃO 361

Referências 371
Índice remissivo: 1. Nomes próprios 373
    2. Termos introduzidos ou discutidos. 374

Nota à presente edição
Os usos do argumento, edição atualizada

Um dos temas principais da magnífica série de livros e artigos de filosofia que Stephen Toulmin publicou de 1948 para cá é o modo pelo qual as afirmativas e opiniões referentes a qualquer tipo de assunto, quer da vida cotidiana, quer da pesquisa acadêmica, podem ser justificadas racionalmente. Acaso existe um único sistema normativo universal pelo qual devem ser julgados todos os argumentos de todos os campos do conhecimento? Ou será que cada tipo de argumento deve ser julgado de acordo com suas próprias normas?

Em *Os usos do argumento* (1958), Toulmin expõe pela primeira vez suas opiniões sobre essas questões. Reagindo com veemência ao modo "estreito" com que a lógica silogística e moderna entende os argumentos mais comuns, ele defende, à semelhança do que já acontece na ciência do Direito, uma noção de validade processual e não formal. Segundo Toulmin, é possível discernir certos elementos constantes ("campo-invariáveis") nos modos de desenvolvimento da argumentação, ao mesmo tempo que, em todos os casos, evidenciam-se também alguns elementos variáveis ("campo-dependentes") que determinam como os argumentos devem ser julgados. A abordagem "mais ampla" de Toulmin tem por objetivo a criação de uma lógica mais epistemológica e mais empírica, que leve em conta ambos os tipos de elementos.

Apesar das críticas iniciais formuladas pelos lógicos e por outros filósofos, *Os usos do argumento* tem sido, desde há quarenta anos, uma constante fonte de inspiração e de discussão para os estudiosos da argumentação, seja qual for o campo disciplinar a que pertençam. Não só as concepções de Toulmin a respeito da campo-dependência dos critérios de validade, mas também o seu modelo dos "argumentos padronizados", com sua descrição dos movimentos funcionais do processo de argumentação, fizeram deste livro um clássico moderno dos estudos do argumento.

FRANS VAN EEMEREN
Universidade de Amsterdam

Prefácio

Os livros são como os filhos. Saem de casa e fazem novos amigos, mas quase nunca telefonam para os pais, nem mesmo a cobrar. É só por acaso que descobrimos como vai a vida deles. Numa festa, conhecemos um desses novos amigos. "Quer dizer que você é o pai de George? Imagine só!"

Assim tem sido o relacionamento entre *Os usos do argumento* e seu autor. Quando o escrevi, meu objetivo era rigorosamente filosófico: criticar o pressuposto, adotado pela imensa maioria dos filósofos anglo-americanos, de que qualquer argumento significativo pode ser vazado em termos formais – não só num *silogismo*, uma vez que, para o próprio Aristóteles, qualquer inferência pode ser chamada de "silogismo" ou "concatenação de afirmações", mas numa dedução rigidamente demonstrativa, do tipo das que se vêem na geometria euclidiana. Assim, criou-se a tradição platônica que, uns dois mil anos depois, foi revivificada por René Descartes. Os leitores de *Cosmópolis*, ou do mais recente *Return to Reason*, estarão familiarizados com essa minha idéia geral.

Eu não tinha, de maneira alguma, a intenção de apresentar uma teoria da retórica ou da argumentação: minha preocupação era a epistemologia contemporânea, não a lógica informal. E menos ainda tinha em mente um modelo analítico semelhante ao que, entre os estudiosos da Comunicação, veio a ser chamado de "modelo Toulmin". Muitos leitores, na verdade, atribuíram-me uma ancestralidade que acabou por relegar-me à morte prematura. Quando minha noiva estudava Direito, por exemplo, um de seus colegas fez um comentário sobre seu sobrenome incomum: sua namorada [explicou ele] vira o mesmo nome num dos livros que estava estudando, mas, quando ele contou que Donna ia casar-se com o autor, a moça respondeu: "Impossível. Ele já morreu!"

Confesso que minha curiosidade diante do fato de ter sido (por assim dizer) "adotado" pelos estudiosos de Comunicação foi menor do que deveria ter sido. Não me causou impressão nem mesmo o fato de o saudoso Gilbert Ryle ter indicado o livro para que Otto Bird o resenhasse, e de o dr. Bird tê-lo qualificado como "um novo despertar dos *Tópicos*". Foi só quando comecei a estudar ética médica, e reli Aristóteles com uma compreensão maior, que entendi a essência desse comentário. (O livro *The Abuse of Casuistry* – para o qual, aliás, a maior parte das pesquisas acadêmicas foi feita por Albert R. Jonsen, que o escreveu junto comigo – foi o primeiro produto concreto dessa mudança de atitude.) No conjunto, os trabalhos que empreendi com Jonsen, primeiro na Comissão Nacional para a Proteção de Seres Humanos como Objetos de Pesquisa e depois no livro, nos deixaram com a imagem de um Aristóteles mais pragmatista e menos formalista que o Aristóteles postulado pela maioria dos historiadores do pensamento desde a Alta Idade Média.

É certo que os primeiros livros do *Organon* de Aristóteles ainda são chamados de *Analíticos primeiros* e *Analíticos posteriores*, mas essa denominação tinha, evidentemente, o fito de distingui-los dos livros posteriores sobre Ética, Política, Estética e Retórica. (Com efeito, os primeiros parágrafos da *Retórica* retomam argumentos que Aristóteles incluíra na *Ética a Nicômaco*.) De modo que, no fim das contas, Otto Bird tinha chamado a atenção para um ponto importante. Se estivesse reescrevendo este livro hoje, eu aduziria a distinção que Aristóteles faz entre tópicos "gerais" e tópicos "especiais" como um meio de lançar luz sobre os diversos tipos de "apoio" que servem de base em diversos campos da prática e da argumentação.

No fim, foi sorte minha que *Os usos do argumento* tenha conseguido penetrar tão rapidamente no mundo da comunicação verbal. Os filósofos "analíticos" – excelente nome – britânicos e norte-americanos do fim da década de 1950 detectaram de imediato a presença de um inimigo. O livro foi redondamente condenado por Peter Strawson na revista semanal da BBC, *The Listener*; e por muitos anos foi ignorado pelos filósofos profissionais da Inglaterra. Peter Alexander, um colega em Leeds, chamou-o de "o livro *antilógico* de Toulmin"; e meu *Doktorvater* em Cambridge, Richard Braithwaite, ficou profundamente magoado quando viu um de seus próprios alunos a atacar seu comprometimento com a lógica indutiva. (Só vim a saber disso depois de alguns anos.)

Não obstante, no estrangeiro, as vendas do livro não diminuíram, e as razões desse fato só ficaram claras para mim quando estive nos Estados Unidos no começo da década de 1960. Por isso, seria rabugice de minha parte renegar a noção do "modelo Toulmin", que foi um dos subprodutos imprevistos de *Os usos do argumento*, garantiu a impressão de novas tiragens do livro desde que ele foi lançado, em 1958, e justifica a nova edição para a qual este Prefácio está sendo escrito, mais de quarenta anos depois. Alguns hão de lembrar-se do comentário sarcástico de David Hume a respeito de seu *Tratado da natureza humana* – que, do mesmo modo, foi recebido a princípio com grande hostilidade –, o qual, segundo ele, teria "saído natimorto do prelo". Pelo jeito, *Os usos do argumento* está em excelente companhia.

STEPHEN TOULMIN
Los Angeles, julho de 2002

Prefácio à edição de 1964

Nenhuma alteração foi feita no texto da edição original para a presente impressão; mas fico contente pela oportunidade de dizer que, cinco anos após a publicação original, ainda sinto que as questões levantadas neste livro continuam tão relevantes para os temas principais da atual filosofia inglesa quanto na época em que escrevi o livro. Na verdade, a recepção que os críticos deram ao argumento do livro só serviu para tornar mais aguda, para mim, a questão de minha tese central – a saber, o contraste entre os padrões e valores do raciocínio prático (desenvolvido com um olho no que chamei de considerações "substanciais") e os critérios abstratos e formais com que contou a lógica matemática e muito da epistemologia do século XX. De fato, o livro foi recebido com mais entusiasmo por aqueles cujo interesse em raciocínio e argumentação tivesse algum ponto de partida prático específico: estudantes de Direito, de ciências físicas e de Psicologia, entre outros. Falta ver se, à medida que passar o tempo, as implicações de meu argumento em favor da teoria lógica e da análise filosófica tornar-se-ão mais aceitáveis.

S.T.
Outubro de 1963

Prefácio à 1.ª edição

As intenções deste livro são radicais, mas grande parte dos argumentos que apresenta não são originais. Tomei emprestadas de colegas muitas linhas de pensamento e adaptei-as aos meus próprios propósitos; pelas referências dadas no final ver-se-á quantas foram. Penso no entanto que ainda não se reconheceu nem se expôs adequadamente até que ponto convergem essas linhas de argumento; porque, se as levamos completamente a cabo, com coerência, somos levados (se não estou enganado) a rejeitá-las, como concepção confusa de "inferência dedutiva", apesar dos muitos filósofos recentes que as aceitaram como impecáveis, sem hesitar. A única originalidade no livro está na tentativa que faço de mostrar como se pode rejeitar aquela conclusão. Se falhar o ataque que aqui tento à "inferência dedutiva", sobrará apenas uma miscelânea de aplicações de idéias de outras pessoas a conceitos e tópicos lógicos.

Além das referências a obras publicadas, que ofereço no texto ou que são relacionadas no fim do livro, estou consciente de que tenho uma dívida geral para com o professor John Wisdom; suas aulas em Cambridge, em 1946-1947, chamaram minha atenção, pela primeira vez, para o problema da "inferência trans-tipo". Mais detalhadamente: o argumento que uso para defender a tese central de meu quinto ensaio foi construído a partir do curso dado pelo professor Wisdom há cerca de sete anos e, infelizmente para nós, ainda não publicado – as Gifford Lectures. Também estou consciente da ajuda particular que obtive, sobretudo em conversas, do sr. P. Alexander, do professor K. E. M. Baier, do sr. D. G. Brown, do dr. W. D. Falk, do professor-adjunto D. A. T. Gasking, do sr. P. Herbst, do professor Gilbert Ryle e do professor D. Taylor. Em alguns casos não me convenceram e sou o único responsável pelos resultados, mas todos estes merecem ser creditados por quaisquer boas idéias de que me apropriei e usei aqui.

Parte do material que apresento nestes ensaios já foi publicada em *Mind* e em *Proceedings* e em *Supplementary Volumes* da Aristotelian Society. Muito do Essay II já está impresso em A. G. N. Flew, *Essays in Conceptual Analysis* (Londres, 1956).

STEPHEN TOULMIN
Leeds, junho de 1957

Introdução

Πρῶτον εἰπεῖν περὶ τί καὶ τίνος ἐστὶν ἡ σκέψις,
ὅτι περὶ ἀπόδειξιν καὶ ἐπιστήμης ἀποδεικτικῆς.

Aristóteles, *Primeiros analíticos*, 24 a 10

O propósito destes estudos é levantar problemas, não resolvê-los; é chamar a atenção para um campo de indagação, em vez de examiná-lo completamente; e provocar a discussão, em vez de ser usado como tratado sistemático. São "ensaios", em três sentidos: ao mesmo tempo, são incursões experimentais no campo com que se ocupam; são exames de conceitos-modelos tirados bem arbitrariamente de uma classe maior; e são, por fim, *ballons d'essai*, balões de ensaio destinados a desviar o fogo. Sendo assim, talvez pareçam um pouco inconseqüentes. Alguns dos temas serão discutidos e adiante voltarão à baila, certas distinções centrais serão sustentadas do começo ao fim; por razões literárias, evitei muitas expressões de hesitação e incerteza, mas nada do que se segue tem a pretensão de ser conclusivo. Terei alcançado meu propósito se meus resultados forem julgados sugestivos. Se, além disto, forem considerados provocantes, tanto melhor; neste caso, tenho uma certa esperança de que, do choque de opiniões, resultem óbvias as soluções mais adequadas para os problemas aqui levantados.

De que natureza são estes problemas? Num certo sentido, são problemas *lógicos*. No entanto, talvez não se deva dizer que são problemas *em* lógica, pois a tradição do tema levaria o leitor a esperar muita coisa que não encontrará nestas páginas. Talvez o melhor que se pode dizer para descrevê-los é que são problemas *sobre* lógica; são problemas que só surgem com força especial, não dentro da ciência da lógica, mas quando a pessoa se afasta por um momento dos requintes técnicos e pergunta pela relação que deve haver entre a ciência e as descobertas, de um lado, e, de outro, alguma coisa que está fora da pessoa: como se aplicam os argumentos, na prática? Que ligações há entre os cânones e métodos que usamos quando, na vida do dia-a-dia, avaliamos, de fato, a solidez, a força e o caráter conclusivo de argumentos?

Será que tem de haver estas ligações? Não há dúvidas de que o homem comum (ou o homem não-especialista) espera que as conclusões dos lógicos tenham alguma aplicação em sua vida prática; e as primeiras palavras do primeiro tratado sistemático sobre o tema parecem justificar esta expectativa. "Como princípio", diz Aristóteles, "devemos dizer sobre o que pergunta esta investigação e a que tema pertence. Ela diz respeito à *apodeixis* [isto é, ao modo como as conclusões devem ser estabelecidas]; (como tema) inclui-se na ciência (*episteme*) do estabelecimento de conclusões." No século XX d.C., já se pode questionar esta conexão, e há de haver quem entenda que "demonstração lógica" é uma coisa, e outra coisa, diferente, é, na vida normal, chegar a conclusões. Mas, quando Aristóteles escreveu o texto que citei, a separação era impossível. Para ele, questões de *apodeixis* eram questões sobre provar, corroborar ou justificar – no dia-a-dia – as alegações e conclusões mais corriqueiras, que qualquer um podia fazer. Mesmo hoje, se nos afastamos pelo menos um pouco dos problemas absorventes da lógica técnica, ainda vemos o quanto pode ser importante levantar questões filosóficas gerais sobre a avaliação prática de argumentos. Estas são as questões com que se ocupam os presentes ensaios. E há de haver quem se surpreenda ao descobrir o quanto progrediu pouco a nossa capacidade para

INTRODUÇÃO

compreender as respostas que temos – em todos estes séculos, desde que a ciência da lógica nasceu, com Aristóteles. No entanto, pode-se certamente perguntar, não são estes os problemas com os quais a Lógica tem mesmo de se ocupar? Não são estas as questões centrais a partir das quais o lógico começa, e para as quais tem sempre de retornar? Quanto aos deveres dos lógicos, o que *têm de fazer* ou teriam de ter feito, não tenho nem a vontade nem o direito de falar. De fato, como descobriremos, a ciência da lógica, em toda sua história, tendeu a se desenvolver numa direção que a afastava destas questões, para longe das questões práticas sobre o modo como temos ocasião de tratar e criticar os argumentos em diferentes campos, e na direção a uma condição de completa autonomia, em que a lógica se torna estudo teórico autônomo, tão livre de preocupações práticas imediatas quanto certos ramos da matemática pura; e, embora em todos os estágios de sua história tenha havido gente preparada para, outra vez, levantar questões sobre a aplicação da lógica, raramente se levantaram algumas das questões vitais para compreender esta aplicação.

Se as coisas desenvolveram-se assim, eu argumentarei, isto se deu – pelo menos em parte – por causa de uma ambição implícita nas palavras de Aristóteles, na abertura; a saber, que a lógica dever-se-ia tornar uma ciência formal – uma *episteme*. Raras vezes os sucessores de Aristóteles questionaram a propriedade desta ambição, mas podemos fazê-lo aqui. Questão central para nós, será saber até que ponto a lógica *pode* esperar ser uma ciência formal e, ainda assim, conservar a possibilidade de ser aplicada na avaliação crítica de argumentos que efetivamente usamos ou que podem ser usados por nós. Nesta introdução, quero chamar a atenção para apenas dois efeitos que teve este programa, para a lógica; primeiro, ele desviou a atenção do problema da aplicação da lógica; segundo, ele substituiu as questões relativas à aplicação da lógica, oferecendo em seu lugar um conjunto alternativo de questões que provavelmente são insolúveis e que, comprovadamente, se revelaram inconclusivas.

Como isto se deu? Se admitirmos que a lógica pode esperar ser uma ciência, a única questão que fica por resolver é o tipo de ciência que ela pode esperar ser. Sobre isto, encontram-se muitas opiniões, em todas as épocas. Há os autores para quem a Psicologia parece ser o modelo implícito: a lógica ocupa-se das leis do pensamento – mas nada garante que se ocupe de generalizações diretas sobre os modos como se vê as pessoas pensar, de fato, posto que as pessoas pensam de modos muito variados e estes vários modos nem sempre merecem do lógico igual atenção e igual respeito. Mas, assim como o fisiologista, com vistas aos objetivos de suas pesquisas, tem o direito de pôr de lado processos físicos anormais, que destoem dos padrões, que tenham caráter excepcional, e de rotulá-los como "patológicos", do mesmo modo (pode-se sugerir) o lógico ocupa-se em estudar os processos do pensar normal, racional, adequado, o funcionamento do intelecto com saúde, por assim dizer, em vez de estudar a doença. O lógico, por conseguinte, também tem o direito de pôr de lado, como irrelevantes, todos os argumentos patológicos anômalos.

Para outros, a lógica é um desenvolvimento da Sociologia, não da Psicologia; o que interessa ao lógico não é o fenômeno da mente humana individual mas, sim, os hábitos e práticas desenvolvidos no curso da evolução social e transmitidos de uma geração para outra, por pais e professores. Dewey, por exemplo, em seu livro *Logic: the Theory of Enquiry*, assim explica o caráter de nossos princípios lógicos:

> Todo hábito é um estilo ou maneira de ação, não um ato ou ação particular. Quando é formulado torna-se, enquanto é aceito, uma regra ou, falando em termos mais gerais, um princípio ou "lei" de ação. Dificilmente se pode negar que há hábi-

tos de inferência e que eles podem ser formulados como regras ou princípios.

Hábitos de inferência, em outras palavras, começam como meros atos costumeiros, mas, a seu devido tempo, tornam-se mandatórios ou obrigatórios. Mais uma vez, pode ser preciso invocar a distinção entre práticas e hábitos patológicos e normais. É concebível que métodos falhos de argumento conservem sua influência numa sociedade, e sejam transmitidos através das gerações, assim como uma deficiência física constitucional ou um defeito na psicologia individual. Pode-se assim sugerir, neste caso, que o lógico tem razão ao ser seletivo em seus estudos; ele não é simplesmente um sociólogo do pensamento; é mais um estudante de hábitos *adequados* de inferir e de cânones *racionais* de inferência.

A necessidade de se qualificar cada uma dessas teorias com adjetivos como "apropriado" e "racional" levou alguns filósofos a adotar uma visada bem diferente. Talvez, sugerem eles, a meta do lógico não deva ser formular generalizações sobre pensadores que pensam, mas, sim, formular máximas que lembrem aos pensadores como devem pensar. A lógica, argumentam eles, é como a Medicina – não apenas ciência, mas também arte. Seu objetivo não é descobrir leis do pensamento, em nenhum dos sentidos científicos do termo "lei", mas, sim, descobrir leis ou regras de argumento – como orientação ou sugestões para quem deseje argumentar sólida e corretamente. É a *art de penser*, a *ars conjectandi*, não a *science de la pensée* ou a *scientia conjectionis*. Deste ponto de vista, o modelo implícito não é o da lógica como ciência explanatória, mas o da lógica como uma tecnologia. Um manual de lógica passa a ser, por assim dizer, um manual de instruções. "Se você quiser ser racional, aqui está a receita."

Neste estágio, muitos se rebelaram. "Se vemos a lógica como interessada na natureza do pensar, vamos acabar por transformar as leis da lógica em coisa psicológica e subjetiva, ou as rebaixamos a métodos empíricos. Em vez de aceitar qualquer dessas conclusões, melhor nos prepararmos para abandonar a suposição inicial." A lógica, eles insistem, é uma ciência e, como tal, é ciência objetiva. Suas leis não são nem sugestões nem generalizações experimentais, mas verdades estabelecidas, e seu objeto de estudo não é o "pensar", é outra coisa. Uma adequada ambição para a lógica passa a ser, aos seus olhos, compreender uma classe especial de objetos chamada de "relações lógicas", e interessa-lhe formular o sistema de verdades que governa relações desse tipo. Referências ao "pensar" devem ser rigorosamente postas de lado, porque só levam ao sofisma e à ilusão. Aqui, o modelo implícito para a lógica não é uma ciência explanatória nem uma tecnologia, mas, sim, a matemática pura. Esta foi a doutrina explícita de filósofos como Carnap e a prática de muitos estudiosos da Lógica Simbólica contemporânea e leva, de modo bastante natural, a uma concepção da natureza, do escopo e do método da lógica bem diferente das que implicam os outros modos de ver a questão.

A disputa entre essas teorias tem muitas características de uma disputa filosófica clássica, e toda a resultante infindabilidade. Cada uma das teorias tem atrativos claros e defeitos igualmente inegáveis. Em primeiro lugar, há a suposição inicial, reconhecida por Aristóteles, de que a lógica diz respeito, de certa forma, aos modos como os homens pensam, argumentam e inferem. No entanto, transformar a lógica em ramo da Psicologia – mesmo que seja ramo da psicopatologia da cognição –, sem dúvida a torna subjetiva demais e a liga intimamente demais a questões sobre os *hábitos* pessoais correntes de inferência. (Afinal de contas, não há, de modo algum, nenhuma razão pela qual as palavras mentais devam figurar, com proeminência, nos livros sobre lógica, e se podem discutir argumentos e inferências em termos de proposições declaradas e fatos que se aduzem para dar apoio às proposições, sem ter, de modo algum, de fazer referência aos homens específicos que declarem e aduzam.) Em segundo lugar, a abordagem sociológica tem seus méritos: é quase impossível discutir a lógica de ciências como a física, por exemplo, sem prestar alguma atenção à estrutura dos argumentos empregados pelos profissionais que trabalham nela – ou seja, às formas habituais de os físicos argumentarem –, e isto dá uma certa plausibilidade às observações de Dewey sobre a modo como inferências "habituais" podem tornar-se mandatórias. Por outro lado, outra vez, não basta o costume para dar validade e autoridade a uma forma de argumento, ou o lógico teria de esperar os resultados das pesquisas do antropólogo.

O modo oposto de ver a lógica – como tecnologia – e seus princípios – como regras de um ofício – tem atrativos específicos. Os métodos de cálculo que aprendemos na escola nos servem bem como esquemas de inferência, e os cálculos podem, com certeza, ser submetidos à crítica e ao estudo lógico. Mas se alguém tiver de explicar por que os princípios da lógica se aplicam à realidade, ajudará lembrar que "os *homens* são mais lógicos ou ilógicos que o mundo. Ser conforme a lógica é mérito em argumentadores e em cenas de argumentação, mas não é sinal de que as coisas sobre as quais se discute devam ser radicalmente dóceis. Assim, não se coloca como tal a questão de por que a lógica aplica-se ao mundo". No entanto, a idéia de que inferir é uma espécie de desempenho a ser executado conforme regras e de que os princípios de lógica fazem as vezes destas regras conduz a outros específicos paradoxos. Bastante freqüentemente tiramos nossas conclusões num instante, sem atentar a qualquer dos estágios intermediários essenciais a um desempenho governado por regras – não se arrisque às cegas; lembre-se das regras e as siga escrupulosamente; não comemore antes do final da estrada ou antes de que caia a cortina sobre sua "cena" de inferência. Inferir, numa frase, nem sempre envolve cálculos, e os cânones do bem argumentar se aplicam igualmente, seja quando nossa conclusão é resultado de cálculo seja quando a alcançamos num único salto. Porque a lógica não diz respeito ao *modo* como inferimos, nem às questões de *técnica*; ela se move, em primeiro lugar, por um interesse retrospectivo, justificativo – com os argumentos que podemos apresentar depois, provamos que são aceitáveis as conclusões a que já chegamos, porque nos mostramos capazes de justificar nossas conclusões.

É aqui que o lógico matemático entra em cena. Afinal, ele pode dizer, um argumento é composto de proposições e os objetos de estudo do lógico são as relações formais entre as proposições; perguntar se um argumento é válido é perguntar se ele tem a forma certa; e não há melhor modo de estudar a forma do que de modo autoconscientemente matemático. Portanto, devemos eliminar quaisquer referências ao pensar e à racionalidade e tudo mais, para nos concentrarmos no estudo dos verdadeiros objetos do estudo lógico – as relações formais entre diferentes espécies de proposições... Pois aqui entramos nós, que o paradoxo resultante já está à vista. É muito difícil eliminar *todas* as referências ao pensar, sem que a lógica perca sua aplicação prática original; se este for o preço que a lógica terá de pagar para tornar-se lógica matemática, seremos forçados a propor o problema que soa kantiano: "A lógica matemática é – seja lá como for – *possível*?"

A pergunta "que tipo de ciência é a lógica?" nos leva a um impasse: não podemos, por conseguinte, nos deixar envolver demais por ela, logo no começo de nossas investigações, e devemos pô-la de lado para, adiante, voltar a ela. Para nossos propósitos, por sorte, podemos fazer isto justificadamente. Esta é uma pergunta de *teoria* lógica, e nossos estudos começarão pela *prática* lógica. Comecemos, portanto, por tentar caracterizar os principais conceitos que empregamos na prática lógica; quando isto estiver feito, veremos se será hora de voltar e perguntar o que pode ser uma lógica "teórica" – que espécie de teoria os homens podem ter desenvolvido que sirva para este tipo de aplicação.

Há mais um cuidado que temos de tomar. Para atacar os nossos principais problemas, de avaliação dos argumentos, vale a pena tirar da cabeça algumas das idéias derivadas da teoria lógica existente, para ver, por inspeção direta, quais são as categorias pelas quais expressamos, de fato, as nossas avaliações, e o quê, precisamente, significam para nós. Esta é a razão pela qual, pelo menos nos primeiros estudos, evitarei deliberadamente termos como "lógica", "lógico", "logicamente necessário", "dedutivo" e "demonstrativo". Todos esses termos carregam muitas associações que vêm da teoria lógica, e que poderiam distorcer um dos principais objetivos da nossa investigação: ver como – e *se*, afinal de contas – a análise formal da lógica teórica tem alguma ligação com o que se visa a obter pela crítica racional. Suponhamos que se prove que sempre houve divergência entre as noções fundamentais da teoria lógica e as categorias que operamos na avaliação prática de argumentos; teríamos então de lamentar por nos ter comprometido, desde o início, porque usamos termos carregados de teoria, e por nos ter deixado levar para paradoxos que poderíamos ter evitado.

Mais uma lembrança preliminar: para quebrar o poder de antigos modelos e analogias, vamos tratar de nos munir com um novo modelo. A lógica se ocupa da solidez das alegações que fazemos – da solidez dos fundamentos que produzimos para apoiar nossas alegações, da firmeza do suporte que lhes damos – ou, para trocar de metáfora, com o tipo de *precedente* (no sentido em que os advogados usam este termo) que apresentamos em defesa de nossas alegações. A analogia com o Direito, implícita neste modo de expor o problema, pode, desta vez, ser muito útil. Assim, deixemos de lado a Psicologia, a Sociologia, a tecnologia e a Matemática, ignoremos os ecos da engenharia estrutural e da *collage* nas palavras "fundamentos" e "suporte", e tomemos a jurisprudência como nosso modelo. A lógica (pode-se dizer) é jurisprudência generalizada. Os argumentos podem ser comparados a processos judiciais; e as alegações que fazemos e os argumentos que usamos para "defendê-las", em contextos extra-legais, são como as alegações que as partes apresentam nos tribunais; e os casos que oferecemos para provar cada uma de nossas alegações são jurisprudência consagrada – para a lógica, num caso, e para o Direito, no outro. Uma das principais funções da jurisprudência é garantir que se conserve o que é essencial no processo legal: os *procedimentos* pelos quais as alegações devem ser apresentadas em juízo, discutidas e estabelecidas, e as *categorias* segundo as quais se devem apresentar, discutir e estabelecer as alegações. Nossa investigação visa a um objetivo semelhante: temos de caracterizar o que se pode chamar de "o processo racional" – os procedimentos e as categorias mediante os quais se podem discutir e decidir todas as "causas".

De fato, pode-se perguntar se, neste caso, trata-se mesmo de analogia. Quando tivermos visto o quanto há de semelhante entre estes dois tipos de estudo, é possível que o termo "analogia" nos pareça muito fraco. Mas, por sua vez, o termo "metáfora" nos parecerá muito enganador. O mais provável é que percebamos que os processos judiciais são apenas um tipo especial de disputa racional, no qual os procedimentos e regras da argumentação consolidaram-se em instituições. Por isto não nos surpreende encontrar professores de Direito que assumem, como problemas de sua especialidade, questões que conhecemos dos tratados de lógica – questões, por exemplo, de causa e efeito. Aos olhos de

Aristóteles, como ateniense, deve ter parecido ainda muito menor a distância que separava as discussões que ouvia nos tribunais, as discussões que ouvia no Liceu e as discussões que ouvia na Ágora. Todas mais próximas umas das outras do que parecem a nós.

O paralelo entre a lógica e as práticas do Direito tem mais uma vantagem: ajuda a manter no centro do quadro a função *crítica* da razão. As regras da lógica podem não ser "dicas", sugestões ou generalizações; não obstante, elas se aplicam aos homens e a seus argumentos – não do modo como se aplicam as leis da Psicologia ou as máximas do método, mas como *padrões de realização*[1] que um homem, ao argumentar, pode alcançar mais plenamente ou menos plenamente, e pelos quais seus argumentos podem ser julgados. Uma "boa causa", solidamente construída, uma alegação bem fundada ou firmemente apoiada, resistirá à crítica, será "causa" que corresponde ao padrão exigido, para a qual se pode esperar veredicto favorável. Quantos termos do Direito aparecem aqui, numa extensão natural! Quase somos tentados a dizer que o que alegamos fora dos tribunais – nossas alegações extra-judiciais – tem de ser justificado, não ante os juízes de Sua Majestade, mas, sim, ante o Tribunal da Razão.

Nos estudos que se seguem, então, ao discutir a natureza do processo racional, teremos em mente a analogia "jurisprudencial": nossa matéria será a *prudentia*, não apenas do *jus*, mas, em termos mais gerais, da *ratio*. Os dois primeiros ensaios são, em parte, preparatórios para o terceiro, pois é no Ensaio III que se expõem os resultados cruciais da investigação. No Ensaio I, o tópico principal é a variedade de alegações e argumentos que apresentamos ou podemos apresentar, e discutem-se como mudam e não mudam

---

1. No original, *standard of achievement* (p. 8). (N. do T.)

as formalidades e a estrutura do argumento, à medida que mudamos de um tipo de alegação para outro ou entre argumentos em "campos" diferentes; a principal inovação aqui é uma distinção entre a "força" dos termos da avaliação lógica e os "fundamentos" ou "critérios" para usá-los, distinção que é retomada adiante. O Ensaio II é um estudo da noção de probabilidade, que serve aqui como investigação-piloto, em que somos apresentados a algumas idéias e distinções que podem lançar uma luz mais geral sobre as categorias da avaliação racional.

No Ensaio III chegamos à questão central, de como expor e analisar argumentos para que nossas avaliações sejam *imparciais*, quanto à lógica – isto é, para tornar claras as funções das diferentes proposições que se invocam durante uma discussão e a relevância dos diferentes tipos de crítica que se podem dirigir aos argumentos. A forma de análise a que se chegou é decididamente mais complexa que outras que em geral os lógicos têm empregado, e nos obriga a fazer algumas distinções para as quais não há espaço na análise normal; coisas muito diferentes (parece-me) fundiram-se, no passado, sob o nome de "premissas maiores"; e numa simples divisão dos argumentos entre "dedutivos" e "indutivos" agrupam-se pelo menos quatro distinções diferentes. Quando se marcam estas várias distinções, começa a parecer que, de fato, a lógica formal perdeu contato com os modos como se usa a lógica e que, de fato, estabeleceu-se uma divergência sistemática entre as categorias da prática lógica e as análises feitas nos tratados e livros didáticos de lógica, sobre as mesmas categorias.

A origem filosófica desta divergência e suas implicações para a lógica e a epistemologia são objeto dos dois ensaios finais. No Ensaio IV, as origens da divergência são investigadas até o ideal aristotélico da lógica como uma ciência formal comparável à geometria; no campo do Direito, nunca se popularizou a idéia de que deveríamos aspirar a produzir teorias que tivessem a estrutura formal da matemática, e vê-se que há objeções também à idéia de toda a teoria lógica assumir forma matemática. O Ensaio V segue algumas das conseqüências mais amplas da divergência entre as categorias da lógica prática e o modo como os filósofos a analisam e, em particular, o efeito que tem aquela divergência para a teoria do conhecimento. Ali, como na lógica, deu-se primazia a argumentos apoiados por imposição[2]; sempre que as alegações de conhecimento pareceram estar baseadas em evidência que não implicam analiticamente a correção do que era alegado, sentia-se que havia um "abismo lógico", e era tarefa do filósofo ou construir uma ponte ou fazê-lo sumir; resultado disto é que se desenvolveram inúmeros problemas epistemológicos à volta de questões científicas, questões éticas, questões estéticas e questões teológicas. Contudo, desde que percebamos as fontes da divergência entre a lógica prática e a teoria lógica, temos, em primeiro lugar, de perguntar se era mesmo preciso levantar todos estes problemas.

É fácil ver deficiências em argumentos como estes, porque os comparamos com o ideal de um ou outro filósofo, que, como ideal, é irrealizável. A tarefa própria da epistemologia não seria superar essas deficiências imaginadas, mas sim descobrir que objetivos, de fato, os argumentos de cientistas, moralistas, críticos de arte ou teólogos podem esperar alcançar, de um modo realista.

A existência desse "padrão duplo", essa divergência entre a pergunta que o filósofo propõe sobre o mundo e a pergunta que o homem comum propõe é, claro, um lugar-comum; ninguém expressou-se melhor do que David Hume, que reconheceu os dois hábitos mentais numa mesma e única pessoa – em si mesmo. A divergência tem sido tratada usual-

---

2. No original, *entailments* (p. 9). (N. do T.)

mente como questão de orgulho ou, em todo caso, de tolerância; como um sinal (no melhor dos casos) de que o pensamento dos filósofos é mais penetrante, ou mais profundo, ou (no pior dos casos) como resultado de uma perdoável sutileza psicológica. Quase parece vileza sugerir que talvez não haja aí mais que a conseqüência de uma falácia direta – uma falha ao deduzir, na teorização lógica, todas as distinções que a prática lógica requer.

Os estudos que se seguem são, como eu disse, tentativas, ensaios. Para que nossa análise de argumentos seja realmente eficiente e fiel à realidade, será preciso, muito provavelmente, que se usem noções e distinções que aqui não são nem sequer insinuadas. De uma coisa, contudo, tenho certeza: de que, ao tratar a lógica como jurisprudência generalizada e ao testar nossas idéias mediante a prática real de avaliar argumentos – em vez de compará-la com um ideal de filósofo –, podemos chegar a construir um quadro bem diferente do tradicional. O máximo que posso esperar é que algumas das peças cuja forma delineei aqui continuem a ter lugar garantido, depois de o mosaico estar completo.

I. Campos de argumento e modais

> *Camareiro de bordo do navio de travessia do Canal: "Não pode vomitar aqui, senhor."*
> *Passageiro aflito: "Não posso?!"*
>
> Punch*

Um homem que faz uma asserção faz também um pedido – pede que lhe demos atenção ou que acreditemos no que afirma. Ao contrário de quem fala de modo frívolo, conta uma piada ou apenas propõe hipóteses (sob a rubrica "suponhamos"), de quem interpreta um papel ou fala unicamente para impressionar, ou de alguém que cria inscrições lapidares (nas quais, como dr. Johnson observa, "um homem não está sob juramento"), um homem que afirma alguma coisa aspira a que sua declaração seja levada a sério; e, se o que diz é entendido como uma asserção, será levada a sério. Só que o quanto será levada a sério a asserção depende, é claro, de muitas circunstâncias – do tipo de homem que afirma, por exemplo, e do crédito de que goze, em geral. Há homens em cujas palavras se acredita simplesmente porque quem a diz tem reputação de homem prudente, com discernimento, e veraz. Mas o fato de que acreditamos no que dizem estes homens não significa que não se possa levantar a questão de se eles têm ou não direito à nossa confiança, a cada asserção que se ouça deles; significa apenas que confiamos que as alegações que eles fazem, com seriedade e

---

* *Punch*: semanário satírico surgido em 1841 na Inglaterra, no qual, dentre outros, colaboravam W. M. Thackeray e George du Maurier. (N. do T.)

ponderação, revelar-se-ão, de fato, alegações bem-fundadas, que cada uma delas tenha por trás uma causa sólida e que, assim, a alegação feita por aqueles homens merece que lhe dediquemos atenção.

O "pedido" implícito numa asserção é como a reivindicação de um direito ou de um título. Como no caso da reivindicação de um direito – embora haja direitos que podem ser concedidos sem nenhum argumento –, os méritos do "pedido" implícito na asserção dependem dos méritos do argumento que se possa apresentar para apoiá-lo. Qualquer que seja a natureza de uma asserção específica – seja o caso de um meteorologista que prevê chuva para amanhã, de um trabalhador ferido que alega negligência de parte do patrão, de um historiador que defende o caráter do imperador Tibério, de um médico que diagnostica sarampo, de um homem de negócios que questiona a honestidade de um cliente, ou de um crítico de arte que comenta as pinturas de Piero della Francesca – sempre se pode, em cada caso, contestar a asserção e pedir que se preste atenção aos fundamentos em que a asserção se baseia (suporte, dados, fatos, evidências, indícios, considerações, traços) dos quais dependem os méritos da asserção. Isto é, podemos "contestar" as asserções; e a contestação que fazemos só terá de ser acolhida se pudermos provar que o argumento que produzimos para apoiá-la está à altura do padrão.

Ora, podem-se produzir argumentos para inúmeros fins. Nem sempre usamos os argumentos para fazer a defesa formal de uma asserção direta. Mas há uma função específica dos argumentos à qual dedicaremos toda a nossa atenção nestes ensaios: nos interessarão, principalmente, os argumentos justificatórios apresentados como apoio de asserções; as estruturas que se pode esperar que tenham; os méritos que podem reivindicar; e como começamos a classificá-los, avaliá-los e criticá-los. Poder-se-ia argumentar que esta é, de fato, a função *primária* dos argumentos; e que os outros usos, as outras funções que os argumentos tenham são secundários, de certo modo, e parasitas que dependem deste uso justificatório primário. Nesta investigação que estamos iniciando, porém, não é importante justificar essa tese; basta que se aceite como significativa e interessante a noção de que os argumentos têm a função de corroborar alegações; e que concordemos que vale a pena esclarecer as idéias que temos sobre esta função dos argumentos.

Suponhamos, então, que um homem tenha feito uma asserção e tenha sido desafiado a defendê-la. A questão agora é: como este homem faz para apresentar um argumento, em defesa de sua asserção original, e quais são os modos apropriados de criticar e avaliar, para julgarmos os méritos do argumento que ele apresenta? Se esta questão é posta em termos completamente gerais, um aspecto nos impressiona imediatamente: é muito grande o campo das asserções para as quais se pode construir um suporte; há muitas coisas diferentes que podem ser apresentadas como suporte para asserções e, por conseguinte, também há uma enorme variedade de passos (dos dados até as conclusões) que podem aparecer no desenvolvimento de argumentos justificatórios.

Esta variedade é o principal problema que temos de considerar neste primeiro ensaio. É o problema de decidir em que pontos podem-se admitir variações – e que variações são admissíveis – no modo como avaliamos os argumentos. A questão será: quais as características de nosso procedimento de avaliação que serão afetadas, cada vez que deixarmos de considerar um tipo de passo e passarmos a considerar outro; e quais as características de nosso procedimento de avaliação que não se alterarão, seja qual for o tipo de passo que estivermos considerando.

Vejamos, mais precisamente, alguns exemplos de como surge o problema. As conclusões a que chegamos, as asserções que apresentamos serão sempre muito diferentes, de acordo com a natureza do problema sobre o qual tenhamos de nos pronunciar. Digamos que a pergunta seja quem será escolhido para jogar contra a Austrália, na Copa Davis americana, ou se Crippen foi justamente condenado pelo assassinato de sua mulher, ou se o pintor Piero della Francesca merece plenamente o elogio que lhe fez Sir Kenneth Clark, ou se a teoria do professor Fröhlich sobre a supercondutividade é de fato satisfatória, ou quando ocorrerá o próximo eclipse da lua, ou a exata natureza da relação entre os quadrados dos lados diferentes de um triângulo retângulo. Em cada um destes casos podemos arriscar uma opinião – a favor de Budge Patty, contra a condenação de Crippen, ceticismo quanto às alegações de Sir Kenneth Clark, antecipadamente prontos a aceitar a teoria de Fröhlich, "garantir" que o eclipse acontecerá em tal dia, à tal hora, ou apostar todas as nossas fichas num número, porque acreditamos em Pitágoras. Em cada caso, portanto, assumimos algum tipo de risco. Porque, imediatamente depois de nossa primeira resposta, alguém pode insistir: "o que você tem para continuar?". E, se formos desafiados, caberá a nós apresentar quaisquer dados, fatos ou outro tipo de suporte que consideremos relevantes e suficientes para corroborar nossa alegação inicial.

Acontece que o tipo de fatos que podemos apontar e o tipo de argumentos que podemos apresentar dependem, mais uma vez, da natureza de cada caso: de se os principais tenistas americanos estão em boa forma física, dos indícios apresentados no tribunal, no julgamento de Crippen, e da condução do processo legal; dos traços característicos das pinturas de Piero e da importância que Clark lhes dê ao avaliar o trabalho artístico do pintor, das descobertas experimentais sobre a supercondutividade e de estar próximo o momento de se combinarem essas descobertas e as previsões da teoria de Fröhlich, das posições atuais e dos últimos registros das posições relativas de Terra, Lua e Sol ou (em segunda mão) do que diz o *Almanaque Náutico*, ou, por fim, dos axiomas de Euclides e dos teoremas provados na parte inicial de seu sistema, antes de ser levantada a questão do teorema de Pitágoras. As declarações de nossas asserções e as declarações dos fatos aduzidos em seu apoio são, como os filósofos diriam, de "tipos lógicos" muito diferentes – relatórios de acontecimentos presentes e passados, previsões sobre o futuro, veredictos judiciais de culpa, recomendações estéticas, axiomas geométricos e assim por diante. Do mesmo modo, também são muito diferentes os argumentos que apresentamos e os passos que ocorrem neles; dependendo dos tipos lógicos dos fatos aduzidos e das conclusões tiradas deles, estaremos dando passos diferentes – estaremos fazendo diferentes tipos de transição lógica. O passo que vai dos relatórios sobre a forma física atual dos jogadores até a escalação final para a equipe olímpica (ou que vai dos relatórios "físicos" até a declaração de que um específico jogador merece ser escolhido) é uma coisa; outra coisa é o passo que vai de um indício de pista, num caso de assassinato, até a sentença condenatória; outra coisa, ainda, é o passo que vai das características técnicas das pinturas feitas por um artista até as honras que lhe prestamos; outra coisa, ainda, é o passo que vai dos registros de laboratório e cálculos teóricos até a adequação de uma teoria científica específica, e assim por diante.

Podemos produzir argumentos justificatórios de muitos tipos e é aí que imediatamente surge a questão: até que ponto argumentos tão diferentes podem ser avaliados pelo mesmo procedimento, usando-se para todos o mesmo tipo de termos e aplicando-se a todos o mesmo tipo de padrão.

Este é o problema geral de que nos ocuparemos no primeiro ensaio. Até que ponto os argumentos justificatórios podem ter uma e a mesma forma, ou até que ponto se pode apelar a um único e mesmo conjunto de padrões, em todos os diferentes tipos de caso que consideramos? Até que ponto, portanto, quando estamos avaliando os méritos desses diferentes argumentos, podemos confiar no mesmo tipo de cânones ou padrões de argumentos, para criticá-los? Têm eles o mesmo tipo de méritos ou têm diferentes méritos? E em que aspectos faz sentido procurarmos o mesmo tipo de mérito, em argumentos tão diferentes uns dos outros?

Para simplificar, convém introduzir aqui um termo técnico: falemos de um *campo* de argumentos[1]. Diz-se que dois argumentos pertencem ao mesmo campo quando os dados e as conclusões em cada um dos dois argumentos são, respectivamente, do mesmo tipo lógico; diz-se que eles vêm de campos diferentes quando o suporte ou as conclusões de cada um dos dois argumentos não são do mesmo tipo lógico. As provas em *Elementos*, de Euclides, por exemplo, pertencem a um campo; os cálculos feitos para preparar uma edição do *Almanaque Naútico* pertencem a um outro. O argumento "o cabelo de Harry não é preto, dado que sei de fato que é ruivo" pertence a um terceiro campo muito especial – embora se possa questionar que não se trate aqui de argumento, mas, mais propriamente, de uma contra-asserção. O argumento "Petersen é sueco, então é provável que não seja católico romano" pertence a um quarto campo; o argumento "este fenômeno não pode ser totalmente explicado em minha teoria, dado que as divergências entre suas observações e minhas previsões são estatisticamente relevantes", pertence a outro campo; o argumento "esta criatura é uma baleia, então (em termos taxionômicos) é um mamífero" pertence a um sexto campo; e o argumento "o acusado estava dirigindo a 70 km/h em área residencial, portanto cometeu delito contra a Lei de Trânsito em Estrada", vem de um sétimo campo, diferente dos demais. Os problemas que discutiremos

---

1. No original, *field of arguments* (p. 14). (N. do T.)

nestas investigações são os problemas com que defrontamos quando tentamos estabelecer e entender as diferenças entre os vários campos de argumento aqui ilustrados.

O primeiro problema que nos colocamos pode ser agora expresso em outros termos: "que coisas, na forma e nos méritos de nossos argumentos, não variam conforme o campo (são *campo-invariáveis*[2]) e que coisas, na forma e nos méritos de nossos argumentos, variam conforme o campo (são *campo-dependentes*[3])?". Que coisas, nos modos como avaliamos os argumentos, nos padrões de referência pelos quais os avaliamos e no modo como qualificamos nossas conclusões sobre eles, são sempre as mesmas, em todos os campos (traços campo-invariáveis); e quais destas coisas variam quando abandonamos os argumentos de um campo e adotamos argumentos de outro campo (traços dependentes de campo)? Até que ponto, por exemplo, se podem comparar os padrões de argumento relevantes num tribunal de justiça e os padrões de argumento relevantes para julgar um texto publicado nos *Anais da Royal Society*; ou os padrões de argumento relevantes para uma prova matemática; ou para prever a composição de uma equipe de tênis?

Deve-se esclarecer, desde logo, que não se trata de saber como comparar, em sentido estrito, os padrões que empregamos ao criticar argumentos em diferentes campos; o que nos interessa é saber até que ponto se pode dizer que há padrões que se podem usar para criticar argumentos tirados de diferentes campos. E, de fato, talvez valha a pena perguntar se, em termos rigorosos, pode-se falar em comparabilidade, no caso de argumentos tirados de diferentes campos.

Claro que, num determinado campo de argumentos, podem surgir questões sobre maior ou menor comparabilida-

---

2. No original, *field-invariant* (p. 15). (N. do T.)
3. No original, *field-dependent* (p. 15). (N. do T.)

de, sobre comparações mais ou menos rigorosas; podemos, por exemplo, comparar os padrões de rigor reconhecidos por especialistas em Matemática pura, considerados diferentes estágios da história da matéria, por Newton, Euler, Gauss ou Weierstrass. Mas teremos de adiar a questão de verificar até que ponto faz sentido comparar o rigor matemático de Gauss ou de Weierstrass com o rigor judicial do Juiz Goddard, presidente do Supremo Tribunal de Justiça.

As fases de um argumento

Que características de nossos argumentos devemos esperar que sejam campo-invariáveis, que características serão campo-dependentes? Podemos encontrar algumas sugestões se considerarmos o paralelo entre o processo judicial, pelo qual resolvem-se as questões levantadas num tribunal de justiça, e o processo racional, pelo qual os argumentos são expostos e apresentados como suporte para uma asserção inicial. Porque no Direito, também, há casos de muitas espécies diferentes e se pode perguntar até que ponto as formalidades do processo judicial ou os cânones do argumento legal são os mesmos, em todos os tipos de casos. Há casos do direito penal em que um homem é acusado por algum delito contra o direito comum ou contra um estatuto; casos civis em que um homem reivindica que outro lhe pague indenização por algum dano, difamação ou coisa semelhante; há casos em que se pede ao juiz que declare legal algum direito ou situação, em questões de legitimidade (para fazer ou falar, ou de um título de nobreza); casos em que um homem pede a um tribunal uma ordem formal para impedir outro de fazer algo que possa vir a prejudicar seus interesses. Acusações criminais, processos civis, pedidos de declarações ou injunções; é claro que os modos como argumentamos até chegar a conclusões legais, nesses ou em outros contextos, podem variar muito. Assim, pode-se perguntar – em relação a casos legais, assim como em relação a qualquer tipo de argumento – até que ponto são invariáveis a forma dos argumentos e os cânones relevantes para criticar os argumentos (os mesmos, para todos os tipos de casos), e até que ponto a forma e os cânones dependem do tipo de caso que esteja sob consideração.

Há aqui uma clara e ampla distinção. Os indícios relevantes em diferentes casos são, naturalmente, muitos e variados. Para saber se houve crime, em alguns casos civis, pode ser relevante saber se houve negligência; ou se houve intenção deliberada, num caso de assassinato; ou os motivos para suspeita, no caso de suspeita de filiação ilegítima – cada um destes casos exige que se apele a indícios de tipos diferentes. Por outro lado, haverá, dentro de limites, determinadas semelhanças amplas entre as instruções de procedimento adotado no verdadeiro julgamento de casos diferentes, mesmo quando os casos digam respeito a questões de tipos muito diferentes. Certas fases gerais podem ser reconhecidas como comuns a procedimentos que se aplicam a vários tipos de casos legais – civis, criminais ou seja qual for. Deve haver um estágio inicial no qual a acusação ou a alegação é formulada com clareza; uma fase subseqüente na qual são expostos indícios ou ouvem-se testemunhas da defesa e da acusação; até o estágio final em que há o veredicto, o juiz pronuncia a sentença ou cumpre-se outro ato judicial derivado do veredicto. Um ou outro detalhe pode variar nesse modelo geral, mas o esboço será o mesmo, na maioria dos tipos de caso. De maneira análoga, haverá certos aspectos comuns pelos quais poderemos avaliar ou criticar, de algum modo, a conduta de casos legais de muitos tipos diferentes. Por exemplo, numa possibilidade extrema, sempre se poderá pedir a anulação, por falha de procedimento, de uma sentença que tenha sido pronunciada antes de a acusação ser formalizada ou antes de as partes terem podido manifestar-se.

A mesma distinção ampla pode ser traçada, quando passamos do processo judicial para o racional. Certas semelhanças básicas de modelo e procedimento podem ser reconhecidas não apenas entre argumentos legais, mas também entre argumentos justificatórios em geral, por mais diferentes que sejam os campos de argumento, por mais relevantes que sejam os indícios e o peso de cada um deles.

Prestando atenção na ordem natural em que especificamos a justificação de uma conclusão, encontramos uma série de fases distintas. Para começar, temos de apresentar o problema; o melhor modo de fazê-lo é formular uma pergunta clara; mas também se pode apresentar o problema mediante uma simples indicação de que há alguém, ainda confuso, à procura de uma resposta. "Quando ocorrerá o próximo eclipse da lua? Quem jogará nas duplas, na equipe americana, na próxima partida da Copa Davis? Havia base legal suficiente para condenar Crippen?" Nesses casos, é possível formular perguntas bastante claras. Mas pode acontecer de a única coisa que tenhamos em mãos seja algo menos bem estabelecido: "O que devemos pensar da reavaliação que Sir Kenneth Clark fez de Piero?", ou "como se deve entender o fenômeno da supercondutividade elétrica em temperaturas extremamente baixas?"

Suponhamos que já temos uma opinião sobre um desses problemas e que queremos mostrar que nossa opinião é justa. O caso que apresentamos em defesa de nossa solução específica pode, em geral, ser apresentado numa série de estágios. Estes, devemos lembrar, não correspondem necessariamente a estágios do processo pelo qual chegamos, de fato, à conclusão que estamos tentando justificar agora.

Nesses ensaios, não estamos interessados nos modos como, de fato, chegamos a nossas conclusões, ou nos métodos para melhorar nossa eficiência como pessoas que chegam a conclusões. Pode muito bem acontecer de, nos casos em que se trate de cálculos, que os estágios do argumento apresentado para justificar nossa conclusão sejam os mesmos pelos quais passamos para chegar à resposta, mas isto não acontece sempre. Neste ensaio, de qualquer modo, não estamos interessados em chegar a conclusões, mas em como – depois de as termos alcançado – apresentar um argumento para lhe dar apoio. Nossa tarefa imediata é caracterizar os estágios pelos quais passa naturalmente um argumento justificatório, a fim de ver até que ponto são estágios que se podem considerar semelhantes, no caso de argumentos extraídos de campos muito diferentes.

Para caracterizar esses estágios, convém associá-los ao uso de certos termos importantes, que sempre interessaram aos filósofos e que conhecemos hoje como "termos modais"; em grande parte, este ensaio consiste no estudo dos usos práticos dos termos modais. Os termos modais – "possível", "necessário" e outros semelhantes – são mais bem compreendidos, argumentarei, se se examinam as funções que lhes cabem quando "chamados" para expor nossos argumentos.

Para começar pelo primeiro estágio: quando lidamos com qualquer espécie de problema, há um estágio inicial em que temos de admitir que uma série de diferentes sugestões merecem ser consideradas. Todas estas, no primeiro estágio, têm de ser admitidas como candidatas ao título de "solução"; para marcar esta possibilidade, dizemos de cada uma de nossas soluções "potenciais": "pode (ou podia) ser o caso que..." Nesse estágio, a "possibilidade" está corretamente bem colocada, junto com seus verbos, adjetivos e advérbios; falar de uma específica sugestão como uma *possibilidade* é admitir que ela "merece" ser considerada.

Ainda neste mesmo estágio inicial, há sugestões que têm direito mais forte, ou menos forte, como "candidatas" a solução; há, como dizemos, possibilidades mais *sérias* e possibilidades menos *sérias*. Por outro lado, tomar algo como possibilidade, em qualquer caso, obriga, dentre outras coisas, a preparar-se para passar *algum* tempo com um indício – seja para defendê-lo seja para atacá-lo. E, quanto mais seriamente se considerar uma possibilidade, mais tempo será necessário para considerá-la. Se a tomarmos como possibilidade mais remota, ela nos exigirá menos tempo.

Depois de declarado o problema, o estágio seguinte é o da exposição das possíveis soluções, das sugestões que pedem nossa atenção ou, em todo caso, da exposição das possibilidades sérias, que mais urgentemente demandam nossa atenção.

É bom esclarecer desde já que, ao associar as palavras "possível", "possivelmente", "pode" e "podia" com esse estágio inicial da apresentação de um argumento, não estou fazendo uma análise formal do termo "possível". É difícil, no caso desta palavra, oferecer qualquer equivalente estrito de dicionário – praticamente impossível, com certeza, no sentido que estou tentando elucidar aqui. Mas nem por isto somos obrigados a dizer que, por definição, a afirmação "esta é uma possível solução para nosso problema" significa o mesmo que "temos de considerar esta solução como possível, no caso de nosso problema". Não temos necessidade de qualquer equivalência formal e, provavelmente, não há espaço aqui nem para definição formal; apesar disto, é possível determinar, de modo bastante convincente, a questão filosófica aqui envolvida.

Suponhamos, por exemplo, que se peça a um homem que defenda uma alegação que tenha feito; que lhe demos uma contra-resposta e ele treplique: "isto não é possível"; e, no entanto, que, imediatamente, passe a prestar muita atenção ao que ouviu de nós – e o faça não como numa condicional-incumprida (protegendo-se com a ressalva "se isso fosse possível, então..."), mas como quem aceite que nossa idéia merece mesmo consideração respeitosa. Pode-se acusar de inconsistência, ou de frivolidade, alguém que se comporte assim? Afinal, o homem *diz* que nossa idéia é impossível; mas a *trata* como idéia perfeitamente possível. A situação é semelhante no caso em que, ante uma sugestão específica, alguém diga "isto é possível" ou "pode ser este o caso"; e, contudo, imediatamente, "esqueça-a" e não lhe dê nenhuma atenção. Quem age assim também tem de estar preparado para se defender da acusação de inconsistência. Haverá, é claro, em casos adequados, uma defesa perfeitamente boa. O homem de quem estamos falando pode, por exemplo, ter razões para acreditar que a sugestão que lhe fizemos é, especificamente, uma das possibilidades mais remotas, que mais tarde ele terá tempo para considerar, depois que houver encontrado razões para rejeitar as idéias que, no momento presente, parecem mais sérias. Mas só por admitir que uma sugestão específica seja "possível" ou que seja "uma possibilidade", já se concede a ela, em todo caso, o "direito" de receber atenção, no devido tempo; o que é contraditório é declarar que algo é "possível" e, depois, ignorá-la indefinidamente, sem nenhuma boa razão.

Assim, embora possa acontecer de não termos meios para oferecer uma perfeita definição, "de dicionário", das palavras "possível" e "possibilidade", em termos de procedimentos de argumentação, mesmo assim reconhecemos que é possível que haja íntima conexão entre as duas coisas. E, portanto, podemos começar a elucidar o significado de uma família de termos modais, o que faremos mostrando o lugar que ocupam nos argumentos justificatórios.

Basta de fase inicial. Uma vez que começamos a considerar as sugestões, que se reconhecem como merecedoras da nossa atenção, e perguntamos que relação há entre estas sugestões e qualquer informação que tenhamos, várias coisas podem acontecer. Em cada uma das situações resultantes, os termos modais aparecem no centro do quadro.

Há, por exemplo, ocasiões em que uma das alegações candidatas a solução é singularmente boa. Tendo começado com várias possíveis, encontramo-nos às vezes habilitados a apresentar uma conclusão específica como, inequivocamente, a solução a ser aceita. Não precisamos nos ocupar, por enquanto, com a questão de saber que testes têm de ser feitos para saber se poderemos nos manter neste feliz estado. Esta situação acontece muito freqüentemente e estamos bastante familiarizados com ela – é o que basta para podermos prosseguir: há uma pessoa cujas condições físicas atuais exigem que a incluamos na equipe de tênis; o indício é forte o bastante para que ninguém duvide de que o homem que está sentado no banco dos réus cometeu um crime; já se elaborou uma prova categórica de um teorema; uma teoria científica passou, vitoriosa, por todos os nossos testes.

É verdade que, em certos campos de discussão, isto só acontece em raras ocasiões e há campos em que é notoriamente difícil provar as alegações preeminentes de uma alegação-candidata sobre todas as outras; nesses campos, mais freqüentemente que em muitos outros, respondem-se as perguntas com respostas que são de opinião ou de gosto. Um dos campos em que isto pode mais obviamente acontecer é a estética, embora mesmo aí se erre facilmente, ao aumentar exageradamente o espaço para a discordância razoável, e ao não notar que há casos em que só se pode considerar séria uma opinião informada – por exemplo, Claude Lorraine é melhor pintor de paisagens que Hyeronimus Bosch.

O que interessa perceber é que há situações em que a informação que temos à nossa disposição aponta, inequivocamente, para uma solução específica; e que, para estas situações, há termos característicos para indicar que aquela "tem de" ser a solução. Dizemos que a conclusão "tem de ser" tal ou tal outra, que é "necessariamente" assim – um tipo adequado de "necessidade". "Em tais circunstâncias", dizemos, "só há uma decisão a tomar: a criança *tem de* ser devolvida à custódia de seus pais". Ou, então, "considerados os passos precedentes no argumento, o quadrado da hipotenusa de um triângulo retângulo *é* igual à soma dos quadrados dos outros dois lados". Ou, então, "considerando-se as dimensões do Sol, da Lua e da Terra e suas posições relativas no momento em questão, vemos que a lua *tem de* estar completamente obscurecida nesse momento". (Mais uma vez: não estamos preocupados com as definições de dicionário para as expressões "tem de", "necessariamente" e "necessidade". Há uma estreita conexão entre o sentido dessas palavras e o tipo de situação que comentei, mas esta conexão não é do tipo das que vemos expressas nos verbetes de dicionário.)

Não é preciso dizer que nem sempre somos capazes de levar nossos argumentos a esse final feliz. Pode acontecer de, mesmo depois de considerar todos os aspectos de cuja relevância estamos cientes, ainda assim não conseguirmos estabelecer, de modo inequívoco, a solução a ser aceita. E muitas outras coisas podem acontecer. Pode acontecer, entre outras possibilidades, de sermos capazes de rejeitar algumas das sugestões que, de início, permitimos que entrassem "na fila" das "possibilidades", desde que, à luz de informações novas, possamos considerá-las descartáveis, porque perderam o direito de ser consideradas; "afinal de contas", dizemos, "tal e tal caso *não pode ser*". Em outras palavras, pode acontecer de uma das sugestões iniciais, a certa altura, passar a ser inadmissível. Em situações como esta, usamos naturalmente outros termos modais – "não pode ser", "é impossível" e outros semelhantes – aos quais nos dedicaremos em breve.

Outra situação que também pode acontecer às vezes é a de – tendo riscado de nossa lista de "possíveis" soluções aquelas que nossa informação nos autoriza a descartar completamente, e tendo "guardado" uma série de outras possibilidades, que não pudemos descartar – sermos, apesar de tudo, capazes de classificar as possibilidades sobreviventes, por comparação, em ordem de credibilidade ou fidedignidade, sempre considerando a informação de que dispomos. Embora não haja meios para justificar a escolha, como solução única aceitável, de qualquer das possibilidades sobreviventes, sabemos que, à luz dos dados de que dispomos, há algumas possibilidades que merecem mais atenção que outras. Sentimo-nos autorizados, portanto, a partir do que sabemos, a decidir com mais confiança por uma das soluções do que pelas outras; dizemos então que "a conclusão x é mais 'provável' do que outras". O termo "provável" fica, aqui, apenas como exemplo; o assunto é mais complicado e lhe dedicaremos um ensaio, adiante.

Há ainda um tipo de situação que vale a pena mencionar no começo: acontece, às vezes, de sermos capazes de mostrar que uma determinada resposta é *a* resposta, desde que possamos ter certeza de que não se aplicam, àquele caso específico, algumas condições extraordinárias ou excepcionais. Não sendo possível ter absoluta certeza de que tais condições extraordinárias ou excepcionais não ocorrerão, temos de qualificar a nossa conclusão. O homem é honesto, até que se prove positivamente que praticou um ato desonesto. Temos de supor que o presidente regular ocupava a presidência de uma reunião de comitê, a menos que haja registro, nas atas, de que a presidência, num determinado dia, foi ocupada por outra pessoa; se se lança um objeto, de cima para baixo, de uma certa altura do chão, temos de supor que ele cairá, uma vez que só corpos excepcionais, como os balões de gás, sobem, em vez de descer, quando soltos acima do solo. Neste caso também há um modo característico para marcar este tipo especial de conclusão e sua força especial: dizemos que o presidente é *pressuposto* (ou *suposto*) legítimo; dizemos que se *presume* que o presidente regular estava na presidência; que ele estava "presumivelmente" em seu posto, naquela reunião; ou inferimos, a partir da informação de que um corpo foi solto de uma certa altura, que se pode "supor" que ele caiu no chão.

Deve-se notar uma coisa, em tudo isso: ao caracterizar as diferentes situações que se podem criar quando se expõe um argumento justificatório, pode-se, com muita certeza, achar exemplos em muitos campos diferentes. Encontram-se todas as várias fases – primeiro, expor as soluções-candidatas que requerem consideração; em seguida, encontrar uma solução específica inequivocamente indicada pela evidência, com a exclusão de algumas das possibilidades iniciais, à luz dos indícios, e o resto – quer nosso argumento diga respeito a assuntos de Física ou de Matemática, de ética ou de Direito, ou mesmo que se trate de um acontecimento do dia-a-dia. Seja em discussões judiciais, seja nas extrajudiciais, observam-se semelhanças básicas de procedimento, em muitos campos; e, dado que a forma dos nossos argumentos reflete as semelhanças de procedimento, nos mais diferentes campos encontraremos formas semelhantes de argumento.

Impossibilidades e impropriedades

Podemos, agora, nos aproximar um pouco mais da solução de nosso primeiro problema principal: as características, em diferentes campos, dos argumentos campo-invariáveis, de um lado, e, de outro, dos argumentos campo-dependentes.

Um dos caminhos para deduzir a resposta é tomar um dos termos modais já mencionados e ver o que permanece e o que muda, considerado o seu modo de emprego característico, primeiro num campo de argumento e, depois, em outros. Que termo escolheremos?

Dada a longa história filosófica, talvez parecesse natural começar pela noção de "necessidade" ou pela noção de "probabilidade". Acontece que, para o propósito que temos em vista, a longa história filosófica mais atrapalha que ajuda, pois nos carrega de preconceitos teóricos que não nos interessa discutir agora – quando o que queremos não é estabelecer um ponto qualquer da teoria, mas, simplesmente, entender o modo como se usam estes conceitos, na atividade prática de avaliar argumentos. Comecemos, portanto, por um termo modal que, até aqui, não tem sido muito estudado pelos filósofos – a construção verbal "não pode". (Como veremos, usa-se muito mais a forma verbal "não pode ser" que o substantivo abstrato "impossibilidade"; podemos, portanto, nos concentrar no verbo.) A primeira pergunta que temos de fazer é: em que circunstâncias usamos esse verbo modal específico, e o que entendemos quando o ouvimos usado por alguém. Depois de termos encontrado as respostas a essas questões em alguns campos de argumento, teremos de prosseguir e perguntar até que ponto variam, de campo para campo, as implicações deste verbo e quais os critérios pelos quais se pode decidir quando o verbo pode e quando o verbo não pode ser usado adequadamente.

Comecemos, portanto, com uma série de situações nas quais a expressão "não pode" é usada naturalmente. Para enfrentar nosso problema, começaremos por comparar essas situações. "Você não pode" – poderíamos dizer a alguém numa ou noutra ocasião – "levantar uma tonelada sozinho; enfiar dez mil pessoas no *hall* da prefeitura; dizer *cauda* da raposa, em vez de *rabo* da raposa[4]; chamar sua irmã de 'ele';

---

4. O código – de honra – deste esporte proíbe que se use o termo "cauda"; o correto neste caso é, sempre, "rabo". (N. do T.)

fumar na cabine de não-fumantes; expulsar de casa o filho sem um centavo; obrigar a esposa do réu a testemunhar contra o marido; perguntar o peso do fogo; construir um heptágono regular; e encontrar um número racional igual à raiz quadrada de dois."

Precisamos examinar vários destes exemplos, para ver o que se conseguiu, em cada caso, com o uso da expressão "não pode". (Um lembrete, de passagem: omiti deste grupo de exemplo, deliberadamente, alguns casos filosoficamente muito importantes; a saber, os casos que envolvem impossibilidades "formais". Os exemplos acima só incluem "não podes" bastante conhecidos, que dizem respeito a impossibilidades e impropriedades francamente práticas, físicas, lingüísticas e de procedimento. Decidi excluir os casos de impossibilidade formal porque neles, quase sempre, há também um ou mais destes tipos mais simples de impossibilidade e impropriedade, e, em cada caso, varia a importância relativa das impossibilidades formais e não-formais. No nosso caso, temos de definir as impropriedades e impossibilidades não-formais e ver o que acontece, antes de introduzir o elemento extra da impossibilidade formal. Adiante, voltaremos a este assunto.)

Como começaremos? Podemos seguir o palpite da piada da *Punch*, citada como epígrafe no começo deste ensaio. É claro que, em alguns casos, um homem que diga "X não pode fazer Y" está dizendo que X não fez Y recentemente, não está fazendo agora e não fará em futuro próximo; mas há outros casos em que a expressão "não pode" não traz consigo, de modo algum, aquela implicação. Tendo em mente essa diferença, imaginemos, em cada um de nossos exemplos, o que pensaríamos se o homem para quem dissemos "você não pode fazer X", respondesse "mas eu fiz"; e outra pergunta: que motivos nos autorizam, sempre, a dizer "você não pode fazer X"; o que teria de ser diferente do que é, para que nossa asserção pudesse ser rejeitada; em outras palavras, para demonstrar que, afinal de contas, nossa asserção era injustificada. Consideremos um exemplo por vez.

(*a*) Uma grande peça de metal cai de um caminhão, na estrada. O motorista, um jovem pálido, com ar desanimado, desce de sua cabine e vai em direção a ela como se fosse pegá-la. Nós o vemos aproximar-se da peça e dizemos para ele: "você não pode levantar esse peso sozinho; espere um pouco, que vou buscar ajuda ou algum guincho". Ele responde: "Não se meta, já fiz isto muitas vezes." Anda até a peça, levanta-a com destreza e a recoloca no caminhão.

Pode-se ver imediatamente algumas das implicações do que dissemos. Ao levantar a peça, o motorista nos surpreende e sua ação refuta, definitivamente, o que dissemos. Subestimamos sua força, e o consideramos fisicamente incapaz para a tarefa; a tarefa, pensamos nós, exigia um homem mais forte, idéia que estava implícita em nossa observação. O que era implícito na frase que dissemos pode ser tornado explícito, se reescrevermos a nossa frase:

"Sendo seu físico o que é, você não pode levantar esse peso sozinho – nem adianta tentar."

Pode-se perguntar se aqui há, de fato, um argumento. Há, sem dúvida, embora não seja um argumento elaborado ou maduro; mas os elementos essenciais estão ali. Pois a asserção implícita que aí está não é apenas que o homem não *levantará* o peso sozinho; afirmamos também que temos razões para achar que nem "vale a pena" considerar a possibilidade de que o motorista pode levantar do chão a pesada peça de metal. Se nossa alegação for contestada, temos motivos – haverá suporte – que poderão ser listados para mostrar o que nos leva a chegar a essa conclusão específica e a excluir a possibilidade. O motorista não levantará o peso, sozinho; esta é a conclusão, e nós a apresentamos, baseados em informações sobre seu físico. Podemos nos enganar sobre suas verdadeiras condições físicas, mas isto não afeta a questão de relevância: o físico que podemos inferir que o motorista tenha é, com certeza, relevante, quando nos perguntamos se ele *pode*, de fato, levantar o peso, sozinho.

(*b*) Um amigo está organizando uma reunião pública na prefeitura e envia convites insistentes para dez mil pessoas. Em pesquisa, descobrimos que ele afirma que espera que a maioria dessas pessoas compareça no dia. Com receio de que nosso amigo possa ter se esquecido de considerar uma objeção prática a seu projeto, dizemos: "Você não pode fazer dez mil pessoas entrarem na prefeitura."

Dessa vez, é claro, estamos céticos, não em relação a suas capacidades ou poderes pessoais – como no caso do Hércules desanimado que nos surpreendeu ao levantar a enorme massa de metal. A empreitada nos parece impossível por conta da capacidade de lugares da prefeitura. Se nosso amigo responder: "mas eu fiz!", podemos tentar retrucar que, com certeza, aquilo não pode ser feito; e, se nosso amigo insistir, começaremos a desconfiar e suspeitaremos de que ele esteja recorrendo a alguma espécie de artifício verbal. Podemos, por conseguinte, perguntar-lhe: "o que você quer dizer?".

Acontece que, no momento em que perguntamos "o que você quer dizer?", já estaremos trabalhando em outro tipo de caso, e as considerações relevantes serão agora muito diferentes. Independentemente dessas complicações, podemos reescrever nossa declaração, mais explicitamente, como segue:

"Dado que a prefeitura tem capacidade para poucas pessoas, você não pode fazer dez mil pessoas entrarem lá. É inútil tentar."

Também neste caso, alguém poderia objetar que não estamos considerando um autêntico argumento. Mas o esqueleto de um argumento está, de fato, ali: a conclusão é que nosso amigo não terá sucesso na tentativa de fazer dez mil pessoas entrarem na prefeitura, por mais que tente; e os motivos para essa conclusão são os fatos conhecidos sobre a capacidade do prédio – sendo os fatos como são, o projeto de nosso amigo não merece ser considerado.

(*c*) Os dois primeiros exemplos foram bastante parecidos; vejamos agora um exemplo mais contrastante. Um habitante da cidade volta do campo e descreve um espetáculo rústico a que assistiu. "Uma tropa de cavalaria, com paletós vermelhos, passava estrondeando" – conta ele –, "e na frente deles um bando de cães formava uma fileira no campo, latindo alto enquanto, pouco a pouco, reduzia-se a distância que os separava da cauda de uma pobre raposa." Um dos ouvintes, fanático por esportes sangrentos, corrige a descrição, em tom de zombaria: "meu caro amigo, você não pode falar da 'cauda da raposa'; quanto a 'cães', suponho que você queira dizer sabujos; e a 'cavalaria com jaquetas vermelhas' eram os caçadores, com seus casacos cor-de-rosa".

Neste exemplo, é claro, não está em questão o fato de nenhuma das coisas mencionadas na história ser insuficiente, seja qual for o aspecto que se considere, para tornar possível o impossível; de fato, o homem a quem dizem que *não pode* falar da cauda de raposa, acabou, de fato, de falar. O ponto em questão nesse caso é portanto diferente, e a expressão "não pode" indica não tanto uma impossibilidade física, mas sim uma impropriedade terminológica. Ao falar da cauda da raposa, a pessoa que fala não trai a confiança de seus ouvintes, mas comete um solecismo[5] lingüístico. Devemos, por conseguinte, expandir nossa frase, mas com outra preocupação:

---

5. *Solecismo* sm (gr *soloikismós*) Gram. 1 Erro contra as regras da sintaxe de concordância, de regência ou de colocação. São solecismos: *o povo vaiaram* (em vez de vaiou); *assisti o filme* (em vez de ao filme); *nunca esforçou-se* (em vez de se esforçou). 2 Erro, culpa, falta (Dicionário "DIXMAXI-Aurélio Eletrônico", 2000). (N. do T.)

"Sendo como é a terminologia da caça à raposa, você não pode falar da cauda da raposa – fazê-lo é ofender a tradição do esporte."

(*d*) Pedem-nos para ler o manuscrito de um novo romance; ao lê-lo, vemos que em alguns trechos uma das personagens é identificada como irmã de alguém e, em outros trechos, a mesma personagem aparece referida como "ele". Pensando em poupar o autor do escárnio dos detetives literários, chamamos a atenção de nosso amigo-autor, dizendo: "você não pode ter uma irmã do sexo masculino".

Pois bem, o que exatamente está em questão neste caso? Por um lado, não se discutem nem a constituição física nem as capacidades pessoais de alguém. Não se trata, pelo menos diretamente, de uma questão de fisiologia, uma vez que, permanecendo nossa nomenclatura como a conhecemos, não há mudança fisiológica, por mais dramática que seja, que faça com que alguém passe a ser, ao mesmo tempo, "irmã" e "homem"; qualquer mudança de sexo, por exemplo, que transformasse a personagem em homem, a tornaria *ipso facto* "irmão". Ao mesmo tempo, este exemplo tampouco pode ser tomado como lingüístico, como o anterior. Dificilmente se poderia dizer que falar de uma "irmã-homem" seja apenas mau inglês, assim como falar do apêndice caudal da raposa como "cauda" em vez de "rabo". A descrição que o habitante da cidade fez de uma caça à raposa foi perfeitamente inteligível, e seus defeitos estavam só nos solecismos lingüísticos; mas um autor que escrevesse sobre um de seus personagens às vezes como irmã de alguém e às vezes como homem estaria arriscando mais do que apenas fazer papel de bobo entre alguns entendidos no esporte: estaria se arriscando a que ninguém o compreendesse. O que importa aqui, somos obrigados a dizer – embora a afirmação possa soar obscura –, não é apenas o *uso* dos termos "macho", "fêmea", "irmão" e "irmã"; é o *sentido*.

Se nos pedissem para explicar por que seria melhor que o autor não incluísse uma "irmã-homem" em seu romance, nós teríamos, portanto, de aludir tanto à terminologia que se usa para falar dos sexos e das relações familiares, dos relacionamentos, quanto às razões de segunda ordem pelas quais os termos assumem as formas que assumem. Não há dúvida de que uma mudança suficiente nos fatos da vida – por exemplo, um aumento notável na população de hermafroditas – poderia nos levar a rever nossa nomenclatura e, desse modo, talvez se criasse uma situação em que uma referência a uma "irmã-homem" deixasse de ser ininteligível. Mas, continuando as coisas a ser como são de fato, e continuando nossa nomenclatura a ser a que é, a expressão "irmã-homem" não tem nenhum sentido; e esta, é claro, é a consideração que temos em mente quando dizemos ao nosso amigo-autor que ele não pode escrever sobre uma "irmã-homem".

Portanto, se ele responde: "mas eu posso ter uma irmã-homem", não pode haver nem surpresa nem ceticismo. Estas reações estavam muito bem no caso do homem que insistia que poderia levantar o peso pesado. Mas se um amigo nos diz: "eu posso ter uma irmã-homem", a única tréplica possível é: "o que você quer dizer com isso?". Posto em nossa forma costumeira, nosso exemplo passa a ser:

"Sendo a nomenclatura dos sexos e relacionamentos a que é, você não pode ter uma irmã-homem – e é ininteligível, até mesmo, falar sobre tal 'coisa'."

Há dois aspectos a observar nestes primeiros quatro exemplos. Para começar, poder-se-ia pensar que há um abismo insuperável, uma linha fixa e rígida, que separa os dois primeiros, de um lado, e, de outro, os dois últimos; na prática, contudo, acontece com freqüência de eles se transformarem, pouco a pouco, uns nos outros. Alguém pode, por exemplo, perguntar-me: "você acha que alguém não pode levantar uma tonelada sozinho? Isto mostra o quanto você sabe. Ora, pois hoje eu vi um homem levantar, sozinho, cem toneladas!". Se isto acontecer, minha reação já não será de surpresa: será de incompreensão; neste caso, portanto, um exemplo do primeiro tipo se transformou em exemplo do quarto tipo, posto que, neste caso, eu suspeitarei de que a expressão "levantar... sozinho" está recebendo um sentido novo. Provavelmente, a pessoa viu (digamos) um homem que operava uma enorme escavadeira mecânica, numa mina a céu aberto. Não há dúvida de que cem toneladas estavam sendo movidas num determinado momento, pela ação de só um homem, mas ele tinha uma imensa máquina para ajudá-lo, ou algo semelhante. O mesmo pode acontecer com o segundo exemplo: um homem que diz que pode fazer dez mil pessoas entrarem na prefeitura, pode, mais uma vez, estar querendo valer-se de um truque lingüístico; quando dizemos: "o que você quer dizer?", ele pode, em resposta, nos apresentar uma demonstração matemática pela qual se prove que toda a população do mundo pode ser enfiada num cubo de 500 metros de lado e que, portanto, *a fortiori*, é muito fácil meter "só" dez mil pessoas num cubo do tamanho do *hall* da prefeitura. E é claro que se não se exigir que as pessoas entrem e saiam vivas, é possível pôr na Prefeitura muito mais de dez mil pessoas.

O segundo ponto, que menciono aqui só de passagem, será importante quando, adiante, tratarmos da natureza das impossibilidades formais e teóricas. As teorias científicas incluem uma série de princípios muito fundamentais, que fazem referência a "impossibilidades teóricas"; por exemplo, a famosa impossibilidade de reduzir a entropia (a chamada 2ª Lei da Termodinâmica). Ao discutir as implicações filosóficas de tais teorias, somos tentados, no início, a compará-las com os quatro tipos de "não podes" que examinamos até agora. No começo, sentimos que tais impossibilidades têm de ser ou impossibilidades físicas, sólidas (como as impossibilidades que aparecem nos primeiros dois exemplos), ou impossibilidades disfarçadas em impropriedades terminológicas (como nos dois últimos exemplos acima). Daí, portanto, que os filósofos da Física se dividam entre aqueles que entendem que tais impossibilidades têm a ver com traços gerais da Natureza ou da Realidade, de um lado, e, de outro, os filósofos da Física que entendem que aquelas proposições são, no fundo, proposições analíticas, e o "não pode", assim, é uma impropriedade terminológica, não uma impossibilidade real, física. A origem de uma impossibilidade teórica, portanto, só pode ser buscada em dois lugares: ou na natureza do universo-como-um-todo (o caráter das coisas em geral); ou, então, na terminologia adotada por físicos teóricos quando desenvolvem suas teorias. Nesse ponto do argumento, quero observar apenas que os quatro exemplos que discutimos até agora não são os únicos objetos de comparação possíveis. Este assunto, também, nos ocupará em um ensaio posterior.

(*e*) O guarda encontra, num trem, um passageiro que está fumando numa cabine de não-fumantes, enquanto uma velha senhora, na mesma cabine, tosse e lacrimeja por causa da fumaça do cigarro. No exercício de sua autoridade, ele diz ao passageiro: "O senhor não pode fumar nesta cabine, *Sir*".

Ao dizer esta frase, o guarda implicitamente invoca o estatuto e os regulamentos da Companhia Ferroviária. Não há nenhuma referência ao fato de que o passageiro não consiga fumar ali (no sentido, por exemplo, de ele não *saber* fumar), ou de que a cabine tenha alguma característica que o impeça de fumar. O caso é, portanto, diferente do exemplo (*a*) e do exemplo (*b*). O guarda tampouco está interessado – como em (*c*) ou (*d*) – em questões de linguagem ou sentido. O que lhe interessa é chamar a atenção para o fato de que fumar naquela cabine específica é cometer um delito contra o estatuto e os regulamentos, documentos nos quais se reservam determinadas cabines para as pessoas para as quais seja detestável o hábito de fumar cigarro; que aquele não é o lugar adequado para fumar e que é melhor que o passageiro vá para outro lugar. O sentido da observação do guarda é:

"Sendo os estatutos como são, o senhor não pode fumar nesta cabine, *Sir* – se fumar, cometerá uma contravenção contra os estatutos e uma ofensa contra os demais passageiros."

(*f*) Um pai severo acusa o filho de ser perdulário e dissoluto e o expulsa de casa. Um amigo intercede em favor do filho, dizendo: "você não pode expulsá-lo sem um centavo!".

Como no exemplo da *Punch*, o pai também poderia responder: "não posso? Pois olhe só!", e nada, nem no pai nem no filho, poderá impedir o pai de expulsar o filho. Por outro lado, o pai também poderia responder: "não apenas posso, como devo; é meu triste dever fazê-lo"; e esta resposta nos lembra da verdadeira força do apelo ou protesto original. A questão levantada neste exemplo é uma questão moral, que diz respeito às obrigações do homem para com seu filho. A intercessão do amigo poderia ser escrita, mais explicitamente, como segue:

"Havendo entre você e este rapaz o relacionamento que há, você não pode mandá-lo embora sem um centavo – não seria uma atitude paternal e seria errada."

Esses exemplos são bastante variados para que se perceba que há aqui, emergente, um padrão geral. Poderíamos, é claro, considerar outros exemplos, que envolvessem nem tantas impossibilidades físicas, solecismos lingüísticos, delitos legais ou ofensas morais, mas alguma impropriedade de procedimento judicial ("você não pode obrigar a mulher do réu a testemunhar contra o marido"), alguma incongruência conceitual ("você não pode perguntar quanto pesa o fogo"), ou impossibilidades matemáticas – e sobre esse último tipo de exemplo falaremos daqui a pouco.

Mas, já agora, deve estar clara para nós a implicação comum a todas essas afirmações, indicada pelo uso da expressão "não pode". Em cada caso, a proposição serve em parte como uma injunção, para *excluir* uma coisa-ou-outra – para dispensar de consideração qualquer curso de ação que envolva essa uma coisa-ou-outra –, excluir, por exemplo, cursos de ação que envolvam erguer sozinho algo que pese uma tonelada; dizer "cauda" da raposa; ou obrigar a esposa do réu a testemunhar contra o marido. Esses cursos de ação são – está implícito – aqueles contra os quais há razões conclusivas; e a expressão "não pode" serve para localizar cada afirmação nesse lugar particular de um argumento, que tem a ver com a exclusão de uma possibilidade relevante.

O que conta como fator para excluir a coisa referida varia de caso para caso; as razões envolvidas para excluir e a sanção que se pode sofrer por ignorar a injunção variam de modo ainda mais marcante; tampouco precisa haver qualquer regra formal por referência a qual se deva justificar a exclusão. Mesmo assim – submetido a estas qualificações – continua a existir o que é comum a todas essas afirmações. E todas podem ser escritas pelo padrão seguinte, para que se percebam mais claramente as implicações envolvidas:

"Sendo P o que é, você deve excluir tudo que envolva Q; se fizer de outro modo, será R, que pediria S."

A fórmula é a mesma para todos os exemplos; o que varia, caso a caso, são as coisas que temos de usar em lugar de P, Q, R e S. Q é o curso da ação especificado, de fato, em cada proposição: levantar uma tonelada sozinho; dizer "cauda" de raposa; mandar embora o filho, sem um centavo; perguntar sobre o peso do fogo, ou construir um heptágono regular. P será, nos diferentes casos, o físico do motorista do caminhão; o jargão da caça à raposa; o relacionamento entre pai e filho; os conceitos da física e da química, ou os axiomas da geometria e a natureza das operações geométricas – são estas, em cada caso, as bases com que se conta. A ofensa/violação envolvida (R) e as punições que se corre o risco de sofrer (S) também variam de caso a caso; é vão ignorar uma impossibilidade física, e ignorá-la leva ao desapontamento; ignorar um aspecto de terminologia resulta em erro e nos expõe ao risco do ridículo; ignorar regras morais é (digamos) mau e não-paternal, mas, dado que neste caso a virtude é a única recompensa, não há sanção específica vinculada a este tipo de regras. Por fim, perguntas que envolvam contradição ou incongruência conceitual (como o "peso do fogo" ou a "irmã-homem") estão construídas sobre bases ininteligíveis – e propor este tipo de questão é expor-se ao risco de não ser compreendido.

Força e critérios

Pode-se fazer agora uma distinção que, como veremos mais tarde, é muito importante. O significado de um termo modal – como "não pode" – tem dois aspectos: podemos chamá-los de a *força* do termo e os *critérios* para usar cada termo. Por "força" de um termo modal entendo as implicações práticas de usar um determinado termo; a força do termo "não pode" inclui, por exemplo, a injunção geral implícita de que se tem de excluir uma coisa-ou-outra, deste-ou-daquele-modo, e por-tal-razão. Esta força pode ser contrastada com os critérios, padrões, bases e razões, em referência aos quais decidimos, em cada contexto, qual o termo modal específico mais apropriado a ser usado em cada caso. Só estamos autorizados a dizer que determinada possibilidade tem de ser excluída se pudermos apresentar bases ou razões para justificar a exclusão; sob o termo "critérios" podem ser incluídos muitos tipos de coisas que, conforme o caso, temos de apresentar. Dizemos, por exemplo, que alguma coisa é física, matemática ou fisiologicamente impossível, que não está de acordo com as regras terminológicas ou lingüísticas ou, então, que é imprópria, em termos morais ou judiciais: esta "coisa", portanto, deve ser excluída, por uma daquelas razões ou pela outra. E, quando começamos a explicar "por analogia a quê" qualquer coisa específica deve ser excluída, mostramos os critérios aos quais estamos recorrendo, em cada situação particular.

Para esclarecer melhor a importância da distinção entre *força* e *critérios*, é preciso prosseguir. Pode-se apontar para o que virá, talvez, se olharmos por um momento para a noção de impossibilidade matemática. Muitos teoremas em geometria e na matemática pura declaram impossibilidades de algum tipo; eles nos dizem, por exemplo, que é impossível construir, com régua e compasso, um heptágono regular; e que não se pode descobrir a raiz quadrada racional de 2. A construção do heptágono regular e o cálculo da tal raiz quadrada são, nos dizem, impossibilidades matemáticas.

Ora, o que está implícito nesta frase? O que significa precisamente a expressão "impossibilidade matemática"? Há uma resposta fácil mas simples demais, e não precisamos nos apressar tanto. O primeiro passo, mais natural, é procurar conhecer o procedimento ao qual os matemáticos têm de obedecer para provar um teorema dessa espécie: por exemplo, eles têm de mostrar que a raiz quadrada de 2 não pode existir entre os números racionais. Se investigamos para saber o que os matemáticos estabelecem por esta prova, descobrimos que há aqui uma coisa muitíssimo importante. A noção de uma "raiz quadrada racional de 2" nos leva a contradições: se se pressupõe que um número x é racional e que se o elevarmos à 2.ª potência o resultado será 2, chega-se facilmente, mediante curtas cadeias de argumentos, a duas conclusões que se contradizem uma à outra. Esta é a razão – a razão conclusiva – pela qual os matemáticos são levados a considerar impossível a idéia de que haja um número real x que tenha, ao mesmo tempo, aquelas duas propriedades.

Tendo observado isso, podemos ficar tentados a concluir, imediatamente, que encontramos a resposta para nossa pergunta – a saber, que a expressão "matematicamente impossível" significa apenas "autocontraditório", ou "que leva a autocontradições". Esta resposta é simples demais; para compreender mais adequadamente o que significa "ser matematicamente impossível", deve-se prestar atenção não apenas ao que os matemáticos fazem antes de chegar à conclusão de que algo é impossível, mas, também, ao que fazem depois de chegar a essa conclusão e *como conseqüência* de haver chegado a ela. A existência de uma impossibilidade matemática não é apenas algo que tenha de ser provado, tem também algumas implicações. Mostrar que há contradições pode ser tudo quanto se pede que o matemático faça para justificar sua resposta, no caso de ele ter afirmado que uma noção x é uma impossibilidade matemática (mostrar que há contradição pode ser demonstração conclusiva dessa impossibilidade); mas explicar a força que há na expressão "a noção x é impossível" exige mais do que simplesmente "colar" sobre a noção x um rótulo de "leva a contradições".

A noção x nos enreda em contradições e é, *por esse motivo*, ou *portanto*, impossível; é impossível *por conta* das contradições, impossível *porque* leva a contradições. Se "matematicamente impossível" significasse exatamente o mesmo que "contraditório", a expressão "x é contraditório e, assim, matematicamente impossível" seria tautológica (x é contraditório e, assim, é contraditório). Mas as coisas não são bem assim. Dizer "esta suposição nos leva a contradições ou, em outras palavras, é impossível", é roubar, da idéia de impossibilidade matemática, uma parte crucial de sua força – a sentença já não implica a força moral que tinha, e nada mais nos obriga a excluir a noção x do conjunto dos nossos "possíveis".

Até na matemática, portanto, é possível distinguir entre (1) o critério ou padrão em referência ao qual descarta-se a raiz quadrada racional de 2 *como* impossível, e (2) a força da conclusão de que a raiz quadrada racional de 2 *é* impossível. Declarar que há contradições não é o mesmo, portanto, que rejeitar a noção como impossível, embora, do ponto de vista dos matemáticos, baste a contradição para que considerem totalmente *justificada* a rejeição. Mais uma vez: a força de chamar o número x de "uma impossibilidade" está em excluí-lo de consideração e, dado que temos de excluí-lo por critérios matemáticos, o fundamento da exclusão deve ser "aceito" pela matemática – e exemplo de fundamento para exclusão aceito pela matemática é: operar com tal concepção leva a contradições. O critério da contraditoriedade, em termos matemáticos, pode ser um *critério* de impossibilidade; a *moral* ou *força implícita* de determinar uma impossibilidade é impedir que a noção continue a ser usada nos argumentos matemáticos seguintes.

Insistir na impossibilidade matemática pode parecer exercício inútil ("procurar pêlo em ovo"). As conseqüências desta distinção talvez sejam desprezíveis para a matemática; mas são consideráveis para a filosofia, sobretudo quando se está caminhando (como no nosso caso) para construir uma distinção paralela, que dirá respeito à "impossibilidade lógica". Porque a distinção entre "força" e "critérios" – que se aplicou aos termos modais – é parente próxima das distinções que foram feitas em outros campos, recentemente, com grande proveito filosófico.

Consideremos, por um momento, este paralelo. Vejamos o argumento que tem sido usado pelos filósofos que estudam o uso geral de expressões avaliativas:

Uma palavra como "bom" pode ser usada tanto para uma maçã como para um agente ou uma ação, para uma rebatida no tênis, um aspirador de pó ou uma tela de Van Gogh; em cada caso, chamar de "boa" a fruta, a pessoa, a batida ou a pintura é comentá-la e apresentá-la como, em algum aspecto, louvável, admirável ou como membro eficiente de sua classe – a palavra "bom" portanto pode ser mais acuradamente definida como "o mais geral dos adjetivos de recomendação". Mas, porque a palavra é tão geral, há muitas coisas diferentes às quais recorremos para justificar que recomendemos alguma coisa como "boa". Uma ação boa (do ponto de vista moral), um aspirador bom (do ponto de vista da utilidade para o lar) e uma maçã boa (do ponto de vista da fruticultura) correspondem a certos padrões, mas os padrões aos quais correspondem são diferentes – de fato, são incomparáveis. Assim, pode-se distinguir entre a força mandatória de rotular-se algo como "bom" e os critérios em referência aos quais nós justificamos uma recomendação.

Nossa discussão nos levou a uma posição que é, de fato, apenas um caso especial deste caso mais geral. Pois o padrão é o mesmo, quer as coisas que classificamos, avaliamos ou criticamos sejam maçãs, ações ou pinturas, ou, de outro lado, argumentos e conclusões. Nos dois casos interessa-nos julgar ou avaliar, e distinções que se mostraram proveitosas na ética e na estética também serão proveitosas quando aplicadas à crítica de argumentos. Com "impossível" dá-se o mesmo: o uso do termo tem uma força característica, de recomendar (no caso de "bom") ou de rejeitar (no caso de "impossível"); recomendar uma maçã ou ação é uma coisa; apresentar suas razões para recomendar é outra; rejeitar uma sugestão por insustentável é uma coisa, apresentar suas razões para rejeitá-la é outra coisa, por mais convincentes e relevantes que sejam as razões.

Qual é a virtude de tais distinções? Se as ignorarmos na ética, muita coisa pode acontecer. Pode acontecer, por exemplo, de sermos tentados a pensar que, para recomendar algo como "bom", basta apontar os padrões aos quais a mesma coisa tem de corresponder. E podemos concluir que um aspirador de pó será "bom" se, em termos de centímetros-cúbicos-de-poeira-aspirada por quilowatt-de-eletricidade-consumida e coisas semelhantes, ele estiver acima da média das demais máquinas do mesmo tipo. (O que é o mesmo que pensar que a expressão "matematicamente impossível" *signifique* apenas "leva a autocontradições" e nada mais.)

Este modo de ver, entretanto, leva a paradoxos desnecessários. Porque agora temos a impressão de que os termos de recomendação e condenação com que tão freqüentemente expressamos nossos juízos de valor têm tantos sentidos quantas são as espécies diferentes de coisas que há para avaliar – e esta "impressão" é muito inoportuna.

O que temos de perceber é que, ao contrário desta "impressão", a *força* de recomendar algo como "bom" ou de condenar como "mau" é sempre a mesma – qualquer que seja a coisa a ser recomendada ou condenada –, por mais que variem os critérios para julgar ou avaliar os diferentes tipos de mérito, em cada caso.

Este modo de ver, porém, não é o único que pode nos desencaminhar, nem sequer o mais "perigoso". Podemos querer dar um passo adiante, mesmo depois de reconhecer que, no significado dos termos avaliativos, há muitos critérios unidos por uma mesma força, e que avaliar algo envolve tanto classificar algo numa ordem de recomendabilidade como, também, considerar os critérios apropriados a cada caso.

Pode acontecer conosco de, preocupados com algum tipo específico de avaliação, acharmos que um conjunto particular de critérios tenha maior importância e, por conseguinte, podemos ser tentados (1) a tomar os critérios apropriados para avaliar coisas de um tipo, como se fossem padrões de mérito apropriados ou únicos para todas as espécies de coisa; e, assim, podemos ser tentados (2) a rejeitar todos os demais critérios e a considerá-los, todos, ou equivocados ou sem importância.

Parece que aconteceu com os utilitaristas algo deste tipo – convenceram-se de tal modo, e tão decididamente interessaram-se por questões de legislação e ação social, que passaram a acreditar que só havia um problema de avaliação, para todos os tipos de coisas; em todos os casos, para "avaliar", bastava determinar as *conseqüências* associadas – ou a esperar – de qualquer tipo de coisa, em qualquer caso.

O perigo de um modo tão simples de ver as coisas aparece quando os filósofos utilitaristas começam a generalizar: preocupados com um determinado tipo de avaliação, eles não conseguem ver os problemas especiais que há em outras avaliações – não vêem as dificuldades do julgamento estético nem muitas das questões com que nos defrontamos no plano da vida moral. Há muitos tipos de avaliação e de classificação, além da apreciação de programas legislativos e reformas sociais, e padrões que podem ser totalmente apropriados para julgar o mérito de um projeto de lei no Parlamento podem, ao mesmo tempo, ser enganadores ou inoportunos para avaliar uma pintura, uma maçã ou, inclusive, os nossos dilemas morais individuais.

Os mesmos perigos ameaçam também os argumentos. O uso de um termo modal como "não pode", em argumentos que vêm de campos bem diferentes, implica, como já vimos, uma determinada força comum – como a força comum que facilmente se reconhece em muitos dos usos da palavra "bom". No entanto, os critérios a serem invocados para justificar a exclusão de diferentes tipos de conclusões são também muito diferentes. Também aqui, como na ética, há duas conclusões tentadoras, das quais temos de fugir. Por um lado, é erro dizer, só porque os critérios variam, que a expressão "não pode" significa coisas diferentes quando aparece em conclusões diferentes; não é à toa que nos "não podes" físico, lingüístico, moral e conceitual usa-se sempre a mesma expressão. Também é equívoco, e um equívoco mais sério, escolher determinado critério de impossibilidade e dar-lhe a importância filosófica de critério único. Apesar disto, estas duas "posições" têm sido consideradas influentes na história da filosofia recente. A segunda, como espero demonstrar, com efeito desastroso.

Antes de voltar à nossa questão principal, devo fazer mais uma advertência. Para os propósitos desta investigação, já renunciamos ao uso da palavra "lógico"; seria bom renunciar agora também ao uso da palavra "significado" e das palavras dela derivadas. A distinção que fizemos entre força e critérios é uma distinção que recorta o uso comum do termo "significado" e, para nossos propósitos atuais, temos de operar com distinções mais sutis do que, em geral, as que se podem construir a partir do termo "significado". Não basta falar sobre o significado ou o uso de termos como "bom" ou "impossível", como se fossem uma unidade indivisível; para usar estes termos consideram-se vários *aspectos* perfeitamente distintos, para dois dos quais introduzimos as palavras "força" e "critérios". Até que tenhamos completado a distinção, as falsas pistas de que falei continuarão a parecer tentadoras, porque parece fácil nos deixar levar para direções opostas cada vez que nos perguntam se diferenças entre os muitos usos das palavras "bom", "não pode" e "possível" implicam ou não diferenças de significado. Se dissermos que *há* diferenças de significado, será como se tivéssemos de "completar" nosso dicionário e lá anotar tantos novos verbetes quantos forem os tipos de possibilidade, de impossibilidade ou de mérito. Afinal, teríamos de inventar tantos verbetes quantas são as coisas das quais se pode dizer que são possíveis, impossíveis ou boas – uma conclusão ridícula. Por outro lado, responder que não há *nenhuma* diferença no sentido entre tantos usos sugere que possamos esperar descobrir que os nossos padrões de bondade, possibilidade ou impossibilidade sejam campo-invariáveis – conclusão em nada melhor que a primeira. Se conseguirmos fazer mais uma distinção entre a força das avaliações e os critérios ou padrões aplicáveis ao longo das avaliações, nós nos livraremos de ter de dar resposta simplória do tipo "sim ou não" a uma simplória "os significados são sempre os mesmos, ou variam conforme o uso?". Os critérios podem mudar cada vez que mudamos de um para outro uso, mas a força é sempre a mesma; decidindo dar a isto o nome de "mudança de significado" ou decidindo não dar é questão de a diferença interessar ou não à comparação.

A campo-dependência dos nossos padrões

Estamos agora em posição de ver a resposta de nossa primeira questão importante: que características do procedimento que adotamos e dos conceitos que empregamos não variam conforme varie o campo em que estão (campo-invariáveis), e que características variam com o campo (campo-dependentes), quando se expõem e criticam argumentos e conclusões em diferentes campos?

Vimos que a resposta era bastante clara no caso das impossibilidades e das impropriedades. A *força* da conclusão "não pode ser o caso que..." ou "*x* é impossível" é a mesma, independente de campos: os *critérios* ou os tipos de motivo necessários para justificar a conclusão variam de campo para campo. Em qualquer campo, no caso de alguma coisa *ser*, as conclusões de que ela "*não pode ser*" têm sempre de ser excluídas – quer as questões digam respeito a levantar sozinho uma tonelada; a mandar embora o filho sem um centavo; ou a operar matematicamente com uma raiz quadrada racional de 2. Por outro lado, uma coisa são os critérios de incapacidade fisiológica; outra coisa são os padrões de inadmissibilidade moral; e uma terceira coisa são os padrões de impossibilidade matemática.

Devemos agora verificar, mais rapidamente, que, quanto a isto, os termos "não pode" e "impossível" podem ser apresentados como típicos para todos os modais, de modo que o que for verdade para os exemplos que examinamos também será verdade para outros termos modais e termos de avaliação lógica.

Consideremos rapidamente a noção de "possibilidade". O que temos em mente ao dizer que algo é uma *possibilidade*, seja matemática ou de outro tipo? Do ponto de vista da Matemática, para que se justifique dizer que uma idéia é uma possibilidade, basta que não haja nela nenhuma contradição demonstrável – esta é a proposição conversa do princípio da contraditoriedade, o critério matemático de impossibilidade. Na maioria dos casos, entretanto, dizer de algo que é uma possibilidade é dizer muito mais do que isso. Por exemplo, a afirmação "Dwight D. Eisenhower será escolhido para representar os EUA na partida da Copa Davis contra a Austrália" é, sem dúvida, uma sentença compreensível, na qual não há nenhuma contradição demonstrável. Ainda assim, ninguém diria que o presidente Eisenhower é um *possível* membro da equipe; isto é, ninguém pensaria em oferecer seu nome à discussão, no momento de discutir, genuinamente, a composição da equipe. Apresentá-lo como uma possibilidade seria implicar que seu nome merece, de algum modo, a nossa atenção – o que obrigaria o comitê a apresentar argumentos *contra* a idéia de escolhê-lo. De fato, se o nome de Eisenhower fosse apresentado numa discussão séria sobre a seleção de tênis, seria rejeitado não com um argumento mas com uma risada, uma vez que ninguém é obrigado nem a começar a considerar as chances de ele ser analisado como jogador de tênis.

Para que uma sugestão seja uma "possibilidade" em qualquer contexto, portanto, ela tem de ter "o que é preciso" para fazer jus a uma genuína consideração *naquele contexto*. Dizer, em qualquer campo, "tal-e-tal é uma resposta possível à nossa questão" é dizer que, tendo em mente a natureza do problema em questão, a resposta tal-e-tal merece ser considerada. Esta "parte" do significado do termo "possível" é campo-invariável. Os critérios de possibilidade, por outro lado, são campo-dependentes, e também o são os critérios de impossibilidade e bondade. As coisas para as quais temos de apontar ao mostrar que algo é possível dependerão, por completo, de estarmos tratando de um problema em matemática pura, de um problema de seleção de equipe, de um problema estético etc.; características que se, de um ponto de vista, tornam algo possível, podem, de outro ponto de vista, ser totalmente irrelevantes. A forma física, que faz de um homem uma possibilidade para a Copa Davis, é uma coisa; outra coisa é o poder de explicação que faz com que a teoria do professor Fröhlich seja uma possível explicação para a supercondutividade; uma terceira coisa são as características da pintura da Ressurreição de Piero que a tornam candidata possível ao título de o quadro mais delicado jamais pintado; e nem se considera a idéia de ponderar todas essas possibilidades por uma mesma escala. Todas, cada uma de um tipo, são possibilidades; todas (isto é) são sugestões que merecem consideração respeitosa em qualquer discussão séria dos problemas para os quais são relevantes; mas, como são possibilidades de tipos *diferentes*, variarão, em cada caso, os padrões pelos quais serão julgadas as reivindicações que fazem à nossa atenção.

Não estou negando que se possam, *de algum modo*, comparar possibilidades de tipos diferentes. Em todo campo de argumento, pode haver possibilidades muito fortes, outras mais ou menos sérias, e outras, ainda, que sejam muito remotas; e, ao comparar possibilidades de campos diferentes, sempre se pode avaliá-las por graus comparativos de força e distanciamento de cada possibilidade, em seu próprio campo.

Normalmente, não se consegue fazer comparações exatas – não há, em geral, medições exatas de "grau de possibilidade". Mas sempre se encontra, acessível a nós, algum tipo de comparação grosseira e, até, bastante familiar. Um físico hostil a Fröhlich poderia dizer: "a teoria de Fröhlich não é mais possível como teoria da supercondutividade, do que Dwight D. Eisenhower é possível como membro da equipe americana da Copa Davis" – na minha opinião, isto seria um modo muito desdenhoso de descartar a teoria de Fröhlich; mas não se infere daqui que se possa comparar, por um mesmo padrão, a teoria de Fröhlich e Dwight D. Eisenhower. O que se está comparando, mais propriamente, são os graus em que a teoria e o Presidente alcançam os padrões de possibilidade apropriados para avaliar coisas que sejam do tipo em questão.

"Pode ser" e "é possível" são, por conseguinte, como "não pode ser" e "é impossível", uma vez que todas estas expressões têm força campo-invariável e todas "respondem" a padrões campo-dependentes. Este resultado pode ser generalizado: todos os *cânones* para criticar e avaliar argumentos, eu concluo, são, na prática, campo-dependentes; e todos são, na *força*, campo-invariáveis.

Nós podemos perguntar: "com que solidez um caso pode ser provado?" – quer para esperar que Budge Patty seja um membro da equipe americana da Copa Davis, para aceitar a reavaliação que *Sir* Kenneth Clark fez de Piero della Francesca, ou para adotar a teoria da supercondutividade de Fröhlich – e a pergunta que faremos será quão sólido é cada caso quando testado em comparação com seu padrão apropriado. Podemos até perguntar, se quisermos, como os três casos se comparam em força, e apresentar uma ordem de mérito, decidindo (digamos) que o caso para selecionar Patty é inequívoco, o caso para a teoria de Fröhlich é sólido porém apenas provisório, e o caso para Piero um tanto quanto exagerado e dependente de uma série de questões de gosto contestáveis. (Ao dizer isso, não estou inferindo que *todos* os argumentos estéticos são mais imprecisos, ou mais dependentes de questões de gosto, do que *todos* os argumentos científicos ou proféticos.) Mas, ao fazer isso, não estamos perguntando até que ponto os casos para as três conclusões estão à altura de um padrão comum; apenas, até que ponto cada um deles alcança os padrões apropriados para coisas desse tipo. A forma da pergunta "quão sólido é o caso?" tem a mesma força ou implicações cada vez; os padrões com que trabalhamos nos três casos são diferentes.

Questões para a agenda

Este resultado pode parecer um tanto reduzido para uma investigação tão laboriosa. Também pode parecer um pouco óbvio; e, sem dúvida, devemos evitar exagerar sua magnitude ou sua importância filosófica imediata. Não obstante, se levarmos a sério suas implicações, veremos que ele nos impõe certas questões que são de importância indubitável para a filosofia e, em particular, para nossa compreensão do escopo da lógica formal. Nesta última parte do presente ensaio, deixe-me indicar quais são essas questões, visto que estarão no topo de nossa agenda em ensaios subseqüentes.

Para começar, devemos perguntar: são *irredutíveis* as diferenças entre os padrões que empregamos em diferentes campos? As coisas que tornam, na prática, uma conclusão possível, provável ou certa – ou tornam um argumento duvidoso, sólido ou conclusivo – devem variar quando mudamos de um campo de argumento para outro? Este, se poderia pensar, não era um traço inevitável das maneiras como avaliamos e criticamos argumentos; e, sem dúvida, é uma característica com que os lógicos profissionais estiveram relutantes em chegar a um acordo. Longe de aceitá-lo, eles sempre tiveram a esperança de que se mostraria possível apresentar argumentos de campos diferentes numa forma comum, e criticar argumentos e conclusões como fracos, sólidos ou conclusivos, possíveis, prováveis ou certos, recorrendo-se a um único conjunto universal de critérios aplicáveis de maneira semelhante em todos os campos de argumento. De forma bastante consistente, os lógicos podem admitir que, na prática real, nós não empregamos nenhum grupo universal de critérios e, no entanto, mantemos inquebrantável sua ambição de descobrir e formular – teoricamente, se nada mais – tal conjunto de padrões universais; eles considerarão as verdadeiras diferenças entre os critérios que empregamos num ou noutro campo, não como algo inevitável e irredutível, mas mais como um desafio. Reconhecendo essas diferenças pelo que elas são, eles podem, ao mesmo tempo, torná-las sua meta para desenvolver métodos de avaliação mais gerais e padrões de julgamento mais universais do que aqueles que, em geral, empregamos na crítica prática dos argumentos do dia-a-dia.

Esta é apenas a primeira alusão a uma divergência mais ampla que nos veremos obrigados a enfrentar cada vez mais, à medida que prosseguimos, entre as atitudes e métodos dos lógicos profissionais e aqueles dos argumentadores comuns. No momento, não há nada em relação a isso que leve a qualquer inquietação séria. A ambição dos lógicos de produzir um sistema de lógica campo-invariável, tanto nas formas que emprega como nos critérios que fixa, para a crítica de argumentos, é à primeira vista uma ambição totalmente razoável: não se encontraria com facilidade qualquer razão imediata para rejeitá-la como irrealizável. Tudo que podemos fazer neste estágio, portanto, é exprimir a questão geral que é levantada para a lógica pela adoção de seu programa, que é a pergunta: "até que ponto é possível uma lógica *geral*?". Em outras palavras, pode-se esperar, até mesmo apenas como uma questão de teoria, expor e criticar argumentos de tal maneira que, tanto a forma com que se expõem os argumentos como os padrões a que se recorre para criticá-los, sejam campo-invariáveis?

Uma segunda questão de importância geral para a filosofia surge de nossa investigação da seguinte maneira. Os filósofos sustentaram, com freqüência, que argumentos em determinados campos de investigação estão intrinsecamente mais sujeitos a avaliação racional do que aqueles de outros campos; questões de matemática e questões sobre fatos do dia-a-dia, por exemplo, têm sido consideradas por muitos como tendo uma certa prioridade na lógica em relação a (digamos) questões de Direito, moral ou estética. O tribunal da razão, foi sugerido, tem apenas uma jurisdição limitada e não é competente para julgar questões de todos os tipos. Em nossa investigação não apareceu, até aqui, nenhum contraste dessa espécie; por tudo que vimos, há um completo paralelismo entre argumentos em todos esses campos diferentes, e ainda não são evidentes quaisquer razões para outorgar prioridade a questões matemáticas e outras semelhantes. Ao considerar, por exemplo, as diferentes razões pelas quais alguma coisa pode ter que ser excluída no curso de um argumento, encontramos uma abundância de diferenças ao ir de um campo para outro, mas nada que nos levasse a concluir que algum campo especial de argumento fosse intrinsecamente não-racional, ou que o tribunal da razão não fosse, de alguma maneira, competente para se pronunciar sobre seus problemas. Desse modo, surge a questão sobre o que está por trás do desejo de muitos filósofos de fazer distinções desse tipo específico entre diferentes campos de argumentos.

É provável que todos nós tenhamos alguma simpatia por essa doutrina filosófica. Se olharmos de novo para o grupo de conclusões-amostras excluídas com um "não pode" de argumentos em diferentes campos, podemos achar de maneira bastante natural, para começar, que alguns dos exemplos têm mais direito a serem rotulados com essa expressão do que outros. Que alguém "não pode" levantar uma tonelada sozinho, ou fazer dez mil pessoas entrarem na prefeitura; ou, por outro lado, que alguém "não pode" ter uma irmã homem – essas espécies de impossibilidade, sobre as quais tentar provar está fadado a ser inútil, mesmo nos momentos em que seja inteligível falar em provar, parecem-nos, sem dúvida, mais reais, mais autênticas do que alguns dos outros exemplos que vimos. Elas ofuscam em especial aqueles exemplos nos quais as razões para se excluir uma conclusão são apenas razões de ilegalidade ou imoralidade – mas por que, podemos perguntar de imediato, a pessoa se sente inclinada a dizer: "*apenas* razões de ilegalidade ou imoralidade?".

Agora deve-se perguntar se há alguma coisa a mais nessa diferença do que uma *sensação* de autenticidade. Essa sensação de autenticidade que recai sobre as impossibilidades de incapacidade física e incoerência lingüística, mas não sobre coisas tais como a impropriedade moral, tem alguma coisa a mais, no que diz respeito a um suporte, do que um filosófico? Pode-se dizer, de fato, que existe alguma diferença, do ponto de vista da lógica, entre essas duas classes de investigação, ou a diferença entre elas não é mais do que a que reconhecemos até aqui?

Sem dúvida, ao olharmos para as diferentes circunstâncias em que usamos termos modais como "não pode", encontramos diferenças, sim – pode haver muitas razões, na verdade muitos tipos de razão, para se parar e reconsiderar algo que se está fazendo, se está prestes a fazer, ou se está pensando em fazer; ou então para pedir a uma outra pessoa que pare e pense da mesma maneira. O fato de uma ação ser ilegal é uma razão perfeitamente boa para se reconsiderar; o fato de que ela seria insensata é, em algumas circunstâncias, uma segunda razão; o conhecimento de que a própria tentativa seria inevitavelmente inútil é uma terceira boa razão para hesitação; os fatos de que ela envolveria um solecismo lingüístico ou uma declaração não gramatical são outras duas razões, e assim por diante. O que não é evidente, a princípio, é qualquer razão lógica para dizer que algumas dessas espécies de razão são *realmente* razões, ao passo que outras não são. Falando de modo lógico, os casos aparecem em igualdade.

Falando em termos lógicos, as penalidades a que um homem se arrisca por ignorar diferentes impossibilidades e impropriedades também estão, à primeira vista, inteiramente em igualdade: ao ignorar um dispositivo legal, a pessoa corre o risco de sofrer um processo; ao ignorar as regras do procedimento judicial corre o risco de um protesto público ou de uma apelação bem-sucedida; ao ignorar a própria capacidade física corre o risco do desapontamento; ao ignorar a necessidade de respeitar as convenções de linguagem ao se expressar corre o risco de não ser entendido. As razões, delitos e sanções em questão podem não ser os mesmos em diferentes campos, mas é difícil ver só por esta investigação por que alguns campos precisam ser mais "lógicos" ou "racionais" do que outros. Assim, aqui está uma questão geral de importância filosófica indubitável, que precisamos agregar à nossa agenda para discussão posterior: que espécie de prioridade em lógica, se é que existe alguma, podem as questões de fato (digamos) reivindicar sobre coisas tais como as questões de moral?

Esta investigação ilustrou, espero, uma coisa, a saber, as virtudes do paralelo entre procedimentos de avaliação racional e procedimentos legais – aquilo que chamei antes de analogia jurisprudencial. Ao decidir tanto as questões de Direito como as questões sobre a solidez de argumentos ou a base das conclusões, certos procedimentos fundamentais são tidos como certos. Os usos que fazemos de termos de qualificação modal, que examinamos em certa extensão no presente ensaio, são apenas uma ilustração disto. Mas há uma possibilidade adicional, que a analogia sugere, que ainda não enfrentamos de forma explícita. Embora na condução de processos legais de todos os tipos os procedimentos observados compartilhem certas características comuns, existem certos aspectos em que eles serão encontrados variando: a condução de um processo civil, por exemplo, não será paralela, em todas as características individuais, à condução de um processo criminal. Pois bem, devemos ter em mente que diferenças semelhantes também serão encontradas no caso dos procedimentos racionais. Pode vir a ser, por exemplo, não apenas que as espécies de razões que apontamos em suporte a conclusões em diferentes campos sejam diferentes, mas também que as maneiras pelas quais essas razões se relacionam com as conclusões – as maneiras pelas quais elas são capazes de apoiar as conclusões – também podem variar entre os campos. Existem indicações de que isto pode ser, na verdade, assim; por exemplo, o fato de que, embora em muitos casos nós falemos muito contentes de nossas razões para apresentar alguma conclusão como "indício", em outros casos esse termo estaria bastante fora de lugar – um homem que apontasse as características de uma pintura que, em sua opinião, a tornassem uma obra-prima, dificilmente seria descrito como apresentando "indícios" de que ela era uma grande obra de arte.

Este tipo de diferença não precisa nos surpreender; afinal de contas, as distinções que fizemos até aqui são muito amplas, e um exame mais atento, com certeza, poderia trazer à luz outras distinções mais detalhadas, que aperfeiçoariam nosso entendimento das maneiras como se relacionam os argumentos em diferentes campos. Talvez nesse ponto possamos começar a ver com mais clareza o que faz as pessoas acharem que questões de matemática, meteorologia e coisas semelhantes são, de alguma forma, mais racionais do que – digamos – as questões de estética. De fato, valeria a pena considerar se não existem até diferenças cruciais entre os procedimentos apropriados às questões de estética, por um lado, e as questões morais pelo outro. Mas tudo isso nos desviaria para uma outra investigação igualmente trabalhosa, e o problema deve ser deixado para um outro lugar.

No entanto, teremos de levar muito a sério uma das questões sobre as quais a analogia jurisprudencial enfoca a atenção, e ela servirá como ponto de partida para nosso ensaio central: é a questão do que significa falar sobre *forma* em lógica. Se se disse que a validade dos argumentos depende de certas características de sua forma, o que precisamente se quis dizer com isto? Uma das principais atrações da abordagem matemática à lógica foi o fato de que só ela dava alguma coisa parecida com uma resposta clara a esta questão. Se se pensa na lógica como uma extensão da psicologia ou da sociologia, a noção de forma lógica continua sendo impenetravelmente obscura – de fato, ela só pode ser explicada em termos de noções ainda mais misteriosas, sendo considerada uma estrutura de relações entre entidades físicas ou padrões de comportamento social. A abordagem matemática à lógica sempre pareceu superar essa obscuridade específica, visto que os matemáticos sempre estudaram padrão e forma em outros ramos de sua ciência, e a extensão dessas idéias à lógica pareceu inteiramente natural. As razões matemáticas e as figuras geométricas carregam consigo uma idéia de forma bastante clara; desse modo, não é de admirar que a doutrina de que a forma lógica pudesse ser elaborada da mesma maneira se tenha mostrado extremamente atraente.

A analogia entre avaliação racional e prática judicial nos apresenta um modelo rival para pensar sobre a idéia de forma lógica. Parece, agora, que os argumentos não apenas precisam ter uma forma específica, mas também precisam ser descritos e apresentados numa seqüência de passos que obedecem determinadas regras básicas de procedimento. Numa palavra, avaliação racional é uma atividade que envolve necessariamente *formalidades*. No terceiro ensaio, quando nos voltarmos para considerar o planejamento dos argumentos, teremos, por conseguinte, uma questão explícita para começar: nós devemos perguntar até que ponto o caráter formal de argumentos sólidos pode ser pensado como *mais geométrico*, como uma questão de eles terem as espécies certas de forma, e até que ponto ele precisa ser pensado, mais propriamente, em termos de procedimentos, como uma questão de eles se ajustarem às formalidades que devem ser observadas, se for possível qualquer avaliação racional dos argumentos.

II. Probabilidade

> Ele [meu irmão mais velho] tinha tanto pavor de ser apanhado, por acaso, numa afirmação errada que, quando garoto pequeno, adquiriu o hábito de acrescentar "talvez" a tudo que dizia. "Foi você, Harry?", mamãe podia gritar da sala de estar. "Sim, mamãe... talvez." "Você está indo para o andar de cima?" "Sim, talvez." "Quer ver se deixei minha bolsa no quarto?" "Sim, mamãe, talvez... t'vez... tez!"
>
> ELEANOR FARJEON, *A Nursery in the Nineties*

Estes dois primeiros estudos são, ambos, de diferentes maneiras, preliminares. O objetivo do primeiro foi indicar, num amplo esboço, a estrutura que nossos argumentos assumem na prática e as características principais das categorias que empregamos na avaliação prática desses argumentos. De um modo geral, almejei do começo ao fim evitar questões explicitamente filosóficas e deixar para ser discutida mais tarde a relevância de nossas conclusões para a filosofia. O método deste segundo estudo será bem diferente. No decorrer dele, levaremos nossa análise dos termos modais bem mais adiante; no entanto, ao mesmo tempo, uma meta secundária será indicar como os resultados de tal investigação podem ser relevantes para problemas e questões filosóficas; e serão sugeridas certas conclusões amplas, que terão de ser estabelecidas de uma maneira mais segura e em termos mais gerais em ensaios subseqüentes.

Esta diferença de objetivo é refletida no tipo de exemplos escolhidos para discussão. No primeiro estudo, desejei apresentar com clareza que funções reais nossos termos modais desempenham no curso de argumentos práticos, sem ser distraído por preconceitos filosóficos e disputas que ainda não estamos preparados para enfrentar. Optei, portanto, por me concentrar nos termos "possível" e "impossível", junto com seus verbos e advérbios cognatos. Em anos recentes, em todo caso, os filósofos teorizaram comparativamente pouco sobre esses termos específicos, e isto os tornou exemplos admiráveis para nosso propósito. Por outro lado, nos últimos tempos tem sido dada uma grande atenção a alguns outros termos modais, em especial às palavras "provável" e "probabilidade"; esses últimos termos podem ser nosso interesse agora. Tendo em mente as distinções gerais que já vieram à luz, passemos a ver o que os filósofos tiveram a dizer, em tempos recentes, sobre o tema da probabilidade, e em que extensão essas discussões fizeram justiça às funções práticas dos termos "provavelmente", "provável" e "probabilidade" na formulação e crítica de argumentos.

Se fizermos isto, estaremos sob a ameaça de ter um desapontamento. O tema da probabilidade é um tema em que os prolegômenos são tão negligenciados quanto importantes. Qualquer um que se ponha a expor o tema, tal como ele tem sido tratado de maneira tradicional, encontra tanta coisa que é esperada dele, tanta coisa que é encantador discutir – teses filosóficas de considerável sutileza, um cálculo matemático de grande elegância formal e questões secundárias fascinantes, como a legitimidade de se falar em "conjuntos infinitos" –, que fica tentado a abreviar a declaração preliminar do problema, a fim de passar para "o verdadeiro assunto à mão". Considerando-se que isso precisa de contínuo refinamento ao nível da teoria e, como resultado, os aspectos práticos do assunto têm sido estudados de maneira inadequada.

Entre os autores recentes do assunto, tanto o sr. William Kneale como o professor Rudolf Carnap estão sujeitos à crítica por conta disso, apesar do fato de que seus livros, *Probability and Induction* e *Logical Foundations of Probability*, se tornaram obras-padrão sobre o assunto. Surgem as mesmas dificuldades em relação ao livro de Kneale como também a tantos outros: um leitor que esteja interessado na aplicação da lógica a argumentos reais achará obscuro quais, em termos práticos, são as questões que estão em discussão e, em especial, qual a relação que elas devem ter com as espécies de situação cotidiana em que são usadas palavras como "provavelmente", "provável" e "acaso". Pois Kneale escreve, de forma quase exclusiva, em termos de abstrações como "probabilidade", "conhecimento" e "crença". Ele aceita como diretas (e enuncia seus problemas em termos de) noções que são, com certeza, evidentes metáforas – sendo até mesmo sua descrição inicial de probabilidade, como "o substituto com que tentamos reparar as deficiências de nosso conhecimento, cuja extensão é menor do que poderíamos desejar", uma metáfora tirada do comércio de mercadorias.

Isto podia não ter importância se ele desse um relato completo da maneira como sua discussão teórica deve ser relacionada com coisas mais familiares; seria, então, um artifício literário legítimo e efetivo. Mas ele não o faz; e, se reconstruímos um para nós, descobriremos duas coisas. Primeiro, chegaremos a ver que um relato abstrato das relações entre probabilidade, conhecimento e crença, tal como Kneale faz, não pode deixar de falhar numa série de aspectos essenciais – esses substantivos abstratos são grosseiros demais para servir como material para uma análise satisfatória de nossas noções práticas, que aparecem com mais freqüência na forma de verbos, advérbios e adjetivos – "eu provavelmente irei", "parecia improvável", "eles acreditam" e "ele não sabia". Além disso, ficará evidente até que ponto os enigmas sobre probabilidade, que no momento estão na moda, recebem sua característica de aparência real apenas por essa espécie de confiança exagerada em substantivos abstratos; quando fazemos as perguntas "O que *é* probabilidade? *Sobre o que são as afirmações de probabilidade? O que elas expressam?*", de maneira prematura e numa forma muito geral, na verdade ajudamos a destacar a discussão do assunto junto com os tradicionais trilhos bem lubrificados e bem gastos, e temos êxito em ocultar, até de nós mesmos, as origens criadas pelo homem dos enigmas e das razões para sua insolubilidade perene.

Carnap apresenta um alvo bem mais indefinível. O sistema de idéias que ele apresenta é tão elaborado, e as teorias que o acompanham são tão sofisticadas, que é difícil ver o que ele próprio consideraria uma objeção válida contra ele. Kneale, em todo caso, está preparado para tomar em consideração as maneiras nas quais a noção de probabilidade é aplicada de fato. "Na teoria da probabilidade", diz ele, "a tarefa do filósofo não é construir um sistema formal com consistência e elegância para seus únicos manuais. Sua tarefa é esclarecer o sentido das afirmações de probabilidade feitas por homens simples, e a teoria freqüencista (para mencionar apenas uma das teorias correntes da probabilidade) deve ser julgada como uma tentativa de levar a cabo esse empreendimento."[1] E, de novo, ele diz: "Nenhuma análise da relação de probabilidade pode ser considerada adequada, isto é, como explicando o uso comum da palavra 'probabilidade', a menos que nos possibilite compreender por que é racional tomar como base para ação uma proposição que está nessa relação com a evidência à nossa disposição."[2] Na medida em que a descrição de Kneale é demonstravelmente falsa para a vida prática – isto é, na medida em que se pode surpreendê-lo adulterando a noção de probabilidade como uma categoria da lógica aplicada – pode-se compreender as objeções contra sua teoria.

Carnap é mais desdenhoso em relação a objeções desse tipo, e confessa que acha as alusões ao uso cotidiano da noção de "probabilidade" desinteressantes e irrelevantes – e, na

---

1. *Probability and Induction*, § 32, p. 158.
2. Ibidem, § 6, p. 20.

verdade, contra-ataca e justifica sua rejeição a tais apelos com o pretexto de que são "pré-científicos". (Uma outra questão é se algo que é pré-científico também é necessariamente *não*-científico, questão a que teremos de retornar, no encerramento deste ensaio.) Contudo, embora ele pretendesse desprezar o estudo não sofisticado do termo pré-científico "provável" e seus cognatos, podemos nos permitir ver o que ele tem a dizer sobre tipos mais contemporâneos de probabilidade. Uma conclusão que apresenta será de interesse especial para nós: ele é levado a insistir que a própria palavra "probabilidade" é completamente ambígua, e as razões que apresenta para insistir na questão se revelarão esclarecedoras. Longe de admitir que seja uma conclusão apropriada, argumentarei que é um paradoxo imposto a ele justamente *porque* ele rejeita com tanto desdém todas as questões sobre "probabilidade" num sentido menos técnico. Quando tais considerações são reintroduzidas, os paradoxos para os quais ele se encontra impelido podem ser resolvidos.

    O programa deste ensaio será, mais ou menos, como se segue. Começarei analisando as origens mais primitivas da noção de probabilidade e seguirei, por estágios, em direção a seus refinamentos mais sofisticados e técnicos. Ao fazê-lo, estarei visando apresentar, com clareza, as relações entre o termo "probabilidade" e a família geral de termos modais. À medida que a análise avançar, compararei os resultados obtidos com as teorias filosóficas de Kneale e de Carnap, mostrando onde, em minha opinião, eles se extraviaram por deixar de tratar, de maneira suficiente, da função prática dos termos modais. Algumas das distinções e conclusões que a investigação trará à luz serão esclarecidas e formuladas mais plenamente nos três ensaios restantes.

Eu sei, eu prometo, provavelmente

Examinemos primeiro aquilo que todos aprendemos, o advérbio "provavelmente"; sua força pode ser mostrada da melhor maneira com a ajuda de alguns exemplos elementares.

Chega um momento na vida de um garoto bem-educado em que ele se encontra num dilema. Durante a última semana, ele foi brincar todos os dias depois do chá com uma menininha que mora na rua próxima, e começou a dar valor à estima dela. Agora, a hora de ir para a cama está perto, mamãe chegou para buscá-lo e sua companhia diz com olhos brilhantes: "você virá amanhã, não virá?". Em geral, ele teria respondido "sim" sem nenhum receio, pois todas as outras tardes ele tinha plena intenção de voltar no dia seguinte, sem saber de nada que o atrapalhasse. Mas... tinham falado em casa sobre uma visita ao jardim zoológico amanhã; e se isso, além do chá depois, na casa de chá, e a multidão no metrô significasse que eles chegariam tarde em casa e que ele faltaria depois de haver dito "sim"?... Como a vida é difícil! Se ele disser "sim" e depois não puder ir, ela terá o direito de achar que ele a humilhou. Se ele disser "não" e depois voltar a tempo, afinal de contas, ela não o estará esperando, e ele não será capaz de ir, de maneira decente: e, desse modo, terá se privado, por sua própria palavra, de seu principal prazer. O que ele deve dizer? Ele se volta à mãe para pedir ajuda. Ela, compreendendo o dilema, sorri e apresenta uma saída: "Diga a ela que você *provavelmente* virá, querido. Explique que não pode *prometer*, já que isto depende da hora em que chegaremos em casa, mas diga que você virá se for possível." Agradecido pelo alívio, ele volta e expressa a palavra mágica: "Provavelmente."

A diferença importante a se notar aqui está entre dizer "eu virei" e dizer "eu provavelmente virei". Esta diferença é semelhante em caráter, embora oposta em sentido, daquilo que o professor J. L. Austin discutiu, entre dizer "S é P" ou "eu farei A", e dizer "eu sei que S é P" ou "eu prometo que farei A". Sobre esse assunto, deixe-me citar o ensaio de Austin:

> Quando eu digo "S é P", eu infiro pelo menos que acredito nisso e, se fui educado de maneira estrita, que estou (inteiramente) seguro disso; quando digo "farei A", eu infiro pelo menos que espero fazer e, se fui educado de maneira estrita, que tenho (plena) intenção de fazer. Se apenas acredito que S é P, posso acrescentar "mas claro que posso (muito bem) estar errado"; se eu apenas espero fazer A, posso acrescentar "mas claro que posso (muito bem) não fazer". Quando eu apenas acredito ou apenas espero, reconhece-se que outros indícios ou outras circunstâncias são capazes de me fazer mudar de idéia. Se eu digo "S é P" quando nem sequer acredito nisso, eu estou mentindo; se eu digo isso quando acredito nisso, mas não tenho certeza, posso estar induzindo em erro, mas não estou exatamente mentindo. Se eu digo "farei A" quando não tenho esperança alguma, nem mesmo a menor intenção de fazê-lo, então estou enganando de maneira deliberada; se digo isso quando não tenho plena intenção de fazer, estou induzindo em erro, mas não estou enganando de forma deliberada da mesma maneira.
>
> Mas agora, quando digo "eu prometo", um novo passo arriscado é dado. Não apenas anunciei minha intenção, mas, ao usar essa fórmula (realizar esse ritual), eu me comprometi com outros e arrisquei minha reputação, de uma nova maneira. Do mesmo modo, dizer "eu sei" é dar um novo passo arriscado. Mas *não* o é dizer "eu realizei uma proeza de cognição especialmente admirável, superior, na mesma escala de acreditar e ter certeza, até mesmo a ter simplesmente inteira certeza"; pois não *há* nada nesta escala superior a ter inteira certeza. Assim como prometer não é algo superior, na mesma escala de esperar e tencionar, a apenas tencionar plenamente; pois não *há* nada nessa escala superior a tencionar plenamente. Quando eu digo "eu sei", dou

minha palavra a outros; dou a outros minha autoridade para dizer que "S é P"[3].

A dificuldade de nosso garoto pode ser expressada da seguinte maneira. Se, em resposta ao apelo de sua companheira "você virá amanhã, não virá?", ele disser "sim, eu virei", ele está se comprometendo. Pois externar as palavras "sim, eu virei" é *dizer* que virá, e isto, embora não sendo tão solene e portentoso como uma promessa, é de alguma maneira quase uma. ("Eu não prometi"; "talvez não, mas *na prática* prometeu".) Ao dizer "sim, eu virei", ele não apenas a leva a esperá-lo (isto é, a prever, a fazer preparativos para sua chegada). Ele também assegura que vir amanhã é alguma coisa que é esperada dele; ele dá razões para ela recriminá-lo se não aparecer, embora claro que não razão para censurá-lo em termos tão fortes como teria direito se ele faltasse depois de haver prometido – isto é, após ter dito de maneira solene "eu prometo que virei". Dizer "sim" quando havia alguma razão para supor que podia ser impedido de ir seria, por conseguinte, acumular encrenca para si mesmo.

A finalidade da palavra "provavelmente", assim como da palavra "talvez", é a de evitar essa encrenca. Ao dizer "eu sei que S é P" ou "eu prometo fazer A", eu me comprometo de maneira expressa, de uma maneira que também faço – embora num grau menor e apenas por ilação – se disser que "S é P" ou "eu farei A". Ao dizer "S é provavelmente P" ou "é provável que eu faça A", eu evito de maneira expressa me comprometer sem reservas. Desse modo, eu me asseguro contra algumas das conseqüências de faltar. Assim, minha declaração é "cautelosa" – isto é, nas palavras do *Pocket Oxford Dictionary*, "segurada por estipulação contra abuso ou mal-entendido". Mas o seguro não é ilimitado; a

---

3. "Other Minds" em *Logic and Language*, segunda série, pp. 143-4.

natureza da estipulação deve, em casos normais, ser bem esclarecida ("depende da hora em que chegarmos em casa"), e a proteção proporcionada pelo uso da palavra "provavelmente" se estende, em primeiro lugar, apenas para aquelas contingências que foram estipuladas de forma expressa. Dizer "eu provavelmente virei, mas depende da hora que voltarmos do jardim zoológico", e depois não ir, apesar de voltar com tempo de sobra, seria (ainda que não seja fraude deliberada) em todo caso "tirar proveito"; tão enganador quanto dizer, sem reservas, "eu virei" e depois não ir. Você está, de novo, comprometido e, por conseguinte, é de novo responsável; tentar desculpar-se dizendo "mas eu apenas lhe disse que *provavelmente* viria" seria uma tirada de má-fé.

É claro que alguém que usa a palavra "provavelmente" dessa maneira tampouco está permitido a faltar sempre ou com freqüência, muito embora possa ter-se "protegido" de maneira expressa todas as vezes. Ao dizer "provavelmente", você se tornou responsável pelo cumprimento, se não em todas, pelo menos numa proporção razoável de ocasiões; não basta que você tenha uma desculpa para cada falta individual. Apenas em certos casos especializados é que esse requisito é suspenso de forma tácita – "Quando uma mulher diz 'talvez', ela quer dizer 'sim'; quando um diplomata diz 'talvez', quer dizer 'não'."

Por fim, e conforme a natureza do caso, determinadas formas de palavras são proibidas. Seguindo de novo o exemplo de Austin: "Você está proibido de dizer 'eu sei que é assim, mas posso estar errado', assim como está proibido de dizer 'prometo que irei, mas posso faltar'. Se você está ciente de que pode estar equivocado (ter alguma razão concreta para supor que pode estar errado nesse caso), não devia dizer que sabe, assim como, se está consciente de que pode romper sua palavra, não tem o direito de prometer."[4] Da mesma

---

4. *Loc. cit.*, pp. 142-3.

maneira, e pelas mesmas razões, você está proibido de dizer "eu provavelmente irei, mas não serei capaz de ir"; visto que dizer isto é retirar, com a última metade de sua declaração, aquilo que você deu na primeira. Se você sabe que não será capaz de ir, não tem o direito de dizer alguma coisa que o comprometa a ir de alguma maneira.

Neste primeiro exemplo, vemos como a palavra "provavelmente" vem a ser usada como um meio de dar garantias cuidadosas e fazer declarações qualificadas das intenções da pessoa. Os filósofos, no entanto, têm estado menos interessados nessa espécie de uso da palavra do que em seu uso em afirmações científicas e, especialmente, em virtude da ligação tradicional entre os problemas de probabilidade e indução, com seu uso em previsões. Por conseguinte, é importante ilustrar o uso cotidiano da palavra "provavelmente" em tal contexto e, para este propósito, podemos escolher um típico resumo de uma previsão de tempo:

> Uma complexa alteração atualmente sobre a Islândia está se movendo na direção leste. Condições nubladas, que agora afetam o norte da Irlanda, atingirão o noroeste da Inglaterra durante o dia, estendendo-se, provavelmente, para o resto do país no decorrer da tarde e da noite.

Todos os traços característicos de nosso exemplo anterior também devem ser encontrados aqui. As pessoas do Departamento de Meteorologia, que fazem a previsão do tempo, estão preparadas para se comprometer, sem reservas, com a primeira de suas previsões (de que condições nubladas atingirão o noroeste da Inglaterra durante o dia), mas não estão preparadas para fazer o mesmo no caso da segunda (de que as nuvens se estenderão para o resto do país durante a tarde e a noite); e elas sabem que, sendo o Departamento de Meteorologia o que é, temos de nos guiar por aquilo que eles dizem. Se eles previrem, sem reservas, nuvens para hoje mais tarde e o céu permanecer claro, podem, com justificação, ser atacados pela dona de casa que adiou a lavagem da roupa pesada por conta de sua previsão. Se eles dizem "...com certeza se estenderão..." ou "nós sabemos que as condições nubladas se estenderão...", em caso de falha haverá mais razão ainda para queixas; visto que, como a tarefa do D. M. é saber isso e eles são as autoridades no assunto do tempo, nós temos a tendência a ter como certo no caso deles a fórmula introdutória "nós sabemos...". No atual estado de sua ciência, entretanto, eles não podem sempre se comprometer, com segurança – isto é, não podem sem procurar encrenca –, com previsões não qualificadas para mais de um período de tempo extremamente limitado; então, o que eles terão a dizer sobre a próxima noite?

Aqui, mais uma vez, a palavra "provavelmente" ganha fama merecida. Assim como ela encontra lugar como um meio para dar garantias cautelosas e restritas, também pode ser usada quando temos de externar previsões cautelosas e restritas – previsões para as quais, por uma ou outra razão concreta, não estamos preparados, com certeza, para nos comprometer. Mais uma vez, entretanto, o uso da palavra "provavelmente" assegura a pessoa apenas contra algumas das conseqüências da falha. Se os meteorologistas dizem "estendendo-se provavelmente", eles se protegem apenas dentro daqueles limites que devem ser reconhecidos como razoáveis no atual estado da meteorologia. Se não aparecerem nuvens sobre o resto do país mais cedo ou mais tarde, temos o direito de perguntar por quê. E, se, em resposta a essa inquirição, eles se recusarem a apresentar alguma explicação, como a que poderiam dar dizendo "o anticiclone sobre o norte da França persistiu por mais tempo do que é habitual nessas circunstâncias", e tentarem desculpar-se com as palavras "afinal de contas, nós apenas dissemos que *provavelmente* as nuvens se estenderiam", estarão, então, usando de evasivas, fugindo, tergiversando, e nós teremos o direito de suspeitar de que a previsão deles, muito embora cautelosa e restrita, foi uma previsão imprópria – isto é, uma previsão feita com fundamentos inadequados. (Nesse ponto, o uso do termo modal "provavelmente" para indicar a qualidade de subpadrão do *indício* e do *argumento* à disposição da pessoa que fala começa a aparecer.)

Além disso, se você usa a palavra "provavelmente" em previsões de maneira correta, não tem permissão para se mostrar errado sempre ou com freqüência, muito embora possa estar protegido de forma expressa todas as vezes. Nas previsões como nas promessas, ao dizer "provavelmente", você se torna responsável pelo cumprimento numa proporção razoável de ocasiões; não basta que tenha uma explicação para cada falha isolada. Por outro lado, nas previsões, determinadas formas de palavras devem ser excluídas. "As nuvens estender-se-ão provavelmente para o resto do país, mas não se estenderão" não é mais tolerável do que "eu provavelmente virei, mas não serei capaz de vir", "eu prometo que irei, mas posso faltar" ou "eu sei que é assim, mas posso estar equivocado". Pois uma previsão cautelosa, embora diferente de uma previsão categórica, é entendida, de forma apropriada, como dando ao ouvinte razão para esperar (ter esperança de, preparar-se para etc.) aquilo que está previsto, embora seja implicitamente advertido a não confiar nela; e externar, mesmo que uma previsão qualificada, é incompatível com negá-la de forma categórica.

Nesse ponto, uma distinção deve ser comentada, já que negligenciá-la pode levar a dificuldades filosóficas tanto aqui como em outras partes. O que uma declaração afirma é uma coisa, uma outra coisa é aquilo que ela sugere ou faz as pessoas entenderem. Por exemplo, dar a alguém razão para esperar alguma coisa não é necessariamente o mesmo que dizer de maneira explícita: "eu espero isso", ou "eu espero isso com razão". Os meteorologistas do D. M. não estão, como alguns filósofos sugeriram, *dizendo* que têm inteira certeza de que as nuvens chegarão ao noroeste da Inglaterra hoje, mas, sim, apenas que têm muita confiança de que elas se estenderão ao resto do país antes de a noite acabar; embora, é claro, estejam *sugerindo* e fazendo as pessoas entenderem isso, já que sua tarefa como previsores do tempo é não dizer "se espalharão" a menos que tenham certeza, ou não dizer "estendendo-se provavelmente" a menos que tenham bastante confiança. Aquilo sobre o que estão falando é o tempo; aquilo que inferimos de suas expectativas é apenas insinuado por suas verdadeiras declarações. "Dizer 'eu sei'", como o professor Austin salienta, "*não* é dizer 'eu realizei uma proeza de cognição especialmente admirável, superior, na mesma escala de acreditar e ter certeza, a ter simplesmente inteira certeza'; pois não há nada nesta escala superior a ter inteira certeza... Quando eu digo 'eu sei', *dou minha palavra a outros; dou a outros minha autoridade para dizer* que 'S é P'." Assim, também, dizer "S é provavelmente P" *não* é dizer "estou bastante confiante, mas menos que certo, que S é P", pois "provavelmente" tampouco pertence a essa série de palavras. Quando eu digo "S é provavelmente P", eu me comprometo de maneira cautelosa, provisória ou com reservas, com a opinião de que S é P, e (também de maneira cautelosa) empresto minha autoridade a essa opinião.

"Improvável porém verdadeiro"

Levando em consideração esses exemplos, deixe-me voltar para as dificuldades que se podem encontrar ao relacionar as afirmações sobre probabilidade no livro de Kneale com os tipos de uso cotidiano que fazemos da família de palavras "provavelmente", "provável", "probabilidade", "plausível", "acaso" e assim por diante.

A primeira dificuldade consiste em ver em termos concretos o que Kneale está alegando quando usa o substantivo abstrato "probabilidade" ou seus próprios neologismos "probabilificar" ou "probabilificação", em vez de locuções mais familiares. É provável que esta dificuldade possa ser superada, pelo menos em parte, com uma atenção cuidadosa no contexto, de modo que por enquanto farei pouco mais do que mencioná-la. Sem dúvida, muitas das coisas que ele expressa em termos do substantivo "probabilidade" poderiam ser colocadas em termos mais concretos. Por exemplo, ao dizer "a probabilidade nos possibilita, com freqüência, agir de forma racional quando, sem ela, estaríamos reduzidos à impotência", é de se presumir que ele tem em mente esse tipo de fato: dizer de um homem que ele sabe que provavelmente choverá hoje à tarde sugere que ele sabe o bastante para estar bem informado para esperar e se preparar para a chuva de hoje à tarde, embora não o bastante para ter uma séria surpresa se ela for adiada dessa vez; ao passo que dizer que ele nem sequer sabe isso sugere que ele não tem coisa alguma muito definida para seguir quando for prever e se preparar para o tempo da tarde – no entanto, é drástico demais descrevê-lo como "reduzido à impotência". (Estou menos seguro do que deveríamos fazer com a palavra "probabilificação" e seremos obrigados a voltar a esta questão mais tarde.)

A segunda dificuldade é mais séria. Pois, em vários lugares do capítulo introdutório de Kneale, ele não apenas deturpa os termos conhecidos que está analisando e explicando, como também em cada caso *insiste* em fazê-lo, alegando especificamente como bom senso (apesar das aparências) algo que é um evidente solecismo – e um solecismo por razões que vêm a ser importantes em termos filosóficos.

Podem ser citadas três passagens nas quais isto acontece:

(i) "Probabilidade é relativa a indício; e mesmo aquilo que é conhecido como sendo errado pode ser descrito, de maneira bastante razoável, como provável em relação a uma determinada seleção de indício. Nós admitimos isso ao escrever história. Se um general, tendo feito seus planos levando em consideração os indícios à sua disposição, foi derrotado depois, nós não dizemos necessariamente que ele era um mau general, isto é, que teve um julgamento medíocre sobre as probabilidades nos assuntos militares. Podemos dizer que ele fez o que era mais sensato naquelas circunstâncias porque, em relação aos indícios que poderia obter e obteve de fato, era provável que vencesse com aqueles planos. De modo semelhante, o que é conhecido por ter acontecido pode ser extremamente improvável em relação a tudo que sabemos, exceto aquele fato. 'Improvável porém verdadeiro' não é uma contradição em termos. Pelo contrário, é justo isto que estamos afirmando sempre que dizemos que um fato é estranho ou surpreendente."[5] Quatro objeções podem ser feitas contra esse argumento. Para começar, aquilo que é conhecido *por mim* como sendo errado pode ser expresso *por outros*, de maneira bastante razoável, como sendo provável, levando em consideração os indícios à sua disposição; posso, quando muito, falar disso como "tendo parecido provável até que se descobriu que era errado". Por outro lado, se dizemos que um general fez o que era mais sensato nas circunstâncias, nós o fazemos porque, em relação aos indícios que ele poderia obter e obteve, deve ter parecido provável, e era perfeitamente razoável supor que ele venceria com aqueles planos. A forma das palavras "*era provável que ele vencesse...*" pode ser entendida aqui e agora apenas como um relato, em *oratio obliqua*, do que o gene-

---

5. *Probability and Induction*, § 3, pp. 9-10.

ral pode ter pensado de modo razoável no momento. Em terceiro lugar, o que é sabido agora que aconteceu pode antes ter parecido extremamente improvável, levando em consideração tudo o que sabíamos então; e ainda pode parecer assim, com razão, para uma pessoa que sabe agora apenas o que nós sabíamos então. Porém, enquanto ele pode falar disso, de maneira apropriada embora errada, como "improvável", nós, que sabemos o que aconteceu na verdade, não podemos.

Por fim, a nenhuma pessoa é permitido chamar, ao mesmo tempo, a mesma coisa de improvável e verdadeira, por razões que já vimos. Fazê-lo é tirar com a mão esquerda aquilo que deu com a direita. Desse modo, a forma das palavras "improvável porém verdadeiro" é excluída – exceto como sensacionalismo deliberado. Pode-se, talvez, imaginar o colunista de um jornal tirando partido da singularidade dessa forma de palavras, usando-a como título de uma coluna parecida com o *Acredite se quiser* de Ripley, e, sem dúvida, esse é o tipo de possibilidade a que Kneale se refere em sua última sentença; mas, em tal contexto, a frase "improvável mas verdadeiro" é um substituto efetivo para "surpreendente" só porque é uma contração de "*parece* improvável mas é verdadeiro", em vez de "*é* improvável mas é verdadeiro". (Uma outra questão é se deveríamos dizer ou não que "improvável mas verdadeiro" é uma contradição real, uma contradição que poderia nos deixar em apuros, embora eu pense que um caso sólido poderia ser provado por chamá-la disso.) Com certeza, podemos falar que uma história parece improvável mas é verdadeira e, no decorrer de uma conversa, uma pessoa poderia falar de algo como improvável até que a outra pessoa lhe assegurasse que era verdadeiro – depois disso, o cético se limitaria a dizer: "ainda me *parece* muito improvável", ou de um modo mais grosseiro: "não acredito nisso", visto que não há mais espaço para as palavras "*é* improvável".

(ii) "Se eu digo 'provavelmente está chovendo', não estou afirmando de maneira alguma que está chovendo, e a descoberta de que não havia chuva caindo não refutaria minha afirmação, embora pudesse torná-la inútil."[6] Neste caso, não está claro o que Kneale aceitaria, ou se recusaria a aceitar, como "afirmando algo de *alguma* maneira"; e também não estaria claro qual exatamente é a força de sua distinção entre tornar uma afirmação inútil e refutá-la. Mas, com certeza, se eu digo "provavelmente está chovendo" e resulta que não está, então (a) eu estava errado, (b) não posso repetir a alegação agora e (c) posso ser obrigado, com razão, a dizer o que me fez pensar que estava chovendo. (Resposta, por exemplo: "Pareceu assim pelo barulho lá de fora, mas vejo agora que o que tomei como chuva era apenas o vento nas árvores.") Isto não vem a ser uma refutação? De fato, uma vez que tenhamos descoberto com certeza se está ou não está chovendo, o tempo de se falar de probabilidades ficou, por completo, no passado; não posso mais dizer nem sequer que provavelmente *não* está chovendo – a defesa está fora de lugar.

(iii) "Sabemos agora que as histórias que Marco Polo contou em sua volta a Veneza eram verdadeiras, por mais improváveis que possam ter sido para seus contemporâneos."[7] Kneale cita esse exemplo, logo na primeira página de seu livro, e atribui uma boa importância a ele; merece, ele diz, "uma atenção especial porque mostra que aquilo que é improvável pode, não obstante, ser verdadeiro". No entanto, o exemplo contém uma ambigüidade vital; e nós não podemos dar nenhuma importância a ele, em absoluto, até esta ambigüidade ser resolvida. Pois devemos entender as palavras "por mais improváveis que elas possam ter sido para

---

6. Ib., § 2, p. 4.
7. Ib., § 1, p. 1.

seus contemporâneos" como estando em discurso direto ou indireto? Se for o último caso, se, por exemplo, elas relatam em *oratio obliqua* a reação à época dos contemporâneos de Marco Polo, então o exemplo pode estar perfeitamente bem expressado, mas não mostra de maneira alguma "que aquilo que é improvável pode, não obstante, ser verdadeiro" – isto é, que aquilo que é chamado, de modo apropriado, de improvável pode ser chamado, pela mesma pessoa e ao mesmo tempo, de verdadeiro, de maneira apropriada. Por outro lado, se a intenção foi que estivesse em discurso direto, como deve ser se for para provar o que Kneale alega que prova, então está expressado de maneira muito imprecisa. Por mais improváveis que possam ter parecido, para seus contemporâneos, as histórias que Marco Polo contou em seu retorno a Veneza, nós sabemos agora que eram substancialmente verdadeiras; por conseguinte, não temos o direito de descrevê-las como tendo sido algum dia improváveis, já que, para nós, fazer isto tende, em certa medida, a emprestar nossa autoridade a uma opinião que sabemos que é errada.

Em cada uma dessas passagens, Kneale patina sobre uma ou ambas as distinções estreitamente relacionadas, que estão implícitas em nossa maneira comum de falar sobre probabilidades e essenciais ao sentido da noção. A primeira delas é a distinção entre dizer que é ou era provável ou improvável (por exemplo, "as histórias desse homem sobre um império florescente bem distante no leste são fantasticamente improváveis", ou "a idéia de que o império deles era de longe o mais rico do mundo ficou tão entranhada nos venezianos que não era provável que se acreditassem nas histórias sobre um império ainda mais rico"), e dizer que parece ou parecia provável ou improvável ("embora verdadeiras em essência, as histórias de Marco Polo sobre um império florescente bem distante no leste *pareciam* aos venezianos de seu tempo fantasticamente incríveis e improváveis"). A segunda diz respeito à diferença no suporte necessário para alegações de que algo é provável ou improvável, quando essas alegações são feitas por diferentes pessoas em diferentes épocas; em vários lugares das passagens que citei, não se afirmou por quem ou em que ocasião é feita a alegação "provavelmente isso-e-aquilo", embora faça uma diferença vital para a gramática e o sentido a maneira como se preenchem os espaços vazios.

Embora tenham sido negligenciadas, essas duas distinções são de importância central para o tema da probabilidade, e são mais sutis do que se reconhece em geral. Devemos perder um pouco de tempo para compreender isso direito, antes de podermos esperar ver com clareza a natureza dos problemas com que se ocupam os filósofos da probabilidade.

Alegações impróprias e alegações equivocadas

Podemos pôr em relevo esses aspectos da probabilidade ("provavelmente", "parecia provável" etc.) dispondo-os lado a lado com os aspectos correspondentes do conhecimento ("eu sei", "ele sabia", "eu não sabia", "ele pensava que sabia" etc.).

A principal distinção a examinar, com vistas a estes propósitos, é a diferença que há entre dizer de alguém "ele alegou que sabia, mas não sabia" e dizer "ele pensava que sabia, mas estava equivocado". Suponhamos que eu esteja tentando cultivar gencianas em meu jardim ornamental de pedras, e que as flores não estejam indo bem. Um vizinho insiste em me dar conselhos, e diz qual, em sua opinião, é a causa do problema e o que tem de ser feito para remediá-lo. Eu sigo seu conselho e, em seguida, as plantas ficam em pior estado do que antes. Nesse estágio, há duas coisas sutil mas completamente diferentes que posso dizer sobre meu vizinho e o conselho que deu; posso dizer: "ele pensava que sabia o que acertaria as coisas, mas estava equivocado", ou posso dizer: "ele alegou que sabia o que acertaria as coisas, mas não sabia".

Para ver as diferenças entre estes dois tipos de crítica, consideremos que tipos de coisa seriam respostas apropriadas à pergunta "por que (com que fundamentos) você diz isto?". Se eu responder "ele pensava que sabia o que acertaria as coisas, mas estava equivocado", e me perguntarem *por que* o digo, só há uma coisa a fazer para responder – a saber, apontar as flores murchas. Meu vizinho prescreveu um determinado tipo de tratamento e foi um fracasso: o problema está resolvido.

Entretanto, se em vez daquela resposta eu disser: "ele alegou que sabia o que consertaria as coisas, mas não sabia", queixo-me de coisa muito diferente. Quando perguntado por que o digo, responderei com coisas como: "ele não tinha nenhuma experiência verdadeira em jardinagem", ou "ele pode ser especialista em suas plantas, mas não entende de flores", ou "ele só considerou as flores; no caso das gencianas, é preciso antes testar o solo", ou "ele pode ter testado o solo, mas testou coisas que não interessam", e, em todos os casos, terminar a resposta com "... portanto, ele *não* sabia (não estava em posição de saber) o que acertaria as coisas". Aqui, estou atacando, não a prescrição em si, mas uma de duas coisas totalmente diferentes: ou as credenciais da pessoa (como nas primeiras duas respostas), ou os fundamentos que meu vizinho tinha para prescrever o que prescreveu (como nas duas outras). Na verdade, o estado das gencianas é de fato irrelevante, exceto como indicação de outras coisas: podia-se dizer "ele não sabia..." mesmo no caso de a receita ter sido, de fato, bem-sucedida ("foi apenas um palpite feliz"). Do mesmo modo, é irrelevante a qualidade das credenciais e do raciocínio de meu vizinho, quando alego que ele estava equivocado: "ele pensava que sabia o que consertaria as coisas, e ninguém poderia estar mais bem qualificado ou em melhor posição para opinar, mas mesmo assim ele estava equivocado".

Para resumir: a frase "ele não sabia" serve para atacar a alegação *tal como foi feita originalmente*, ao passo que a frase "ele estava equivocado" serve para corrigir a alegação que foi feita, *à luz de acontecimentos subseqüentes*. Na prática, percebemos uma clara distinção entre uma alegação "imprópria" de saber alguma coisa, e uma alegação que, subseqüentemente, se mostra "equivocada".

A crítica que visa a atacar (desacreditar, anular) uma alegação de saber ou de ter sabido alguma coisa, ao contrário da crítica que visa a corrigir (modificar, revisar) aquela alegação à luz dos acontecimentos, deve ocorrer em primeiro lugar e atacar não a conclusão que se alegou saber, mas, sim, o argumento que levou a ela ou as qualificações de quem fez a alegação. Ao mostrar que uma alegação de que se conhecia alguma coisa provou-se, na conclusão, ser alegação equivocada, nada se pode fazer para mostrar que, quando foi feita, a alegação era imprópria.

A diferença entre "*parecia* provável, mas não aconteceu como o previsto", e "*era* provável, mas nós não percebemos", é paralela. Uma companhia de seguros pode decidir pedir apenas um pequeno prêmio de um homem de trinta anos, cuja inspeção médica informou ter problemas cardíacos crônicos, em troca de uma apólice para pagamento de anuidade, que só vencerá quando o homem completar oitenta anos; é muito improvável – a empresa de seguros alegará, muito razoavelmente –, que o segurado chegue aos oitenta anos. Mas e se ele viver? O que dirá a seguradora no octogésimo aniversário do segurado, quando tiver de assinar o primeiro de muitos cheques de quantia considerável?

Depende das circunstâncias; duas possibilidades em particular devem ser observadas. É possível que progressos na ciência médica, imprevistos e imprevisíveis à época em que a apólice foi emitida, tenham revolucionado o tratamento das enfermidades cardíacas, no decorrer dos cinqüenta anos intermédios e, desse modo (como se pode dizer), tenham feito aumentar as chances de o homem viver até os oitenta anos. Neste caso, os diretores da companhia não estarão desprestigiando os dados e cálculos empregados originalmente para determinar o prêmio, se admitirem que subestimaram as chances da pessoa de viver tanto tempo, dizendo: "pareceu-nos, naquela época, com as melhores razões possíveis, extremamente improvável que ele vivesse tanto tempo; mas, na conclusão, nossa estimativa mostrou-se equivocada". Revendo os registros recentes da companhia, eles agora podem apresentar uma estimativa revista, que corresponda à estimativa que teriam feito originalmente, caso pudessem saber então tudo o que agora podem saber sobre o progresso que a medicina faria nos anos intermédios – a isto chamarão de a chance que o segurado de fato devia ter, de viver até os oitenta anos, oposta à chance que o segurado parecia ter, à época. (É como quando se diz: "ele pensava que sabia, mas estava equivocado", ao rever e corrigir uma alegação passada, quando não interessa criticar se a alegação era apropriada ou não.)

Por outro lado, o fator responsável pela discrepância entre a expectativa que tinha a empresa seguradora e o evento pode ter sido não tanto o progresso da medicina, mas, sim, alguma falha nos dados originais ou nos cálculos. Ao examinar a questão, a seguradora pode ter sido levada a alguma dentre várias conclusões: por exemplo, o cliente pode ter subornado o médico para que dissesse que sofria de uma doença cardíaca crônica quando, de fato, era saudável; ou o relatório do médico referia-se a um outro homem de mesmo nome e foi anexado por engano ao arquivo do segurado; ou a doença, neste caso, era uma modalidade excepcional da enfermidade, subaguda, difícil de ser diferenciada das condições normais; ou, em outros casos, foi o funcionário que examinou a página errada, ao calcular as chances daquele segurado; ou as tabelas da seguradora, para trabalhadores de fazenda, baseavam-se em amostra pequena demais.

Nessas circunstâncias, os diretores terão de criticar a estimativa, tal como foi feita originalmente, e admitir que a companhia falhou porque não percebeu, à época, que o segurado tinha grandes chances de sobrevivência: "as chances de ele sobreviver até os oitenta anos eram, de fato, boas; mas nós não percebemos, ou porque o funcionário foi induzido a erro pelo médico, ou porque trabalhamos com maus registros". (Como quando dizemos "ele alegou saber, mas não sabia": ataca-se a alegação original – se era apropriada ou não; o fato de que também a alegação mostrou-se equivocada, neste caso, é simples acidente.)

Recapitulando: nos casos de alegações de que algo é provável e de alegações de que se sabe algo, reconhecemos, na prática, que há diferença entre atacar uma alegação, tal como foi feita originalmente, e corrigi-la à luz de acontecimentos subseqüentes. Mais uma vez, distinguimos uma alegação que era imprópria à época em que foi feita de uma alegação que subseqüentemente se revelou equivocada; e a crítica que vise a alegação tal como foi feita originalmente deve atacar o suporte da alegação ou as qualificações de quem alegou – mostrar que, naquele caso, a pessoa que alegou mostrou-se equivocada pode não servir para estabelecer que, à época, aquela era uma alegação imprópria.

Antes de passarmos a discutir a importância filosófica dessas diferenças, temos de dar uma olhada numa outra diferença, intimamente relacionada a estas: a diferença que há entre os fundamentos necessários como suporte para uma alegação de "saber x" ou de que "x é provável", quando se alega e se considera a alegação *em diferentes ocasiões*.

Meu vizinho alega que sabe o que "consertará" minhas gencianas; para que a alegação que faz seja apropriada, meu vizinho tem de estar seguro de três coisas: de que tem experiência suficiente sobre flores em geral e em particular sobre gencianas, para garantir que esteja em posição de falar; de que fez todas as observações e todos os testes que se podem exigir dele, no limite do razoável; e de que o julgamento em que se baseiam suas observações e testes é um julgamento razoavelmente refletido. Se meu vizinho preenche estas condições, ele fez tudo o que temos o direito de exigir para assegurar que seu julgamento é digno de confiança e oferece base adequada para ação. Meu vizinho tem então o direito de alegar "eu sei..." e, a menos que não confiemos em seu julgamento, também podemos, corretamente, aceitar a palavra dele e dizer: "ele sabe...". É importante o fato de que as formas gerundivas "*digno* de confiança" e "base *adequada*" são usadas naturalmente aqui.

As mesmas considerações se aplicam à alegação da companhia de seguro, de que é improvável que seu cliente potencial viva até os oitenta anos. O que se pede à companhia é que se convença de que seus registros têm abrangência suficiente para servir como um guia confiável, de que os dados sobre o cliente, nos quais se baseia a estimativa, são completos e corretos, e de que os cálculos são feitos cuidadosamente. Dadas essas coisas, podemos aceitar como apropriada a alegação da seguradora, uma vez que a seguradora também garante que, no atual estado do conhecimento, sua estimativa é digna de confiança.

A situação é a mesma, quer a previsão seja proferida de plena autoridade ("eu sei que *p*") ou com reservas ("provavelmente *p*"). Se você mostrou que *agora* não há nenhuma razão concreta para supor que esta previsão específica se revelará equivocada, quando tantas outras iguais a ela passaram no teste do tempo, você já fez tudo que, agora, se poderia exigir de você, antes que dissesse "eu sei que *p*" ou "provavelmente *p*". Se alguém algum dia quiser atacar a *propriedade* da previsão que você fez, ou disser com justiça (a) "ele alegava saber, mas não sabia", ou (a')"ele não conseguiu ver que as chances eram pequenas", terá de desacreditar as alegações (a) e (a'), acima.

Esta é uma alegação perfeitamente prática, que não deve ser confundida com uma outra claramente fútil – a alegação de que uma previsão feita pode permanecer, apesar da passagem do tempo, além do alcance de toda e qualquer futura correção; pode-se ver agora que jamais haverá o que impeça alguém de perguntar, à luz dos eventos futuros, se, afinal de contas, uma previsão não foi equivocada. Pois, por mais tempo que passe, sempre se poderá novamente perguntar se a previsão *continua a ser* digna de confiança. Entre o tempo da previsão e o evento em si, pode acontecer de considerações mais recentes passarem a ser relevantes (novas descobertas sobre gencianas, novos tratamentos para doentes do coração) e, conseqüentemente, pode acontecer de ser o caso de se exigir suporte mais rigoroso para uma previsão que se repita. Além disso, depois de o evento ocorrer, pode-se averiguar o que de fato aconteceu. Assim, por mais apropriada que seja a alegação original quando proferida, sempre se poderá reconsiderar a pergunta retrospectivamente ("estava ele certo?") à luz dos eventos, e pode acontecer de, no decorrer do tempo, ser preciso modificar uma resposta anterior.

Tudo isso parece bastante natural, se se chega até aqui sem preconceitos irrelevantes. Afinal de contas, se o que estamos considerando é a *fidedignidade* de uma previsão, deve-se esperar que os padrões de crítica apropriados (os fundamentos que razoavelmente se pode pedir como suporte para ela) dependam das circunstâncias nas quais a previsão estiver sendo julgada, e das circunstâncias em que a previsão foi proferida, originalmente. À época em que uma previsão é proferida, nem sequer faz sentido incluir, entre os indícios pedidos como suporte, "relatos de testemunhas oculares do evento em si". Se houvesse algum sentido nisto, teríamos uma declaração, não uma previsão. Mas, se nos perguntarmos retrospectivamente, depois do evento, se a alegação ofereceu, de fato, base adequada e própria para ação, é perfeitamente razoável exigir, como condição para a resposta positiva, que a previsão se tenha, de fato, cumprido.

Há alguma moral nesta discussão? Se temos de manter claras as nossas mentes a respeito de conhecimento e probabilidade, temos de sempre lembrar de considerar a ocasião em que a alegação está sendo julgada e a ocasião em que ela foi proferida. É inútil esperar que o que é verdade para alegações do tipo "eu sei", "ele sabe" e "é provável", seja necessariamente verdade para alegações do tipo "eu sabia", "ele sabia" e "era provável"; ou que o que era verdade para aquelas alegações, quando consideradas antes do evento, será necessariamente verdade para elas quando reconsideradas à luz dos eventos. Alegações desse tipo não podem ser consideradas e julgadas *sub specie aeternitatis*, "de fora do tempo", por assim dizer: sob a superstição de que elas possam devastar os argumentos mais cuidadosos. Precisamente, estas diferenças vitais são as que mais facilmente passam sem ser notadas; e precisamente esta superstição alimentou, nas discussões sobre probabilidade, conhecimento e crença, o cultivo de substantivos abstratos, e levou a não se considerarem os verbos e advérbios dos quais se deriva o significado dos substantivos.

O labirinto da probabilidade

Não pode haver dúvida, portanto, sobre a relevância filosófica das distinções para as quais chamei a atenção, ao criticar o capítulo inicial de Kneale, e tentei delinear na última seção – distinções que estão firmemente enraizadas em nossos modos cotidianos de pensar, mas que Kneale se empenha em negar. As perguntas que temos de fazer agora são, em primeiro lugar, qual é a importância especial dessas distinções para a filosofia da probabilidade; e, em segundo lugar, se o sentido das excentricidades conceituais de Kneale lança alguma luz sobre as coisas que diz a respeito de probabilidade e de "probabilificação".

Penso que se pode ver, pelo menos em linhas gerais, o modo como a atenção dos filósofos que discutem esse tema acabou por focar-se nas questões erradas – e não só nas erradas, mas nas *bem erradas*. Em discussões filosóficas recentes sobre probabilidade, o grande bicho-papão tem sido o subjetivismo; isto quer dizer, a opinião de que afirmações expressas em termos de probabilidade não se referem ao mundo exterior mas, sim, à atitude da pessoa que fala para com o mundo e às suas crenças sobre o mundo. Por conseguinte, o objetivo da busca dos filósofos tem sido formular uma definição inequívoca da noção, em termos suficientemente objetivos; e a discussão começou a partir de perguntas como: "O que *é* probabilidade?" "*Sobre o que* são as afirmações de probabilidade?" "Qual é a verdadeira *análise* das afirmações de probabilidade?" e "O que elas *expressam*?" É evidente que Kneale acha que, embora a posição subjetivista seja flagrantemente paradoxal, é possível construir um caso sólido a favor *prima facie* desta posição, pois que ele assume, como sua primeira tarefa, a tarefa de refutá-la; e não vacila quanto ao ponto de partida apropriado:

> Se, como parece natural, começamos pela comparação entre afirmações de probabilidade e afirmações em que expressamos conhecimento, surge de imediato a questão: "o que expressamos então com afirmações de probabilidade?"[8]

---

8. *Op. cit.*, § 2, p. 3.

De fato, quando se faz este tipo de pergunta, nossa primeira reação é de incerteza, ficamos sem saber direito o que apontar, para onde olhar. Vejamos por que isso acontece.

Se você me pergunta que tempo fará hoje e eu respondo olhando para o céu: "teremos chuva hoje à noite", a questão de sobre o que é minha afirmação, ou a que ela se refere, não dá origem a nenhuma dificuldade filosófica específica. A resposta do senso comum sobre "que tempo fará à noite" é aceitável para todos, e se minha resposta estiver certa (se tiver dito a verdade, previsto de forma correta), tudo ficará perfeitamente claro se dissermos que previ um fato – sim, "um fato", um "fato" perfeitamente definido sobre o tempo da noite; a saber, a chuva de hoje à noite. Mas se minha resposta for "*provavelmente* haverá chuva hoje à noite" a filosofia e o senso comum rapidamente se separarão. Embora a resposta de senso comum à pergunta "sobre o que você está falando?" continue a ser "sobre o tempo de hoje à noite", os filósofos mostrarão escrúpulos em aceitá-la como resposta. Mas, se tentamos responder à questão de modo infinitesimalmente específico, o que temos para escolher? Ao usar a palavra "provavelmente", eu explicitamente evitei prender-me de modo absoluto a qualquer previsão específica (por exemplo, "choverá hoje à noite") e, assim, ao que parece, a qualquer "fato" específico; mesmo que não chova, ainda assim me restará alguma saída ("as nuvens acumularam-se durante toda a noite, mas na verdade só desaguaram depois de chegarem mais ao interior do país; no entanto, sempre esteve a ponto de chover"); de tal modo que parece que não podemos apontar nenhuma "coisa" única, sobre o tempo à noite, que se tal coisa acontecesse eu teria falado a verdade e se tal coisa não acontecesse eu estaria errado.

Esta descoberta nos faz pensar que o "elo com o futuro", que consideramos – apesar de este ser um pressuposto arriscado – sempre presente no caso das previsões categóricas, mostra-se irreparavelmente rompido no caso das previsões cautelosas; e quem já se sentisse pouco à vontade para continuar dizendo que minha afirmação se refere ao – é sobre o, ou diz respeito ao – tempo que fará à noite, menos à vontade se sentiria de dizer que minha afirmação "é sobre" um fato futuro. E morremos de medo de que um metafísico nos desafie a dizer *qual* fato ela expressa.

Chegados a este ponto, estamos completamente vulneráveis ao ataque do subjetivista. Ele notou uma coisa (talvez a única coisa) que é sempre verdade quando se usa corretamente a palavra "provavelmente", ou uma de suas derivadas: todo o mundo que diz, a sério, "provavelmente p", *acredita de fato, com confiança*, nesse p. E se isso for a única coisa que sempre é verdade – argumenta o subjetivista –, também deve ser o único *fato* a que a palavra "probabilidade" pode referir-se ou que pode denotar. Ao expressar sua doutrina de que o verdadeiro tópico das afirmações de probabilidade é a "forte crença que o falante tem em p", o subjetivista pode, então, nos desafiar a apontar qualquer outra coisa: "se o que queremos dizer com 'probabilidade' não é *isto*, o que é?".

Esta questão nos leva a um dilema. É óbvio que há alguma coisa extremamente estranha em relação à doutrina do subjetivista. Graus de crença não podem ser tudo o que importa, pois, na maioria das questões um certo grau de crença é mais razoável (é mais justificado, pode ser mais adequadamente defendido) do que outro grau de crença. Como diz Kneale: "quando um homem vê um gato preto no caminho para o cassino e diz 'eu provavelmente ganharei hoje à noite, me dê seu dinheiro para eu apostar em seu nome', temos de recusar o convite se formos prudentes, por mais que acreditemos na honestidade daquele homem"[9]. O que

---

9. *Op. cit.*, § 2, p. 7.

queremos dizer é que qualquer que seja a probabilidade, ela tem de ser mais objetiva do que o subjetivista pode admitir: "a questão essencial é que o julgamento que leva à formação de opinião racional, como qualquer outro julgamento digno do nome, *descobre* alguma coisa independentemente do pensamento. Nós pensamos como temos de pensar quando pensamos em coisas como elas são na realidade; e não há nenhum outro sentido em que se possa dizer que teríamos de pensar assim-e-assim". Em vez de suspeitar de que esta não seja uma pergunta apropriada, em vez de pensar sobre o quê, *exatamente*, fiz uma afirmação (oposta, é claro, à resposta de senso comum) e em vez de pensar sobre o quê, *exatamente*, queremos dizer com a palavra "probabilidade", nós avançamos para as trevas. O problema de encontrar uma resposta de algum tipo para essas questões parece ser vitalmente importante, porque, se não pudermos respondê-lo, será como perder a disputa contra o subjetivista por "abandono de quadra".

Quando começamos a estudar a situação para ver o que dizer exatamente a respeito de "o que se trata nas afirmações de probabilidade", várias candidatas a resposta apresentam-se, só por serem afirmações de probabilidade. A freqüência com que acontecem eventos do tipo que estamos considerando, em tais circunstâncias: se pensamos no que acontece nos escritórios de empresas que vendem seguro de vida, esta resposta parece ser forte candidata ao título. A proporção que o evento considerado representa, do total de possíveis outros acontecimentos: é só se lembrar dos cálculos que fizemos na escola, com dados, baralhos de cartas e sacolas cheias de bolas coloridas, para que esta resposta pareça, por sua vez, muito atraente.

A filosofia da probabilidade, como é tradicionalmente apresentada, é, em grande parte, questão de examinar e criticar as qualificações de uma ou de outra das candidatas a resposta.

Por hora, pelo menos, evitemos de mergulhar ainda mais fundo no labirinto; se voltarmos pelo caminho por onde viemos, encontraremos razões para acreditar que o dilema em que nos encontramos – e que dá esta aparência de importância à busca do tema "real" das afirmações de probabilidade – é o dilema que nós mesmos fabricamos.

Há dois tipos de razões. Em primeiro lugar, o substantivo abstrato "probabilidade" – apesar do que aprendemos no jardim de infância sobre os substantivos (que são "palavras que substituem coisas") – não apenas não tem contraparte tangível, referente, *designatum* ou o que se quiser; não apenas não dá nome a coisa alguma, de tipo algum; mas, além disto, é palavra de tal natureza que é absurdo referir-se a ela como palavra que denota, significa ou dá nome a algo. Por conseguinte, há objeções insuperáveis a qualquer candidata à resposta que procuramos; e, conseqüentemente, vê-se que, no que diz respeito a saber "sobre o que" são as afirmações de probabilidade, o senso comum é superior à filosofia.

Podem-se fazer afirmações de probabilidade sobre o tempo que fará à noite, sobre minha expectativa de vida, sobre o desempenho de um cavalo de corrida, sobre a correção de uma teoria científica, sobre a identidade de um assassino – na verdade, sobre qualquer assunto com o qual nos possamos comprometer, com reservas, com uma opinião (além das garantias cautelosas, avaliações prudentes e outras espécies de afirmação qualificada em que a palavra "provavelmente" pode aparecer também apropriadamente; por exemplo, "Andrea Mantegna foi, com toda probabilidade, o pintor mais ilustre da escola paduana").

Por outro lado, não há nenhuma coisa especial sobre a qual todas as afirmações de probabilidade tenham de "ser sobre", simplesmente porque são afirmações de probabilidade. Recusamo-nos não apenas a apresentar alguma coisa como resposta universal a esta questão, como também recusamo-nos a tolerar que se apresentem respostas e, assim, "continuamos no jogo" – não entregamos os pontos e o campo ao subjetivista –, uma vez que a resposta que ele tem a oferecer é, no mínimo, tão ruim quanto todas as outras.

É verdade que o subjetivista compreende mal as afirmações de probabilidade e que elas são, num certo sentido, mais objetivas do que ele pode admitir, mas há duas outras questões a considerar – primeiro, que a objetividade que o subjetivista deixa de proporcionar não é do tipo que os filósofos procuravam; e, segundo, que a descoberta de um *designatum* tangível para a palavra "probabilidade", além de ser solução enganosa, de modo algum ajudaria a preencher a lacuna.

Essas duas últimas questões devem ser discutidas em ordem, pois, se compreendo corretamente seu argumento, Kneale reconhece parte da força da primeira questão, mas ignora completamente a segunda.

Probabilidade e expectativa

Consideremos, em primeiro lugar, em que tipos de contexto o substantivo "probabilidade" entra em nossa linguagem. Às vezes, o Departamento de Meteorologia, em vez de dizer "*provavelmente* as nuvens se estenderão para o resto do país durante a noite", pode dizer "as nuvens estender-se-ão *com toda probabilidade*..." Quando escolhem este conjunto de palavras em vez da mais curta "provavelmente", entende-se que os meteorologistas enfraquecem a força da ressalva tácita e sugerem que as indicações, agora, são muito próximas de suficientemente claras para permitir uma previsão explícita; e, assim, os meteorologistas criam para eles mesmos a necessidade de apresentar uma explicação mais elaborada, caso as nuvens deixem de se apresentar conforme o previsto. Promessas e previsões da forma "com toda probabilidade *p*", como opostas a "provavelmente *p*", têm de ser cumpridas não apenas numa proporção razoável de ocasiões, mas em quase todas. Se tivermos de recorrer freqüentemente a desculpas e explicações, é possível que alguém sugira que tenhamos de ser mais cuidadosos antes de nos comprometermos tanto. Fora isso, entretanto, há pouca diferença entre as duas formas; a expressão "com toda probabilidade" serve, *como um todo*, a um propósito do mesmo tipo que o da palavra individual "provavelmente".

O mesmo se passa com frases como "a balança das probabilidades sugere que as nuvens se estenderão..." e "a probabilidade de que as nuvens se estendam... é alta"; em ambos os casos, a palavra "probabilidade" ganha seu significado por ser parte de uma frase que serve *como um todo* a um propósito semelhante ao de "provavelmente". Considera-se que cada um dos estilos metafóricos da frase, que sugere, por exemplo, que seria necessário um par de balanças para responder a uma pergunta tão aberta, ou aumenta ou diminui a força das ressalvas implícitas; assim, torna mais ou menos categórica a asserção e, correspondentemente, mais ou menos desculpável a falha, quando a previsão não se cumpre. Qualquer outra coisa que façam os estilos metafóricos da frase com certeza não implicam que haja alguma coisa ou matéria chamada "probabilidade", que possa literalmente ser pesada numa balança. ("Neste caso, como é que as probabilidades podem ser expressas por números?" Esta é uma questão à qual voltaremos em breve.)

Se se consideram só as expressões como "com toda probabilidade" e "a balança de probabilidades", parece haver pouco motivo para falar em probabilidade e probabilidades isoladas; e, se a palavra "probabilidade" nunca apareceu a não ser em frases que eram óbvias metáforas, poder-se-ia dizer que interessa menos perguntar o quê – considerada por si mesma – essa palavra denota. Mas a situação é mais complicada. Sentenças como "é insignificante a probabilidade de que eles venham" lembram-nos outras sentenças, como "os ferimentos que ele sofreu são desprezíveis"; e, por conseguinte, nos inclinamos a falar como se probabilidades pudessem ser discutidas em separado, tão sensatamente como se discutem ferimentos.

Esta semelhança é, entretanto, enganadora. Se dissermos "os ferimentos que ele sofreu são desprezíveis", queremos dizer que *os ferimentos em si* podem ser desprezados com segurança; e, se perguntados como sabemos disto, em que bases nos apoiamos para dizer isto, podemos apelar para a experiência e explicar que *a experiência mostrou* que ferimentos daquele tipo se curam por si mesmos sem complicações. Por outro lado, se dissermos "é insignificante a probabilidade de que eles venham", nos referimos a outro tipo de coisa. O que pode ser negligenciado com segurança, neste caso, não é a probabilidade de alguém vir, pois, se comparada à afirmação totalmente clara e transparente "é seguro desprezar seus ferimentos", a afirmação "é seguro desprezar 'a probabilidade da vinda deles'" nem sequer é gramaticalmente correta. No caso de "a vinda", ao contrário, o que se pode desprezar com segurança são as *providências contra* a vinda deles – e isto é, com certeza, o que temos de entender desta expressão. A frase "a probabilidade de eles virem é insignificante" é, na prática, menos igual a "os ferimentos que ele sofreu são desprezíveis" do que a "o *perigo de* seus ferimentos é desprezível". As duas sentenças devem ser compreendidas em referência às suas implicações práticas, a saber, que naqueles ferimentos não há complicações a temer nem a prevenir; ou que, naquelas circunstâncias, não é preciso nem esperar, nem temer que venha alguém, nem preparar-se para o caso de vir alguém. A palavra "perigo", tal como a palavra "probabilidade", "diz" mais quando aparece em expressões completas – por exemplo, *perigo de* complicações, *de* morte por afogamento ou *de* falência, *de* ferimentos, *de* um touro louco ou *de* fios de alta tensão, *para* a vida e os membros, a paz ou a navegação.

Para falar sobre as implicações das probabilidades, como opostas às implicações dos ferimentos, não é nem necessário nem significativo apelar para a experiência. Pode-se dizer que a experiência ensina que não é absolutamente necessário fazer curativos em esfoladuras superficiais, ou esperar temperaturas de 40 graus à sombra na Inglaterra; mas não se pode dizer que a experiência nos ensina que não é absolutamente necessário esperar o que é extremamente improvável; nem se pode dizer que a experiência nos ensina que coisas que tenham altas probabilidades de ocorrer devem ser mais esperadas do que as que têm baixas probabilidades de ocorrer. De modo semelhante, pode-se perguntar por quê, em que circunstâncias ou como sabemos que não há nenhuma necessidade de fazer curativos em esfoladuras superficiais; mas não por quê, em que circunstâncias ou como sabemos que não há nenhuma necessidade de esperar o que é extremamente improvável. Estas questões não surgem no caso de truísmos.

Este último fato nos fornece um teste mediante o qual podemos excluir muitas das definições sugeridas de "probabilidade". Para que uma definição seja aceitável, ela tem de compartilhar pelo menos esta característica com a palavra definida. Qualquer análise do termo "probabilidade" que negligencie este requisito comete a falácia geral que G. E. Moore reconheceu no campo da ética e batizou de "a falácia naturalista". Assim como se entende claramente que a palavra "certo" não pode ser analisada apenas em termos de (digamos) cumprir promessa, quando se vê que as perguntas "mas cumprir promessa *é* certo?" e "mas a pessoa *deve* cumprir suas promessas?" não são, de modo algum, perguntas triviais; e que "impossível" não pode, nem na matemática, ser analisado apenas em termos de contradição, porque a afirmação de que suposições contraditórias têm de ser excluídas é mais do que uma tautologia. Assim também, vê-se claramente que a palavra "probabilidade" não pode ser analisada só em termos de (digamos) freqüências ou proporções de alternativas, quando se nota que, sem dúvida, não é ocioso perguntar se, ou por quê, ou em que âmbito de casos, freqüências observadas ou proporções de alternativas oferecem, *de fato*, o suporte apropriado para alegações sobre probabilidades – isto é, alegações sobre o que deve ser esperado, com que se pode contar, e assim por diante. Tentar definir o que significa a probabilidade de um evento em termos de tais coisas é confundir o sentido do termo "probabilidade" com as bases para que um evento seja considerado provável, isto é, com as bases para esperá-lo; e, seja o que for que queiramos dizer com "probabilidade", que a palavra pode ou não pode manter-se por conta própria, adequadamente, essas duas coisas são, com certeza, distintas. Assim como acontece com tantos desses substantivos abstratos formados de adjetivos gerundivos que têm intrigado os filósofos através dos tempos – substantivos como "bondade", "verdade", "beleza", "retidão", "valor" e "validade" –, a busca por uma contrapartida tangível para a palavra "probabilidade", uma vez começada, está fadada a continuar infinitamente; ante qualquer nova candidata que apareça, será preciso fazer sobre ela as perguntas fatais de Moore.

Dizer que o termo "probabilidade" não pode ser analisado em termos de freqüências ou proporções de alternativas não é, entretanto, dizer que estas coisas não têm papel importante na discussão prática das probabilidades, ou que o papel delas não merece ser esclarecido. Muito ao contrário, pois isso mostra que estes aspectos têm de ser considerados, não como pretendentes rivais a uma coroa de ouropel

– cada qual querendo ser o verdadeiro *designatum* da palavra "probabilidade" – mas como tipos diferentes de bases – e pode-se apelar a qualquer uma delas, adequadamente, em circunstâncias e contextos apropriados, como suporte para alegar que alguma coisa é provável ou tem probabilidade de uma ou de outra magnitude.

Isto levanta, de imediato, a questão muito interessante sobre o que há em determinados casos e contextos que faz com que as freqüências observadas sejam os tipos relevantes de bases às quais recorrer, e por que, em outros casos, deve-se recorrer às proporções de alternativas. A diferença tem alguma coisa a ver com a diferença entre *objets trouvés* e eventos que não podemos controlar, por um lado, e, por outro, os produtos da manufatura. O "dado perfeito" de nossos cálculos algébricos é tanto um ideal teórico quanto uma especificação de fabricante. Ao aplicar a um verdadeiro dado os resultados de nossos cálculos sobre proporções de alternativas, pressupomos que o fabricante foi bem-sucedido e atingiu suficientemente o ideal, pressuposição que, em geral, é suficientemente confiável, para propósitos práticos. Mas, se todos os nossos dados crescessem em árvores, em vez de serem feitos por engenheiros habilitados, talvez considerássemos necessário testá-los em laboratório antes de usá-los e, desse modo, talvez acabássemos por falar, também sobre as chances com os dados, tanto em termos de freqüências quanto em termos de proporções de alternativas.

Enquanto ainda estamos neste ponto, podemos aproveitar para pesquisar o porquê de as definições em termos de freqüências e proporções de alternativas terem se revelado tão atraentes. Em parte, este parece ser o resultado de um respeito excessivo pelos matemáticos. Vale a pena lembrar que os cálculos que fizemos na aula de álgebra, sobre "a probabilidade de tirar duas bolas pretas sucessivas de uma sacola" eram cálculos tão *puros* quanto os cálculos para saber "o tempo necessário para quatro homens cavarem um fosso de 90 cm x 90 cm x 180 cm". O primeiro não tem mais íntima conexão com a probabilidade, nem lança mais luz sobre o que *queremos dizer* com o termo, do que o segundo tem a ver com o tempo ou com o estado metafísico do tempo.

Por conseguinte, é erro tentar encontrar alguma "coisa", em cujos termos possamos analisar a palavra solitária "probabilidade" e "sobre" os quais se possa pensar que sejam, de fato, todas as afirmações de probabilidade, quaisquer que sejam. Não se deve depreender disto que não se possa atribuir algum significado ao termo; "probabilidade" tem um significado perfeitamente bom, que se descobre quando se examina o modo como a palavra é usada tanto em contextos cotidianos como em científicos, em frases como "há uma alta probabilidade, ou uma probabilidade de 4/5, de que..." e "com toda probabilidade". É a partir deste exame que devemos começar a filosofia da "probabilidade", em vez de a iniciar com questões como "o que é probabilidade?" e "o que as afirmações de probabilidade expressam?", se não quisermos começar com o pé errado. Dizer que uma afirmação é uma afirmação de probabilidade *não* é inferir que há uma certa coisa a partir da qual se pode dizer que a probabilidade é ou expressa. Não há resposta única para as perguntas "O que expressam as afirmações de probabilidade? Sobre o que elas são?". Algumas afirmações expressam uma coisa, outras, outra. Algumas são sobre o tempo de amanhã; outras, sobre minha expectativa de vida. Se insistimos em encontrar uma resposta única, fazemos isso por nossa própria conta e risco.

O modo como uma "falsa largada" pode estragar toda a nossa corrida ficará evidente ao considerarmos a segunda questão: o problema da objetividade nas afirmações de probabilidade. Sem dúvida, há importantes razões pelas quais a exposição do subjetivista é deficiente e pelas quais consideramos que seja natural descrever probabilidade (como faz Kneale) como algo objetivo, independente de pensamento, que tem de ser "descoberto". Mas desde que comecemos por procurar o *designatum* do termo "probabilidade", ficamos expostos à idéia de que é o *designatum* que temos de encontrar, se quisermos preservar a objetividade das afirmações de probabilidade. E, assim, o problema de justificar nossa descrição de tais afirmações (que para nós são objetivas) acaba emaranhado, desde o começo, com a busca inútil de uma característica do mundo a que nos referimos com a palavra "probabilidade". Nada disto é necessário, pois o que pedimos é, na verdade, uma objetividade muito diferente.

Podemos nos lembrar do que é, se recordamos como uma companhia de seguros distingue entre uma estimativa de probabilidade na qual pode razoavelmente confiar e uma estimativa defeituosa ou incorreta. Se o médico mente, ou se o computador interpreta erradamente as tabelas, ou se os próprios dados são inadequados, então a estimativa que a companhia de seguros faz quanto às chances de o cliente viver até 80 anos não é tão digna de confiança quanto eles pensam, nem tão digna de confiança quanto a melhor estimativa que são capazes de produzir. Quando o erro vem à luz, portanto, eles têm meios para distinguir entre a "verdadeira" chance de o cliente viver até os 80 anos e sua primeira estimativa, a defeituosa. Por outro lado, vimos como à medida que os anos passam e os fatores relevantes se alteram a empresa consegue ir mais longe e distinguir entre a melhor estimativa possível feita, ou que de fato poderia ter sido feita quando a apólice foi emitida, e a estimativa que eles só agora, à luz dos eventos subseqüentes, vêem que teria sido mais digna de confiança. A medicina faz avanços com inesperada rapidez e aquele tipo de doença cardíaca é dominado, e aumenta a expectativa de vida do cliente; por conseguinte, a empresa seguradora distingue a chance que o cliente "tinha realmente", ou deveria ter, de viver até os 80 anos, da chance que, em primeiro lugar, ele parecia ter, bastante razoavelmente. Em ambos os casos, a empresa faz o que faz porque sua tarefa é fazer estimativas em que se possa confiar, e o que imediatamente interessa à empresa seguradora é a *fidedignidade* de suas estimativas. Fidedignidade, confiabilidade, eis o que distingue uma estimativa "objetiva" das chances de um evento, de uma mera expressão de crença confiante. E o subjetivista (que só fala sobre graus de crença) erra ao ignorar a necessidade de as estimativas de probabilidade serem *dignas de confiança*. Que fatores são relevantes, que tipo de classificação se mostrará, de fato, mais fidedigno, essas são coisas que as companhias de seguro e os contadores só podem descobrir no decorrer do tempo, a partir da experiência. Mas, quaisquer que sejam as respostas para essas questões, de modo algum somos obrigados a adiar as perguntas para depois de termos descoberto, definitivamente, o que denota a palavra "probabilidade". Fosse assim, nunca chegaríamos à posição de poder perguntar.

Relações de probabilidade e probabilificação

Voltemos ao primeiro capítulo de *Probability and Induction*, de Kneale. Podemos ver agora que, ao procurar provar que probabilidade tem um tipo de objetividade quase tangível, que nem pode ter nem precisa ter, Kneale sacrifica, inclusive, a possibilidade desta outra objetividade, que reivindicamos na prática, e que torna a noção de probabilidade o que ela é.

Kneale vê, com muita clareza, que não se pode tratar a probabilidade como um traço intrínseco, "possuído" por toda proposição ou evento que possa ser, algum dia, chamado, adequadamente, de *provável*: "Nenhuma proposição (a menos que seja um truísmo ou um absurdo) contém em si algum traço que indique que devamos ter determinado grau de confiança nela."[10]

Afinal de contas, uma pessoa pode, apropriada embora equivocadamente, considerar provável algo que para outra pessoa seja, também apropriadamente, falso. Por conseguinte, Kneale abandona a busca por uma *única* coisa que possa ser chamada de "*a* probabilidade de um evento". Mas, em vez de parecer render-se ao subjetivista, em vez de abandonar como inútil a busca por algo que todas as afirmações de probabilidade expressem, ele reduz suas perdas e define "probabilidade" como uma "relação" entre a proposição afirmada com cautela e as bases para afirmá-la. Diz-se que existe uma "relação de probabilidade" entre o indício e a proposição e diz-se que o indício "probabilifica" a proposição, num grau ou noutro. A probabilidade que dizemos que um evento tem ainda é, assim, pensada como parte da natureza de uma "coisa" (a saber, uma relação objetiva), mas agora é uma de uma grande série de "coisas" diferentes, conforme o indício à disposição. Se isto vem como uma surpresa, ele diz, é porque "nossas afirmações de probabilidade são em geral elípticas", e o grupo específico de indícios tomados como "não pode ser reconhecido de imediato"[11].

Em primeiro lugar, a sugestão de Kneale é infeliz, por várias razões. Fora as excentricidades conceituais que encoraja, a idéia de Kneale leva-o à idéia de que o próprio tipo de objetividade que realmente importa é improvável. Quando uma companhia de seguros obtém informação nova sobre um cliente e, à luz dessa informação, faz nova estimativa de

---

10. *Op. cit.*, § 2, p. 8.
11. *Ib.*, § 3, p. 9.

sua expectativa de vida, diz-se, quase sempre, que esta segunda estimativa é mais exata (isto é, mais digna de confiança), uma aproximação mais rigorosa da verdadeira chance que o cliente tem de sobreviver. Kneale reconhece este uso, mas o condena: "Às vezes, em tal caso, nós falamos como se o homem só tivesse uma probabilidade de sobreviver até a idade de sessenta anos, o que independe de qualquer indício, e que nossa segunda estimativa aproxima-se mais desta única probabilidade do que nossa primeira estimativa. Mas essa opinião é, sem dúvida, errada."[12] Kneale é obrigado a condenar esse modo de expressão porque, em sua opinião, depois de descobrir algum novo indício, a companhia de seguros não está mais tratando da *mesma* relação de probabilidade – e, assim, estritamente falando, não pode corrigir sua estimativa. Este é apenas um caso especial do paradoxo geral ao qual é impelido por sua doutrina de que "a probabilidade depende do indício". De acordo com ele, se duas pessoas trabalham com indícios diferentes, não se pode dizer que uma contradiga a outra quanto à probabilidade de um evento *p* – não podem brigar, aparentemente, sobre até que ponto uma deveria estar preparada a agir como se *p,* e a se comprometer com a asserção de *p* –, porque estão falando de diferentes relações de probabilidade!

A doutrina de Kneale tampouco escapa da "falácia naturalista", embora este fato fique obscurecido, em parte, por sua terminologia. Há, pois, duas interpretações possíveis das coisas que diz; uma delas, inocente; a outra, falaciosa; e Kneale parece comprometido com a última. Em primeiro lugar, poder-se-ia supor que ele quisesse que entendêssemos que "reconhecer que existe um grande grau de probabilificação entre, por exemplo, o indício de que um homem de trinta anos tem uma doença cardíaca crônica e a proposição

---

12. *Ib.*, § 3, p. 10.

de que ele não viverá até os oitenta anos de idade" significa o *mesmo* que "chegar corretamente à conclusão de que, em virtude de seu estado físico, não podemos esperar que ele viva tanto tempo assim (embora precisemos ter em mente que 1 de 1000 casos deste tipo nos surpreendem)". Se esta fosse a interpretação apropriada, nenhuma objeção haveria a fazer, posto que Kneale, então, nos estaria apresentando um modo possível – embora com rodeios – de explicar o sentido de frases como "há uma pequena probabilidade de que" e "com toda probabilidade". Mas esta não parece ser sua intenção, pois, se fosse, não se poderia nem sequer fazer a pergunta a qual, de acordo com ele, qualquer análise adequada da relação de probabilidade deve responder; a saber, "Por que é racional tomar como base para ação uma proposição (de que o homem não sobreviverá) que se encontra nessa relação (de estar sendo altamente probabilificada) com o indício que temos à nossa disposição?" Pois isto seria questionar um truísmo, e não passaria de um modo elaborado de perguntar "por que não precisamos esperar que aconteça aquilo que é extremamente improvável?".

As relações de probabilidade sobre as quais escreve Kneale devem, por conseguinte, ser pensadas como entidades *distintas*, que vêm logicamente entre o indício detalhado da idade do quase-cliente e seu estado físico, e a moral prática de que não se precisa esperar que o homem sobreviva (embora, é claro, um em mil sobreviva). Reaparecem de uma vez todas as objeções a uma definição naturalista. Mesmo que determinadas entidades sempre sejam encontradas "entre" os indícios e as conclusões que dependem deles, é de se supor que só possamos descobrir *pela experiência* que, em algumas ou em todas as circunstâncias, é possível confiar razoavelmente nos indícios como guia para o futuro, como a nuvem verde que, no mar, é presságio de vendaval. As palavras "probabilidade", "provavelmente" e "com toda probabilidade" não poderiam ser analisadas em termos de entidades deste tipo, mais do que em termos de freqüências ou proporções de alternativas, e pelas mesmas razões. Neste caso, poderíamos fazer apropriadamente a pergunta que Kneale considera importante: Por que, quando nosso conhecimento é menor do que seria desejável, é razoável confiar nas relações de probabilidade, mas não em simples crenças? Esta questão não seria agora mais trivial do que a questão de decidir por que, quando faltam manteiga e açúcar, é razoável confiar na margarina, mas não na sacarina. Em cada caso, entretanto, a pergunta teria de ser respondida com recurso ou à experiência direta ou a uma informação independente – por exemplo, a informação de que a margarina contém gorduras e vitaminas suficientes para ser aceita como substituta da manteiga e é igualmente nutritiva e palatável; ao passo que a sacarina, embora tenha sabor doce, não tem nenhum valor nutritivo. Será que Kneale quer que consideremos as relações de probabilidade como se fossem as vitaminas da probabilidade? Só no caso de ele as ver assim, sua questão crucial deixa de ser simples truísmo; mas neste caso não há como esperar que ele nos possa oferecer uma *análise do termo* "probabilidade". Não há quantidade grande o bastante de conversa sobre vitaminas, calorias, proteínas e carboidratos que baste para construir uma *análise do termo* "nutritivo".

Kneale deixa muito obscura uma questão, a saber, que espaço há, segundo ele, para que alguma coisa penetre entre os fatos sobre uma situação e as chances que, em virtude desses fatos, podemos atribuir a algum evento futuro. Ele parece acreditar que há duas – não apenas uma – inferências substanciais entre o indício e a moral, e há certas características de uso que, de fato, sugerem que assim seja: dizemos, por exemplo, "ele teve uma doença cardíaca crônica aos trinta anos, *portanto* a probabilidade de que ele viva até os 80 anos é baixa, *portanto* não precisamos admitir que ele viva tanto tempo". Mas, se alguém nos perguntar que fundamentos temos para ignorar a possibilidade de o homem sobreviver, imediatamente apontamos sua idade, estado físico e as estatísticas; não acrescentamos nada de substancial se, em vez disto, dissermos "não precisamos admitir que ele sobreviverá, *porque* a probabilidade de ele sobreviver é baixa, *porque* ele teve uma doença cardíaca crônica aos trinta anos". Dispor deste modo as nossas razões é apresentar um argumento artificialmente elaborado, como dizer "seu país precisa de V-O-C-Ê, e o modo certo de escrever *você* é 'V-O-C-Ê'".

A palavra "probabilidade" é ambígua?

As críticas que aqui apresentamos contra as opiniões de Kneale sobre probabilidade podem parecer desnecessariamente minuciosas. Talvez sejam mesmo minuciosas; mas tentarei mostrar – aqui e adiante – como é importante que os filósofos reconheçam e respeitem as distinções nas quais insisto.

O livro de Kneale é contribuição paciente e lúcida para a recente controvérsia sobre a filosofia da probabilidade, tão paciente e lúcida quanto se poderia exigir; no entanto, parece-me que se deva esclarecer até que ponto os próprios problemas com que Kneale se ocupa são resultado do modo equivocado como ele entende o verdadeiro caráter de termos modais como "provavelmente", "provável" e "probabilidade". Uma vez que se tenha entendido como, caracteristicamente, esses termos servem para qualificar a força de nossas asserções e conclusões, é difícil continuar a levar a sério a busca de um *designatum* para eles. Não se pode deixar de pensar que toda esta interminável disputa só prosseguirá enquanto se analisarem esses termos, não como os termos modais, que são, mas como alguma outra coisa.

Esta conclusão nos soa ainda mais forte se considerarmos os escritos do professor Rudolf Carnap sobre esse assunto. Em seu livro, *Logical Foundations of Probability*, o professor Carnap constrói um elaborado sistema matemático para tratar do conceito de probabilidade e suas relações íntimas, e também oferece suas opiniões sobre os importantes problemas filosóficos aos quais essa noção dá origem. Da parte filosófica de seu livro, temos de discutir duas coisas, em particular: (1) uma diferença central que ele estabelece, e na qual insiste, entre dois sentidos da palavra "probabilidade" que infelizmente – na opinião dele – são "designados pela mesma palavra, familiar porém ambígua"; e (2) os argumentos que apresenta contra permitir que considerações psicológicas entrem na discussão de probabilidade e temas relacionados – argumentos que Carnap, sem dúvida, entenderia que pesam muito fortemente contra o ponto de vista adotado neste ensaio.

Carnap encontra muitos aliados para desenvolver sua primeira questão. O próprio Kneale fala de "duas espécies de probabilidade... dois sentidos de 'probabilidade' – um aplicável em questões de chance e o outro aplicável aos resultados da indução"[13]. O professor J. O. Urmson também escreveu um ensaio sobre "Dois sentidos de 'provável'", advogando uma distinção semelhante, e, a partir de F. P. Ramsey, os filósofos têm insinuado algum tipo de divisão.

É bastante fácil, é claro, mostrar que usamos a palavra "probabilidade" e suas associadas em muitas e variadas classes de situação. Mas será que isto significa que a palavra tenha número correspondentemente alto de diferentes significados? Previmos, no primeiro desses ensaios, sobre impossibilidade e possibilidade, os perigos de se chegar muito rapidamente a esse tipo de conclusão – que o próprio Urmson

---

13. *Op. cit.*, § 3, p. 13; § 6, p. 22.

rejeitou, explicitamente, no caso da palavra "bom". É claro que quando digo "é altamente provável que, se você jogar vinte vezes um dado, você conseguirá pelo menos um seis", quero dizer coisa diferente do que quero dizer se afirmar que "é altamente provável que a explicação de Hodgins sobre o papel do fósforo na condução nervosa seja a correta". Mas as diferenças entre essas duas afirmações não estão plenamente explicadas pelas diferenças entre os dois tipos de investigação em questão?

Além disso, ao insistir em que estejam envolvidos dois sentidos de "provável", perde-se alguma coisa e nada se ganha. Se você está considerando se uma hipótese científica é correta ou incorreta, o tipo de indício ao qual recorrer é, é claro, diferente do indício ao qual recorrer no caso de uma previsão de lançamento de dados; no caso dos dados há espaço para cálculos de um tipo que dificilmente entraria no caso de avaliar uma hipótese científica. Mas, a menos que nós interesse confundir, mais uma vez, os fundamentos para considerar provável alguma coisa e o significado da asserção que afirma que tal coisa é provável, não temos de continuar a dizer que, como conseqüência, as palavras "provável" e "probabilidade" podem ter vários significados diferentes. De fato, nem *deveríamos* dizer tal coisa, pois nas duas sentenças a palavra "provável" serve a propósitos semelhantes; em cada caso, o que está em debate é a questão de até que ponto a afirmação deve ser levada e de até que ponto nos devemos comprometer a afirmação, seja a de que a explicação de Hodgins está correta, seja a de que o dado "cairá" no seis. Suponha-se, em vez disso, que alguém tenha dito "eu sei que a explicação de Hodgins é correta", ou "eu sei que se você jogar esse dado vinte vezes, aparecerá o seis pelo menos uma vez". Aqui, mais uma vez, os tipos de indício relevante para as duas alegações serão muito diferentes; mas não se pode concluir disto que a pessoa esteja usando dois sentidos diferentes para a palavra "sei". E haverá ainda outro sentido, se alguém disser, no âmbito da Matemática, "eu sei que a raiz quadrada de 2 é um número irracional"? Claro que alegar ambigüidade, em ambos os casos, é saída fácil demais.

Considerada em si mesma, portanto, não há nada de inaudito na alegação de Carnap de que se devem distinguir dois sentidos da palavra "probabilidade", dois conceitos diferentes de probabilidade, a serem identificados como "probabilidade$_1$" e "probabilidade$_2$". Por um lado, diz ele, nós temos um conceito *lógico*, "probabilidade$_1$", que representa o grau de suporte que um conjunto de indícios oferece a uma hipótese; por outro lado, temos um conceito empírico, "probabilidade$_2$", que diz respeito, simplesmente, à freqüência relativa de eventos ou coisas que tenham uma propriedade específica, dentre os membros da classe de eventos e coisas que tenham outra propriedade. Novidade, sim, é o exato modo como Carnap compreende essas distinções, e o ponto até onde está disposto a levá-las. Por exemplo, ele insiste que, aqui, lidamos não com aspectos complementares de uma única concepção, mas, sim, com dois sentidos bem distintos da palavra "probabilidade" – o que é evidente ambigüidade, embora talvez seja uma ambigüidade que se pode explicar pela etimologia.

Carnap nos convida a concluir que os filósofos que trataram de decifrar a noção de probabilidade foram simplesmente desencaminhados por esta ambigüidade – falavam de coisas diferentes, como na celebrada disputa sobre a natureza de *vis viva* entre Leibniz e Descartes, os quais (podemos ver agora) mantiveram em oposição duas verdades perfeitamente compatíveis, uma sobre o *momentum*, a outra sobre a energia cinética. Pode-se concordar que uma certa dose de propósitos opostos aparece em muitas das discussões sobre probabilidade e, mesmo assim, ainda se pode continuar a achar que Carnap exagera ao defender sua causa. Nem todas as diferenças que se têm de estabelecer em filosofia podem ser adequadamente apresentadas como diferenças entre dois ou mais sentidos de uma palavra; apresentá-las assim, muitas vezes, de fato, oculta a verdadeira fonte da dificuldade filosófica, e nos deixa com a sensação de que o nosso autêntico problema foi exorcizado e afastado para bem longe, para onde não o vemos.

Temos de considerar à parte a demonstração de Carnap sobre o modo como o indício pode dar suporte a uma teoria científica. Por hora, concentremo-nos em sua alegada distinção entre probabilidade$_1$ e probabilidade$_2$, e vejamos se as duas coisas são, de fato, tão diferentes como ele as pinta. Para começar com a probabilidade$_2$: a pergunta-chave que temos de fazer é se a palavra "probabilidade" é alguma vez usada, de fato, na prática, para *significar* simplesmente uma proporção ou freqüência relativa. Não há dúvidas de que, na prática, é isto que muitos *dizem*; Von Mises, por exemplo, declara que o valor-limite da freqüência relativa de coisas de classe B num conjunto de coisas de classe A é chamado de "probabilidade" de um A ser um B, e Carnap o acompanha nisso. Mas basta olhar o modo como se tem aplicado na prática a teoria da probabilidade, para que se levantem dúvidas sobre essa máxima.

Para testar essa opinião, devemos considerar a seguinte tabela:

	I	II	III
a	25.785	2821	0,109
b	32.318	2410	0,075
c	16.266	785	0,047

As cifras na primeira coluna representam os números de pessoas no Reino Unido nas categorias especificadas "*a*", "*b*" e "*c*", que estavam vivas em 1º de janeiro de 1920;

as cifras na segunda coluna representam os números das mesmas pessoas que morreram antes de 1º de janeiro de 1930. Na coluna III, são mostradas as proporções das cifras das duas colunas anteriores. A pergunta que temos de fazer agora é: "que título devemos dar à coluna III?". Como, para usar a palavra de Von Mises, devemos *chamar* essas proporções?

A resposta é que não há título que seja o único adequado para este caso. Não somos obrigados a dar nenhum nome determinado às proporções dispostas naquela tabela; o nome que lhes dermos dependerá das razões pelas quais aquelas proporções nos interessem e, em particular, do tipo de lição que queiramos obter delas. Consideremos três possibilidades. Podemos ser estatísticos; a tabela mostrada pode ser, para nós, uma mera tabela-amostra de estatísticas de vida; podemos não estar interessados em extrair delas nenhuma lição que não seja matemática. Neste caso, um título natural para a coluna III será "Mortalidade proporcional, durante o período 1920-1929". Mas podemos estar trabalhando numa pesquisa de Medicina Social; a tabela pode nos estar oferecendo um modo de avaliar a condição física das pessoas nas classes "a", "b" e "c", um ano depois do término da Primeira Guerra Mundial; e, assim, podemos estar interessados em deduzir, a partir da tabela, alguma lição retrospectiva, que *olhe para trás*, para o começo da década. Dado que, neste caso, as proporções reunidas na tabela nos interessam como medida da condição física, àquela época, o título natural, neste caso, poderá ser "Suscetibilidade de membros de três classes sociais (a, b e c), 1/1/1920". Mas também pode acontecer de sermos corretores de seguros; neste caso, a tabela será uma das nossas Tabelas de Vida; e ela nos interessará pela lição prospectiva que dela podemos extrair, do tipo *olhando-para-a-frente*. As proporções relacionadas na coluna III serão consideradas como medida das chances de sobreviver por mais dez anos, em cada classe; o título natural, neste caso, teria de ser, por exemplo, "Probabilidade de sobrevivência até 1/1/1940".

Isto mostra que o termo "probabilidade" não é atribuído, na prática, a proporções e freqüências relativas *como tal*; as freqüências só são mencionadas como probabilidades na medida em que as estivermos usando como *medidas* de probabilidade ao deduzir alguma lição sobre questões de fato que sejam desconhecidas num dado momento. Na verdade, até o fato de falar de *proporções* como *probabilidades* já é sinal de que se deu o passo lógico vital na direção de daí deduzir uma lição; saber que só uma diminuta fração das pessoas que sofrem da doença que Jones contraiu vive dez anos é, sem dúvida, a melhor das razões para dizer que não estamos autorizados a esperar que ele sobreviva tanto tempo; mas a informação de que é diminuta a probabilidade de ele sobreviver esse tempo *acarreta* necessariamente essa conclusão. Por conseguinte, pode-se reclamar de Von Mises por ele declarar que suas proporções-limite são simplesmente *chamadas* de "probabilidades"; se isto é o que tem a apresentar como uma análise de nossa noção existente de probabilidade, é errôneo; e, se é o que tem a apresentar como definição estipulativa, é das mais infelizes. Von Mises teria de dizer, em vez disto, que estas proporções são uma *medida da* probabilidade de, digamos, um *A* ser um *B*. É interessante observar que Laplace, ao expor a teoria clássica da probabilidade, evitou essa armadilha. Ele apresentou a proporção "casos favoráveis/número total de casos" não como uma definição de probabilidade, mas, sim, como uma medida do grau de probabilidade e, por conseguinte, de nossa *espérance morale*; e, embora mais tarde se tenha referido a esta expressão – em seu tratado – como uma *definição*, deixou claro que usava a palavra em um sentido amplo, para marcá-la como uma definição operacional ou "medida", em vez de marcá-la como análise filosófica ou verbete de dicionário.

A segunda perna da distinção de Carnap é, portanto, trôpega. Freqüências só são chamadas de probabilidades quando usadas como suportes para previsões qualificadas, para políticas práticas e coisas semelhantes, de modo que "freqüência" não é, de modo algum, um dos sentidos do termo "probabilidade", e é inaceitável a explicação de Carnap para probabilidade$_2$. Mesmo no caso de todos os nossos cálculos serem desenvolvidos em termos de freqüências, a conclusão "portanto, a probabilidade de h é assim, assim" faz mais do que ser o resultado de um cálculo; por ela se pode deduzir, a partir do cálculo, uma lição de moral prática "portanto, se tem o direito de confiar em h até-tal-ponto"; e a expressão "confiar em" pode ser interpretada aqui de modo mais ou menos literal ou figurativo, conforme as políticas conseqüentes sejam financeiras – como no caso dos corretores de seguros e dos pequenos operadores da Bolsa –, ou de qualquer outro tipo.

Também há dificuldades quanto à discussão de Carnap sobre a probabilidade$_1$. Como Kneale, Carnap considera que as afirmações da forma "a probabilidade de h é assim, assim" são elípticas, uma vez que omitem toda referência explícita ao grupo de indícios à luz do qual foi estimada a probabilidade. Também como Kneale, Carnap prefere reservar o termo probabilidade para a relação entre uma hipótese (h) e o indício em que ela se apóia (e), e trata o termo como uma função de duas variáveis separadas, e e h.

Esta é uma das excentricidades para as quais chamamos a atenção, quando discutimos as opiniões de Kneale; como vimos, a possibilidade de um evento é considerada em geral como uma coisa; e outra coisa é o suporte que um grupo específico de indícios dá para a opinião de que o evento ocorrerá; e a explicação de Kneale oculta as diferenças que há entre estas duas coisas. Falar sobre suporte dado por indício é, *é claro*, falar sobre hipótese *e também* falar sobre indício, e diferentes feixes de indícios emprestam graus diferentes de suporte à mesma hipótese. Ao contrário da noção de probabilidade como em geral a entendemos, a noção de suporte envolve necessariamente duas variáveis: sempre há aquilo que dá suporte e aquilo que recebe suporte. Assim, não surpreende que Carnap tenha de usar palavras como "suporte" no decorrer de sua explicação sobre probabilidade$_1$. Este fato é sugestivo. Evitar-se-iam muita confusão e muitas contradições se a probabilidade$_1$ de Carnap e as correspondentes relações, nos tratados a partir de Keynes até Kneale, tivessem sido rotuladas como "relações de suporte", e não como "relações de probabilidade". Esta mudança não afetaria, de modo algum, o lado matemático e formal da discussão; mas tornaria mil vezes mais bem selecionada a sua interpretação. Muitos de nós jamais concordaríamos que probabilidade se relaciona com indício, a não ser em sentido epigramático; mas concordaríamos, no mesmo instante, que *suporte* é, conforme a natureza do caso, uma função do indício e da conclusão. Se alguma coisa aqui está elíptica, não é tanto a palavra do dia-a-dia "provável" quanto as frases-jargão "cálculo de probabilidade", "relação de probabilidade" e "probabilificação". Como o próprio Kneale reconheceu, não bastam as propriedades formais de cálculo para que possa ser classificado como "cálculo de probabilidade"; em vez disso, é preciso que o cálculo possa ser usado para estimar probabilidades – ou seja, para estimar quanta confiança temos o direito de depositar numa ou noutra hipótese.

Quanto a esse aspecto, as relações de suporte estão no mesmo barco que as freqüências. Na prática, não damos o nome de "probabilidades" a graus de suporte e confirmação como tais; só na medida em que estejamos interessados na hipótese *h*, e os indícios totais que tenhamos à nossa disposição sejam *e*, é que a relação de suporte cujos argumentos sejam *h* e *e* torna-se uma medida de probabilidade que temos o direito de atribuir a *h*. Tanto para relações de suporte como para freqüências, a conclusão a que chegamos sobre *h*, à luz do indício à nossa disposição (*e*) – a saber, que temos o direito de confiar em *h* até esse ponto –, não é uma mera repetição do suporte que *e* dá a *h*; mais uma vez, é uma *"lição" que deduzimos dele*. O efeito de se inserir o indício em todas as estimativas de probabilidades é ocultar o passo lógico vital, a partir da afirmação hipotética sobre a relação de *e* com *h* até uma conclusão categórica sobre *h* – a partir da licença de inferência "o indício *e*, se disponível, sugeriria com muita intensidade esse *h*", para um argumento no qual se aplica de fato, a saber, "*e*; desse modo, muito provavelmente *h*". Temos, é claro, a liberdade, se quisermos, de *chamar* a relação de *e* com *h* pelo nome de "probabilificação"; mas é conveniente perceber os perigos a que nos expomos com essa escolha de termos tão forçada – para não dizer elíptica.

Uma vez que tenhamos distinguido a probabilidade de *h* da relação de *e* com *h* ou do suporte que *e* dá a *h*, podemos ver a frase "probabilidade é relativa a indício" pelo epigrama que é. Sem dúvida, a estimativa mais razoável que um homem pode fazer da probabilidade de alguma hipótese depende, em cada caso, dos indícios à sua disposição – não apenas de qualquer grupo que escolha considerar, mas sim *todos* os indícios relevantes aos quais tenha acesso –, mas, de igual modo, depende do mesmo conjunto de indícios se ele pode concluir, de maneira razoável, que uma afirmação dada é *verdadeira*. Para colocar a questão com outras palavras, qual das possibilidades que uma pessoa considera que deve ser aceita com completa confiança (aceita como verdadeira) e que importância tem o direito de atribuir às outras (quão prováveis deveria considerá-las) depende do indício que ela tenha à sua disposição. Em cada caso, a conclusão razoável é a que é garantida pelo indício, e os termos "relação", "suporte" e semelhantes são os que usamos para indicar a relação entre as afirmações citadas como indícios e as possibilidades cujas credibilidades relativas estão sendo examinadas. Entretanto, tudo o que vale aqui para "provável" também vale para "verdadeiro"; desse modo, se aceitamos "probabilidade é relativa a indício" como sendo mais do que um epigrama, então também assumimos que "verdade é relativa a indício". Se isto não foi notado, é por causa da prática infeliz, que se desenvolveu entre os filósofos, de usar a palavra "probabilidade" de maneira intercambiável com as palavras "suporte" e "relação", e de atribuir à primeira noção todos os traços característicos lógicos das outras duas.

O equívoco fundamental é supor que o indício, à luz do qual estimamos a probabilidade de alguma opinião, deve ser sempre inserido na estimativa que fazemos, em vez de ser mantido em segundo plano e ser aludido apenas de modo implícito. Na verdade, há razões muito boas para mantê-lo em segundo plano. Para começar, os argumentos para inserir o indício nas estimativas de probabilidade, uma vez aceitos, devem ser estendidos: "a verdade de uma afirmação está fora de dúvida" deve ser suplantado nos princípios de Carnap e Kneale por "o valor da verdade de sua afirmação, com o indício disponível, é 1", e uma afirmação terá de ser atribuída a tantas verdades quantos forem os possíveis conjuntos de indícios que se relacionam com ela.

O próprio Carnap considera verdade como isenta da relatividade da evidência que ele atribui à probabilidade$_1$. Suas razões para tratá-las de maneira tão diferente são esclarecedoras, pois ilustram sua interpretação extremamente literal do princípio da verificabilidade. Isto o expõe a todo o rigor da questão fatal: "que fato, precisamente, as afirmações de probabilidade expressam?"; e é provável que isto derive da determinação de Carnap só enfrentar conceitos "admissíveis para o empirismo e, por isso, para a ciência". Nosso uso de "afirmações de probabilidade₁"", explica Carnap, é ostensivamente incompatível com o princípio da verificabilidade; pois, se considerarmos como um tipo de previsão a afirmação "as chances de chover amanhã são de uma em cinco", não podemos especificar nenhum acontecimento que a verificaria ou a refutaria de modo concludente. Portanto, seus princípios o compelem a concluir que esta é "uma sentença factual (sintética) mas sem suficiente fundamento empírico" e, portanto, inadmissível; ou, então, que não é, de modo algum, uma previsão factual mas, antes, uma sentença puramente lógica (analítica) e, portanto, um tipo de sentença que "jamais pode violar o empirismo". Carnap escolhe a última alternativa, e ela o leva a paradoxos. Mas era mesmo necessário que ele escolhesse uma ou outra destas duas conclusões?

Nós já analisamos o caminho para escapar de seu dilema. É claro que não se pode especificar nenhum acontecimento que verifique ou refute de modo concludente uma previsão que é apresentada como apenas *provável*; pois é justamente para assegurar que a sentença é apresentada como apenas provável que existem os termos "de probabilidade". Mas as previsões têm de ser respeitáveis, sem deixar de ser previsões. Não se pode dizer que uma previsão *não conseguiu* obter a honraria máxima (a saber, a *veri*-ficação), porque nenhuma previsão nem sequer se candidata a ela. Sendo as coisas como são, o indício necessário para justificar uma previsão qualificada com o advérbio "provavelmente" ou termo a ele associado é menos do que o indício que seria preciso para justificar uma afirmação categórica, e quem faz uma previsão provável compromete-se com os efeitos mais fracos – dizer que as chances de chover amanhã são de uma para cinco não é afirmar, *de modo categórico*, que choverá ou não choverá. Só as afirmações que se apresentam como verdade categórica têm de ser criticadas por não serem diretamente verificáveis; daqui se devem excluir, portanto, as previsões construídas com uma qualificação explícita (como "provavelmente", "há boas chances de que" ou "cinco contra uma").

E basta da diferença que Carnap vê entre seus dois conceitos – probabilidade$_1$ e probabilidade$_2$. Podemos ver, agora, por que é drástico demais, no caso de Carnap, dizer que a palavra "probabilidade" é ambígua e sugerir que as disputas filosóficas sobre a natureza da probabilidade são ociosas e desnecessárias, pelas mesmas razões pelas quais é fútil e ociosa a discussão sobre a *vis viva*. Na verdade, as afirmações sobre a probabilidade de *p* dizem respeito, na prática, a até que ponto temos o direito de confiar em, considerar que, subscrever, apostar todas as nossas fichas em *p*, independente de a frase ser usada de um modo para o qual Carnap falaria de probabilidade$_1$ ou de probabilidade$_2$. Sua decisão de usar o termo "probabilidade$_1$" ou o termo "probabilidade$_2$" parece depender, de fato, não do sentido em que a palavra "probabilidade" esteja sendo usada, pois o sentido é o mesmo em ambos os casos, mas de se Carnap está prestando atenção ou aos aspectos formais ou aos aspectos estatísticos dos argumentos que suportam *p*.

"Provável", como "bom" e "não pode", é um termo que mantém uma força invariante em grande variedade de aplicações. Está estreitamente relacionado com a idéia de suporte indicial, mas é diferente desta idéia, pelas mesmas razões pelas quais uma afirmação categórica "A, portanto B" é diferente de uma hipotética "se A, então B"; ou a conclusão de um argumento é diferente de seu suporte. Só se nós chegarmos ao ponto de *identificar* suporte e probabilidade, e só então, é que o último termo se tornará ambíguo; mas o bom senso, sem dúvida, vai nos impedir de fazê-lo. Um matemático que identificasse, de fato, impossibilidade e contraditoriedade não teria palavras com as quais excluir de sua teoria as contradições; e se identificássemos probabilidade e suporte indicial, nós nos privaríamos até dos termos com os quais, neste momento, tiramos conclusões práticas dos indícios que lhes dão suporte.

Teoria da probabilidade e psicologia

Por que a atenção dos filósofos foi desviada das funções modais características de palavras como "provável"?, e por que eles se deixaram desviar para discussões irrelevantes? Um fator importante, parece, é o eterno medo que os filósofos têm de escorregar para a psicologia. Pode-se encontrar indícios desse motivo nos escritos de Kneale e nos de Carnap. Como vimos, o ponto de partida do argumento de Kneale é o perigo do subjetivismo – o que mais temos de nos esforçar para evitar, ele infere, é a conclusão de que falar sobre probabilidades é falar sobre a força efetiva da crença que uma pessoa tenha, e uma das principais virtudes das "relações de probabilidade" é, para ele, a esperança de que, por recorrer a estas relações, ele conseguirá escapar do buraco subjetivista. Também para Carnap, a psicologia é um perigo sempre à espreita; mas, em sua opinião, o perigo que a psicologia representa para a teoria da probabilidade é apenas um lado do perigo mais geral que a psicologia representa para toda a lógica. O lógico deve evitar a todo custo, diz Carnap, os perigos do "psicologismo"; e, para fugir deste perigo maior, ele é impelido mais uma vez para extravagâncias que Kneale evita.

Olhemos primeiro para ver o que Kneale tem a dizer[14]. Ele rejeita, com muita razão, a opinião de que afirmações feitas em termos de probabilidade tenham de ser entendidas como se só se referissem à força efetiva que têm as crenças da pessoa que fala. Infelizmente, ele pensa que, ao rejeitar essa

---

14. *Op. cit.*, § 2, p. 3.

teoria estéril, também é obrigado a rejeitar alguns outros pontos de vista. Por exemplo, Kneale discute, muito rapidamente, um "tratamento tradicional" de sentenças que contenham palavras como "provavelmente" – a saber, o tratamento das sentenças em termos de "modos ou maneiras de asserção"; está decidido a rejeitar este tipo de tratamento porque se trata de uma "teoria subjetivista" demais. Mas inventar nomes para as coisas não leva ninguém a parte alguma, e o rótulo tem de ser justificado. O único argumento positivo que encontra para atacar este ponto de vista depende da idéia de que "se eu digo 'provavelmente está chovendo', a descoberta de que nenhuma chuva cai não refuta minha afirmação" – idéia que já criticamos, tanto por ser paradoxal como por ser incompatível com nossos modos comuns de pensar.

Nossas próprias investigações nesses ensaios, por outro lado, reforçam com muita energia a opinião de que "provavelmente" e outros derivados de ser-provável são, caracteristicamente, qualificadores modais de nossas asserções; para nós, portanto, a pergunta é: por que Kneale não concordaria com nossa idéia – que acusaria de subjetivista, ou de confundir lógica e psicologia?

Esta idéia parece-me ser o resultado de um simples mal-entendido; e gostaria de mostrar onde está ele. Antes, neste ensaio, distinguimos entre as coisas que uma declaração *afirma* de forma positiva, e as coisas que a declaração não "afirma", propriamente, mas *estão implícitas nela*. Desprezar esta diferença sempre leva a dificuldades filosóficas, e as objeções de Kneale parecem surgir exatamente dessa fonte. Quando os meteorologistas afirmam que choverá amanhã, estão falando do tempo de amanhã, não de suas próprias crenças; embora não haja dúvida de que se pode inferir, com segurança, a partir de sua declaração, que os meteorologistas têm, de fato, alguns tipos de crenças. Assim também, se eles dizem "*provavelmente* choverá amanhã", o que dizem é alguma coisa sobre o tempo, e aquilo que podemos inferir sobre suas crenças está apenas implícito. A opinião de que a função de palavras como "provavelmente" é qualificar o modo das asserções ou conclusões de alguém é uma coisa; outra coisa completamente diferente é propor que se deva analisar a afirmação "provavelmente choverá amanhã" como afirmação equivalente a "estou fortemente inclinado a esperar que amanhã chova".

Dizer "provavelmente p" é afirmar cautelosamente este p, e/ou afirmá-lo com ressalvas; *não* é afirmar que se esteja tentativamente preparado para afirmar esse p. Se a explicação que estamos apresentando para "provavelmente" e seus cognatos for criticada como subjetivista, a mesma crítica se terá de fazer contra a doutrina de que um homem que diz "p", honesta e sinceramente, faz a asserção desse p. Pois, embora uma pessoa que diga "p" não afirme categoricamente que está preparada para afirmar esse p, ela *mostra* que está, e por isso nos permite inferir, do que diz, alguma coisa sobre suas crenças naquele momento, com a mesma certeza com que um homem que diz, não "p", mas "Provavelmente p". Qualquer destas duas asserções, seja a categórica seja a cautelosa, é sobre o mundo ou sobre o estado de espírito da pessoa que fala, tanto uma como a outra; se é erro considerar a asserção categórica como uma afirmação sobre o estado de espírito da pessoa que fala, então também é erro considerar assim a asserção qualificada. De fato, qualquer das duas asserções – "p" ou "provavelmente p" – está, sem dúvida, protegida contra a objeção de Kneale; seja a asserção qualificada ou não-qualificada, é igualmente paradoxal pensar nela como se "falassem" sobre o estado de espírito da pessoa que fala. Nós podemos, é claro, inferir coisas a respeito dos estados de espírito de nossos semelhantes a partir das coisas que eles dizem, mas não se conclui daí que todas as afirmações feitas pelos homens sejam observações realmente autobiográficas.

A cruzada de Carnap contra o psicologismo é mais drástica: ele detecta esta falácia por toda parte, tanto na lógica indutiva como na dedutiva. A falácia consiste, essencialmente, diz ele, na opinião de que "lógica é (...) a arte de pensar, e os princípios da lógica (...) são princípios ou leis do pensamento. Estas e outras formulações semelhantes fazem referência ao pensar e, portanto, são de uma natureza subjetivista"[15]. Forjadas em termos psicológicos, ele argumenta, estas formulações ignoram as descobertas de Frege e Husserl, e podem ser rotuladas de "psicologísticas". À primeira vista, a posição de Carnap parece familiar, mas se continuamos a ler, aparece uma certa extravagância; o mesmo lança-chamas com o qual, por exemplo, Frege lançou críticas contundentes – e bem merecidas – à doutrina de que os números são um tipo de imagem mental, é usado por Carnap contra vítimas que, de modo algum, merecem o ataque.

Carnap admite que o psicologismo primitivo é muito raro – a idéia de que as proposições, em lógica, "falam", de fato, sobre processos mentais. F. P. Ramsey brincou um pouco com uma definição de "probabilidade" construída em termos de graus efetivos de crença, mas logo desistiu de apoiá-la. O único exemplo não-qualificado que Carnap acredita poder citar é uma discussão sobre "ondas de probabilidade" em mecânica quântica, no livro de Sir James Jeans *Physics and Philosophy*. É uma referência negativa. Jeans é severamente repreendido por falar da imagem do átomo do teórico quântico como imagem cujos ingredientes "consistem totalmente de constructos mentais". A reprimenda é muito injusta, porque Jeans não fala da probabilidade como subjetivo; apenas fala das funções de Schrödinger como fic-

---

15. *Logical Foundations of Probability*, § 11, p. 39.

ções teóricas – o que talvez não seja o modo correto de descever as funções de Schrödinger, mas, de qualquer modo, é outra história, muito diferente. Muitos lógicos e matemáticos, desde Bernoulli, passando por Boole e Morgan, até Keynes, Jeffreys e Ramsey, são, não obstante, culpados de "psicologismo qualificado". "Ainda aferrados à crença de que deve haver, de algum modo, uma estreita ligação entre lógica e pensamento, eles dizem que lógica diz respeito ao pensar correto, ou racional." Este erro Carnap corrige:

> A caracterização da lógica em termos de crença correta, racional ou justificada é correta, mas não esclarece mais do que dizer que a Mineralogia nos ensina a pensar corretamente sobre os minerais. Nos dois casos, pode-se perfeitamente omitir a referência a pensar. Então, podemos simplesmente dizer: a mineralogia faz afirmações sobre minerais, e a lógica faz afirmações sobre relações lógicas. Nos dois campos, é claro, a atividade envolve o pensar. Mas isto não significa que pensar seja parte do objeto de todos os campos. Pensar é parte do objeto da Psicologia, mas não é mais parte da Lógica do que da Mineralogia.[16]

Há nesta explicação pelo menos uma coisa indubitavelmente correta. Não há, com certeza, nenhuma razão pela qual palavras mentais devam figurar, de modo algum, com destaque, nos livros de lógica; sobretudo se se entende a crença, como Russell, como uma coisa da qual um dos aspectos é "uma idéia ou imagem combinada com um sentimento 'de sim'".

O que importa, sobre tirar conclusões adequadas, é estarmos prontos para *fazer* as coisas apropriadas em virtude da informação que tenhamos à nossa disposição; o respeito que um corretor de seguros tenha pela lógica deve ser medido menos pelo número de sentimentos bem colocados "de

---

16. *Ib.*, § 2, pp. 41-2.

sim" que ele tenha do que pelo estado de seu balanço de lucros e perdas.

Não obstante, a explicação de Carnap revela alguns equívocos importantes. Ele fala, em primeiro lugar, como se o significado da expressão "relações lógicas" fosse transparente, e diz que "a formulação [da lógica] em termos de crença justificada é derivável" em termos das relações lógicas[17]. Em segundo lugar, trata todas as relações lógicas, e, por isso, todas as crenças justificadas, todo o suporte dado por indícios e todas as explicações satisfatórias como se tudo isto dependesse exclusivamente de considerações semânticas para ter validade. Waismann criticou Frege por pensar que as afirmações de lógica representam "pequenos cristais duros da verdade lógica"; é curioso, portanto, que Carnap, seguindo Frege, ponha as relações lógicas em pé de igualdade com os minerais.

Do nosso ponto de vista, é inevitável caracterizar a lógica em termos de crenças justificadas, ações, políticas etc. Pois teremos de admitir estas referências se quisermos que a lógica tenha alguma aplicação na avaliação prática de argumentos e conclusões. Isto não é, em absoluto, o mesmo que dizer que o pensar seja o *objeto-tema* da lógica, como Carnap supõe; nem Boole – que deu ao seu importante tratado de lógica o título de *Laws of Thought* – pode ter querido dizer tal coisa. As leis da lógica não são generalizações sobre pensadores pensando, mas padrões para criticar as coisas a que os pensadores chegam. A lógica é uma ciência crítica, não é uma ciência natural. Para colocar a questão em termos muito claros: a lógica não descreve um objeto-tema, nem é *sobre* uma determinada coisa – não, pelo menos, do modo como ciências naturais, como a mineralogia e a psicologia, são *sobre* os minerais ou a mente. Assim, portan-

---

17. Ver *ib.*, § 2, p. 41.

to, a máxima de Carnap "a lógica faz afirmações sobre relações lógicas", além de não esclarecer, engana.

Vale a pena considerar mais de perto a forma do argumento de Carnap. Ele começa por instituir um bicho-papão – o psicologismo primitivo, cuja verdadeira existência, afinal, ele não estabelece. Em seguida, aponta para uma única semelhança entre o bicho-papão e os escritos de cada um dos lógicos que ele põe no banco dos réus; diz que os escritos dos lógicos contêm palavras como "pensamento", "crença", "raciocínio" e "confiança". Então, os lógicos recebem uma preleção sobre os perigos das más companhias e são ameaçados de condenação por associação criminosa: "tudo isto tem uma impressão psicologística". Mas, considerados outros bons antecedentes, eles são perdoados, com uma advertência. Por fim, como não se provou a culpa de ninguém, Carnap observa que "não se pode negar, é claro, que também há um conceito psicológico, subjetivo, para o qual se pode usar, e às vezes se usa, o termo 'probabilidade'". Mas não cita nenhum exemplo desse alegado emprego, além de uma fórmula simples e não convincente: "a probabilidade ou grau de crença da previsão h no momento t para X".

Este último barbarismo é sintomático. Porque o significado do termo "probabilidade", fora das ciências especiais, não parece interessar de modo algum a Carnap. Ele não quer só transformar a lógica em mineralogia das relações lógicas. Também considera vagas e inexatas e carentes de explicação todas as afirmações de probabilidade exceto as científicas; todas, em sua própria expressão, são "pré-científicas". Esta crença alivia-o da árdua tarefa de estabelecer o que sejam esses usos extra-científicos; ele concordaria com a idéia de que, uma vez examinados os usos científicos, "as afirmações de probabilidade dos homens comuns devem-se mostrar muito fáceis de descrever, visto que é de presumir que, quando não são falaciosas, elas sejam aproximações das afirmações de probabilidade dos cientistas".

Contudo, se os precedentes se repetem, não há coisa menos presumível do que esta. Os dois problemas filosóficos que mais se assemelham ao problema da probabilidade são (1) aquele com que Berkeley se envolveu sobre o tema dos pontos e (2) o que ardeu ferozmente durante o século XIX, em torno da noção dinâmica de força. Nos dois casos, o problema não foi solucionado pelo desenvolvimento de um único uso matematicamente preciso do termo em questão, nem porque se rejeitaram os usos extracientíficos como inúteis porque pré-científicos. O problema começou com a tentativa de igualar os velhos e novos usos das palavras "ponto" e "força", o que levou Berkeley, por exemplo, a perguntar sobre o ponto dos matemáticos: "é algo ou é nada? E como se diferencia do *Minimum Sensibile*", e, depois, às especulações sobre *Minima Sensibilia* dos ácaros do queijo. A solução, quando veio, veio da análise e da exposição cuidadosa de todos os usos dos termos "ponto" e "força", tanto dos usos na Geometria e na Dinâmica quanto dos usos externos, sem que se buscasse favorecer uns ou outros. Só quando se fez isto e se observaram as diferenças é que chegaram ao fim as questões filosóficas mais desconcertantes.

Na filosofia da probabilidade, além disso, pensar nas aplicações científicas do termo como as únicas satisfatórias só causa problema. Os usos cotidianos, embora não tenham expressão numérica, são perfeitamente definidos; e os usos científicos se originam deles, de um modo mais complicado do que Carnap imagina. Uma coisa é mostrar a precisão comparativa – isto é, a exatidão numérica – de afirmações, nas ciências matemáticas, e a falta, por comparação, na discussão extracientífica, desta exatidão. Mas interpretar a ausência de exatidão numérica como falta de precisão, no sentido de definição, e acusar o discurso extracientífico de ser essencialmente vago e nebuloso é dar outro passo, muitíssimo questionável. Afirmações expressas em termos numericamente exatos não são as únicas perfeitamente bem-definidas e não-ambíguas.

O desenvolvimento de nossos conceitos de probabilidade

Nesse ponto, tenho de tentar unir os fios deste ensaio. Até aqui empreendi, em parte, uma tentativa de elucidar o modo pelo qual operamos, na prática, com o conceito de probabilidade e suas relações próximas; e empreendi, também em parte, uma tentativa de mostrar como as controvérsias correntes sobre a filosofia da probabilidade tenderam a deturpar a natureza do conceito. As questões filosóficas gerais com que já deparamos voltarão mais tarde, para serem reconsideradas. Agora, quero aproximar as observações mais práticas que fizemos sobre as funções de nossos termos de probabilidade e resumi-las, para mostrar como o conceito se desenvolve, das origens elementares até as aplicações técnicas e científicas mais sofisticadas.

Para começar, eu argumentei, o advérbio "provavelmente" nos serve como um meio para qualificar conclusões a asserções, de modo a indicar que a afirmação é feita como algo menos do que se considera categórico, e que se deve entender que ela só em certa extensão compromete a pessoa que fala. Desse modo, podemos dar uma indicação preliminar de nossas intenções ou uma garantia cautelosa, e dizer: "eu provavelmente farei tal e tal coisas". Ou posso oferecer uma previsão provisória, com base em indícios insuficientes para uma previsão mais categórica, e dizer "tal coisa provavelmente acontecerá". Ou posso, ainda, fazer uma avaliação cautelosa que apresento (se quiser) como objeto para ser reconsiderado à luz de um estudo mais detalhado, e dizer "esta pintura é provavelmente o mais fino produto da escola paduana". Nesse estágio, não há nada a separar avaliações, promessas e previsões; todas contêm, do mesmo modo, a palavra "provavelmente", e todas têm, caso a caso, a mesma força – muito embora possam ser muito diferentes (1) os tipos de indícios necessários para uma previsão provisória, oposta a uma previsão meteorológica categórica, (2) os tipos de motivos que justificam uma atribuição cautelosa, oposta a uma atribuição direta de gênio a um pintor, e (3) as razões que obrigam uma pessoa a só oferecer uma garantia qualificada, não comprometimento total ou afirmação de suas intenções.

A questão de até que ponto temos o direito de nos comprometer depende da força dos fundamentos, das razões ou dos indícios que tenhamos à nossa disposição. Pode acontecer – como no caso do irmão de Eleanor Farjeon – de hesitarmos sempre, num excesso de cautela, em nos comprometer, seja quando ou como for, e assim ficarmos obrigados a acrescentar a todas as nossas afirmações uma qualificação de "provavelmente", "possivelmente" ou "talvez". Mas, se estivermos preparados para nos comprometer, quer categoricamente quer com defensivas comparativamente fracas, pode acontecer de alguém nos desafiar a apresentar o suporte que há para que, de fato, nos comprometamos. Pode acontecer de não dizermos "eu provavelmente virei", se tivermos fortes razões para pensar que seremos impedidos; ou pode acontecer de dizermos "esta é provavelmente sua pintura mais fina", quando aquela for a única obra daquele artista que nós conhecemos; ou pode acontecer de dizermos "provavelmente choverá amanhã", na ausência de indícios meteorológicos suficientemente sólidos.

Os termos de probabilidade que usamos servem, por conseguinte, não apenas para qualificar as asserções, promessas e avaliações, mas também como indicação da força do suporte que temos para a asserção, a avaliação ou o que for. A qualidade do *indício* ou *argumento* à disposição da pessoa que fala é que determina que tipo de qualificador aquela pessoa tem o direito de incluir em suas afirmações;

quer a pessoa deva dizer "este tem de ser o caso", "este pode ser o caso", ou "este não pode ser o caso"; quer deva dizer "certamente é assim, assim", "provavelmente é assim, assim", ou "possivelmente é assim, assim".

Ao qualificar nossas conclusões e asserções do modo como o fazemos, nós autorizamos nossos ouvintes a ter mais ou menos fé nas asserções ou conclusões, a confiar nelas, a contar com elas, a tratá-las como sendo correspondentemente mais ou menos dignas de confiança. Em muitos campos de discussão, só se pode ir até aí; por exemplo, podemos apresentar um juízo estético e usar, para garanti-lo, todo o peso de nossa autoridade; ou optar por um modo mais ou menos qualificado – "Monet tem um firme direito de ser considerado membro destacado da escola impressionista" –, mas há pouco espaço aqui para fazer apostas ou atribuir valores numéricos à força dos direitos ou aos graus de confiança que se pode ter nas conclusões ou asserções. No caso das previsões, por outro lado, surge outra possibilidade, que tem quase a mesma forma, em especial nos casos em que o tipo específico de evento possa ocorrer a intervalos periódicos; neste caso pode acontecer de sermos capazes de indicar a confiança a que uma proposição tem direito, e a extensão em que devemos estar preparados para confiar nela, não apenas de um modo qualitativo geral, mas em termos numéricos. Neste ponto, os métodos matemáticos podem entrar na discussão das probabilidades. Quando a questão em debate tem a ver com o vencedor de uma futura corrida de cavalos, com o sexo de um bebê que ainda não nasceu, ou com o número em que a bola cairá na próxima vez em que girar a roda da roleta, então, neste caso, passamos a poder falar sobre probabilidades numéricas, de um modo que jamais será possível em questões de estética. "Cinco para um na *Madonna of the Rocks*", "as chances de que a *Bodas de Fígaro* seja a melhor ópera de Mozart são de três para dois", e coisas semelhantes; dificilmente a aritmética poderia, algum dia, entrar na avaliação de probabilidades, num campo como esse.

No entanto, pouco se altera, em termos lógicos, quando se introduz a Matemática na discussão da probabilidade de eventos futuros. A discussão numérica das probabilidades pode tornar-se, sem dúvida, sofisticada e um pouco mais complexa, mas, a menos que se invente um cálculo que permita estimar até que ponto as proposições têm o direito à nossa confiança ou crença, dificilmente se poderá chamar o que temos de "cálculo de probabilidades". O desenvolvimento da teoria matemática da probabilidade não altera, assim, a *força* de nossas afirmações de probabilidade; o que acontece é que a teoria refina, em grande parte, os padrões aos quais se pode recorrer, e, desse modo, refinam-se as "lições" que podemos tirar dos diferentes graus de expectabilidade de eventos futuros.

Seria forte demais dizer que – falando em termos lógicos – o desenvolvimento da estatística matemática e da teoria do acaso nada alterou em nossa discussão sobre a probabilidade. Dentro da própria teoria matemática, a abstração faz seu trabalho costumeiro e podemos fazer afirmações genéricas sobre as possibilidades ou chances de um ou de outro tipo de evento que não parecem ter, em si, nada do caráter "de ressalva" ou "qualificador" de suas aplicações específicas. Por outro lado, as afirmações específicas de probabilidade têm de ser corrigidas e as afirmações gerais sobre possibilidades podem ser deixadas sem corrigir. Desse modo, pode-se dizer que quem apostar contra um rolo compressor atropelar um prefeito de Londres tem enormes chances; e tendo em mente essa generalidade podemos dizer, à maneira de previsão, "o atual prefeito de Londres não morrerá, com toda probabilidade, durante sua gestão, sob as rodas de um rolo compressor". Supondo-se, entretanto, que o incrível aconteça, seremos obrigados a confessar que nossa previsão específica foi equivocada; mas manteremos sem emendas a afirmação geral pela qual tínhamos, mesmo, de defendê-la – as chances contra um acidente assim não diminuíram, com certeza, pelo fato de o acidente ter acontecido uma vez, e continua a ser tão razoável quanto antes desprezar completamente o perigo de que volte a ocorrer.

Por conseguinte, é possível ensinar e fazer cálculos teóricos de chances e "probabilidades", no sentido matemático, sem jamais ter de considerar a função modal de suas aplicações práticas. No entanto, com todas as diferenças no grau de corrigibilidade etc. entre tais considerações genéricas e nossas previsões cautelosas, as associações lógicas continuam. A previsão cautelosa "provavelmente jamais acontecerá um acidente assim" continua sendo uma aplicação da garantia geral de que "as chances contra tal acidente são enormes".

Nossos termos de probabilidade – "provavelmente", "chance", "é provável que", "com toda probabilidade" – mostram na prática, portanto, muitos dos traços que – como descobrimos no primeiro ensaio – são característicos dos termos modais. Nesse aspecto, o tratamento matemático da "probabilidade" é uma extensão natural dos usos mais elementares e cotidianos do termo.

Não obstante, alguns filósofos continuam a desconfiar de nossas formas cotidianas de pensamento – e não há quem vença sua desconfiança. Parece a eles que os modos como empregamos palavras como "força", "movimento", "causa" e outras, nos assuntos da vida do dia-a-dia, baseiam-se, com muita probabilidade, em suposições equivocadas, e que o uso extracientífico que fazemos do termo "probabilidade" pode também abrigar, muito bem, grandes falácias. Em sua opinião, o desenvolvimento da ciência e a substituição de nossas idéias comuns, pré-científicas, por noções mais refinadas das ciências teóricas é a única esperança de salvação com que podemos contar contra a incoerência, a falácia e a confusão intelectual. Conceitos comuns são vagos e inexatos, e têm de ser substituídos por conceitos mais precisos; e o cientista tem o direito de desconsiderar os significados pré-científicos dos termos que emprega.

No campo da probabilidade, esse prognóstico mostrou-se desnecessariamente obscuro. Afinal de contas, não há descontinuidade radical entre os usos pré-científicos e científicos de nossos termos de probabilidade. Alguns filósofos, de fato, falaram como se houvesse alguma descontinuidade, sem dúvida porque acolheram a idéia de que estivessem desacreditando falácias existentes há muito tempo, e substituindo idéias vagas e confusas por idéias precisas e exatas. Como vimos, esta auto-imagem dos cientistas – como cruzados da ciência – só continuará a resistir a exame se continuarmos a não distinguir entre *precisão* no sentido de "exatidão" e *precisão* no sentido de "definição". Fora da loja de apostas, do cassino e dos estudos do físico teórico, pode acontecer de haver poucas oportunidades para introduzir a precisão numérica em nossa conversa sobre probabilidades, mas, não obstante, as coisas que dizemos são bem-definidas ou livres de imprecisão. Se se fosse cortar da teoria da probabilidade matemática tudo quanto ela deve aos nossos modos pré-científicos de pensar sobre o assunto, a teoria perderia toda a aplicabilidade a questões práticas. O apontador de jogo e o corretor de seguros, o físico e o jogador de dados preocupam-se tanto com graus de aceitabilidade e expectativa quanto o meteorologista ou o homem comum; quer venham apoiadas em cálculos matemáticos quer não venham, a função característica de nossas afirmações de probabilidade específicas e práticas é apresentar asserções e conclusões *cautelosas* ou *qualificadas*.

III. O layout *de argumentos*

Um argumento é como um organismo: tem uma estrutura bruta, anatômica, e outra mais fina e, por assim dizer, fisiológica. Quando explicitamente exposto em todos os seus detalhes, um só argumento pode precisar de muitas páginas impressas ou talvez um quarto de hora para ser narrado; e, naquele tempo ou espaço, podem-se distinguir as fases principais que marcam o progresso do argumento a partir da afirmação inicial de um problema não-resolvido, até a apresentação final de uma conclusão. Cada uma dessas fases principais ocupará alguns minutos ou parágrafos, e representa as principais unidades anatômicas do argumento – seus "órgãos", por assim dizer. E pode-se reconhecer uma estrutura mais fina, dentro de cada parágrafo, quando se desce ao nível das sentenças individuais; com esta estrutura mais fina é que os lógicos têm-se principalmente ocupado. Neste nível fisiológico introduziu-se a idéia de forma lógica e, afinal de contas, é ali que a validade de nossos argumentos tem de ser estabelecida ou refutada.

Chegou a hora de mudar o foco de nossa investigação e de nos concentrarmos nesse nível mais fino. No entanto, não podemos deixar de tomar em consideração o que aprendemos em nosso estudo da anatomia mais bruta dos argumentos, pois aqui, como no caso dos organismos, a fisiologia detalhada se mostra mais inteligível quando exposta contra um pano de fundo de distinções anatômicas mais grosseiras. Os processos fisiológicos são interessantes não apenas pelo papel que desempenham na manutenção das funções dos principais órgãos em que ocorrem; e os microargumentos (como podemos batizá-los) devem ser vistos, de tempos em tempos, com um olho nos macroargumentos em que aparecem; visto que o modo preciso como os expressamos e expomos, para só falar do que é menos importante, pode ser afetado pelo papel que os microargumentos têm a desempenhar no contexto maior.

Na investigação que se segue, estudaremos a operação de argumentos sentença por sentença, a fim de ver como sua validade ou invalidade está conectada ao modo como os dispomos, e que relevância tem esta conexão com a noção tradicional de "forma lógica". Um mesmo argumento pode, sem dúvida, ser exposto em várias formas diferentes, e alguns desses padrões de análise serão mais imparciais do que outros – quer dizer, alguns deles mostrarão mais claramente que outros a validade ou invalidade de um argumento, e permitirão que se vejam mais explícitas as bases em que se apóiam e a relação entre estas bases e a conclusão. Como, então, devemos expor um argumento, se quisermos mostrar as fontes de sua validade? E em que sentido a aceitabilidade ou inaceitabilidade dos argumentos depende de seus defeitos e méritos "formais"?

Temos diante de nós dois modelos rivais – um modelo matemático e um modelo jurisprudencial. Pode-se comparar a forma lógica de um argumento válido de certo modo quase geométrico, e o "desenho" de um triângulo ou o paralelismo de duas linhas retas? Ou, por outro lado, o que está em questão tem mais a ver com procedimentos – argumento formalmente válido será aquele que tenha *forma apropriada*, como dizem os advogados, em vez de um argumento desenhado em forma *geométrica* fixa e simples? Ou será que a noção de forma lógica combina, de certo modo, estes dois aspectos, de tal maneira que desenhar um argumento na forma apropriada exija necessariamente que se adote um específico *layout* geométrico? Se esta última resposta for a certa, ela cria de imediato um outro problema para nós: ver como e por que o procedimento apropriado exige que se adote forma geométrica simples, e como essa forma garante, por sua vez, a validade de nossos procedimentos. Supondo-se que os argumentos válidos possam ser moldados numa forma geometricamente fixa, como isto ajuda a torná-los mais cogentes?

Estes são os problemas a serem estudados nesta investigação. Se pudermos ver o caminho que seguimos para esclarecê-los, será bem importante solucioná-los – sobretudo para entender o que é a lógica. Mas temos de começar com cautela e evitar questões filosóficas sobre as quais esperamos lançar alguma luz mais tarde; concentremo-nos, por enquanto, em questões mais diretas e prosaicas. Sem perder de vista as categorias da lógica aplicada – isto é, a atividade prática da argumentação e as noções indispensáveis para argumentar – temos de perguntar que características deve ter um *layout* logicamente imparcial dos argumentos. Para estabelecer conclusões é preciso considerar uma série de questões diferentes – de diferentes tipos –, e temos de considerar estas questões para analisar os aspectos práticos; nossa primeira pergunta é: que questões são essas e como podemos fazer justiça a todas elas quando submetemos nossos argumentos a avaliação racional?

Duas últimas observações ainda devem ser feitas à guisa de introdução, a primeira das quais só para acrescentar outra pergunta à nossa agenda. Temos o hábito, desde Aristóteles, ao analisar a microestrutura dos argumentos, de apresentá-la de modo muito simples; apresentam-se juntas três proposições, "premissa menor, premissa maior; *portanto*, conclusão". Nosso problema agora é saber se esta forma padrão é suficientemente elaborada ou imparcial. É claro que a simplicidade é um mérito, mas, neste caso, a simplicidade não nos terá custado caro demais? Podemos adequadamente classificar todos os elementos de nossos argumentos sob os três títulos, "premissa maior", "premissa menor" e "conclusão", ou será que nos enganamos, e não bastam três categorias? E será que as premissas maior e menor são suficientemente semelhantes para que possam ser agrupadas, com proveito, sob a mesma rubrica de "premissa"?

A analogia com a jurisprudência pode iluminar estas questões. Nesta analogia, seríamos levados a adotar um *layout* mais complexo que o costumeiro, visto que as perguntas que fazemos aqui são, mais uma vez, versões mais gerais de questões familiares à jurisprudência, campo mais especializado no qual se desenvolveram muitas distinções. "Que espécies diferentes de proposições", perguntará um filósofo do Direito, "são proferidas no decorrer de um processo legal, e de que diferentes modos tais proposições podem relacionar-se com a solidez de uma 'causa' legal?" Esta questão sempre foi e ainda é questão central para o estudante de jurisprudência, e nós logo descobrimos que só se pode compreender adequadamente a natureza de um processo legal se estabelecermos um grande número de distinções. As declarações legais têm inúmeras diferentes funções. Petições, indício de identificação, testemunho sobre eventos em disputa, interpretações de um estatuto ou discussões de sua validade, reivindicação de isenção ou de imunidade para a aplicação de uma lei, argumentos atenuantes, veredictos, sentenças; todas essas classes diferentes de proposição têm papéis específicos a desempenhar nos processos legais, e as diferenças entre elas, na prática, não são, nem de longe, insignificantes.

Quando nos afastamos do caso especial da lei e voltamos a considerar os argumentos racionais em geral, imediatamente tropeçamos na questão de saber se também eles não têm de ser analisados por um conjunto igualmente complexo de categorias.

Se tivermos de expor nossos argumentos com completa imparcialidade lógica e compreender adequadamente a natureza "do processo lógico", teremos, com certeza, de empregar um padrão de argumentos tão sofisticado, no mínimo, quanto é necessário em Direito.

O padrão de um argumento: dados e garantias

"O que, então, está envolvido no processo de estabelecer conclusões mediante a produção de argumentos?" Podemos – considerando em termos gerais a questão – desenvolver a partir do zero um padrão de análise que faça justiça a todas as diferenças que o procedimento apropriado nos impõe? Este é o problema que nos espera.

Suponhamos que façamos uma asserção e por ela nos comprometamos com a alegação que toda asserção envolve necessariamente. Se esta alegação for desafiada, teremos de ser capazes de estabelecê-la – isto é, de prová-la e de mostrar que era justificável. Como isto deve ser feito?

A menos que a asserção tenha sido feita de modo totalmente irrefletido e irresponsável, normalmente teremos alguns fatos que poderemos oferecer para apoiar nossa alegação; se a alegação é desafiada, cabe a nós recorrer àqueles fatos e apresentá-los como o fundamento no qual se baseia nossa alegação. É claro que pode acontecer de o desafiador não concordar conosco quanto à correção daqueles fatos e, neste caso, temos que afastar do caminho a objeção dele, por meio de um argumento preliminar. Só depois de termos cuidado desta questão prévia – ou "lema", como os geômetras a chamariam –, estaremos em posição de retornar ao argumento original. E basta, aqui, mencionar esta complicação; supondo-se que esteja resolvido o problema do lema, nossa questão é como expor o argumento original o mais completa e explicitamente. "O cabelo de Harry não é preto", nós afirmamos. O que temos para seguir em frente?, nos perguntam. Temos nosso conhecimento pessoal de que, na verdade, o cabelo de Harry é vermelho; este é nosso dado, a base que apresentamos como suporte para a asserção original. Petersen, podemos dizer, não será um católico romano. Por quê? Baseamos nossa alegação no conhecimento de que Petersen é sueco, o que torna muito improvável que ele seja católico romano. Wilkinson, afirma o promotor público no tribunal, cometeu um delito contra os Estatutos do Tráfego Rodoviário; como suporte para essa alegação, dois policiais estão preparados para testemunhar que o viram e que o cronômetro indicou que Wilkinson dirigia a 70 km/h, em área urbana. Em cada caso, uma asserção original apóia-se em fatos apresentados que se relacionam a ela.

Já temos, portanto, uma distinção a partir da qual podemos começar: entre a *alegação* ou a conclusão cujos méritos estamos procurando estabelecer (C) e os fatos aos quais recorremos como fundamentos para a alegação – que chamarei de nossos *dados* (D). Se a pergunta de nosso desafiante for "o que você tem para seguir em frente?", uma resposta possível é apresentar os dados ou a informação em que se baseia a alegação; mas há outros modos de desafiar nossa conclusão. Mesmo depois que apresentamos nossos dados, pode acontecer de nos fazerem outro tipo de perguntas. Pode acontecer de alguém nos pedir não que acrescentemos novas informações factuais, além das que já apresentamos, mas que indiquemos a relação que os dados já apresentados têm com nossa conclusão. Coloquialmente, esta outra pergunta pode ser formulada não em termos de "o que você tinha para seguir em frente?", mas, sim, de "como você chegou até aí?". Apresentar um conjunto específico de dados como a base para determinada conclusão específica nos compromete com um certo *passo*; e a questão agora é sobre a natureza e justificação desse passo.

Supondo-se que encontremos esse novo desafio, não temos de apresentar dados adicionais – uma vez que, sobre eles, também se podem imediatamente levantar as mesmas dúvidas. Temos, sim, de apresentar proposições de um tipo bem diferente: regras, princípios, licenças de inferência ou o que se quisermos, desde que não sejam novos itens de informação. Nossa tarefa já não é reforçar a base sobre a qual construímos nosso argumento, mas, em vez disto, consiste agora em mostrar que, tomando-se aqueles dados como ponto de partida, é apropriado e legítimo passar dos dados à alegação ou conclusão apresentada.

Nesse ponto, portanto, precisa-se de afirmações gerais, hipotéticas, que sirvam como pontes, e autorizem o tipo de passo com o qual nos comprometemos em cada um dos nossos argumentos específicos. Normalmente, este processo é escrito muito resumidamente, na expressão "se D, então C"; pode-se contudo expandi-la, com lucro, em favor da imparcialidade, e reescrevê-la como: "dados do tipo D nos dão o direito de tirar as conclusões C (ou de fazer as alegações C)", ou, noutra formulação optativa, "dados (os dados) D, pode-se assumir que C".

Chamarei as proposições desse tipo de *garantias* (W), para distingui-las, por um lado, das conclusões, e, por outro, dos dados. (Essas "garantias", vale registrar, correspondem aos padrões práticos ou cânones de argumento, mencionados nos ensaios anteriores.) Para acompanhar os exemplos dados: o conhecimento de que o cabelo de Harry é vermelho nos dá o direito de descartar qualquer sugestão de que seja preto, por conta da garantia de que "se alguma coisa é vermelha, não será também preta". (A trivialidade dessa garantia tem a ver com o fato de que estamos lidando, ao mesmo tempo, com uma contra-asserção e com um argumento.) O fato de que Petersen é sueco é diretamente relevante para a questão de como classificá-lo quanto à religião, pois pode-se dizer que "é praticamente garantido que quem for sueco não será católico romano". (O passo envolvido aqui não é trivial; portanto, a garantia não é auto-autenticante.) Também no terceiro caso: nossa garantia terá de ser alguma sentença semelhante a "é praticamente garantido que um homem contra o qual se provou que dirigia a mais de 50 km/h, em área urbana, cometeu um delito contra os Estatutos de Tráfego Rodoviário".

É preciso perguntar imediatamente se há absoluta diferença entre dados, de um lado, e garantias, de outro. Será que sempre perceberemos claramente se um homem que desafia uma asserção pede que o adversário lhe apresente ou os dados ou as garantias que autorizam os passos? Em outras palavras: há meios para distinguirmos claramente entre a força de (a) "o que você tinha para seguir em frente?" e (b) "como você chegou aí?".

Se tivermos de trabalhar só com testes gramaticais, a distinção pode parecer quase impossível, e, em inglês, uma mesma sentença pode servir às duas funções, isto é, pode ser usada, num caso, para transmitir uma informação, e, noutro, para autorizar um passo num argumento; e, em determinados contextos, talvez possa ser usada até para fazer essas duas coisas ao mesmo tempo. (Adiante, haverá exemplos de todas essas possibilidades.) Por enquanto, o que importa é não tratar o assunto de modo nem seco nem técnico demais, nem nos comprometer antecipadamente com uma terminologia muito rígida. De qualquer modo, temos de entender que é possível, em *algumas* situações, distinguir claramente entre duas funções lógicas diferentes; e pode-se começar a perceber a natureza desta distinção, se se comparam duas sentenças como (a) "sempre que A, alguém *constatou* B", e (b) "sempre que A, *pode-se assumir* que B".

O LAYOUT DE ARGUMENTOS

Temos agora os termos de que precisamos para compor o primeiro esqueleto de um padrão para analisar argumentos. Podemos representar por uma seta a relação entre os dados e a alegação que eles apóiam; e indicar como garantia, escrita sob seta, o que autoriza a passar dos dados para a alegação.

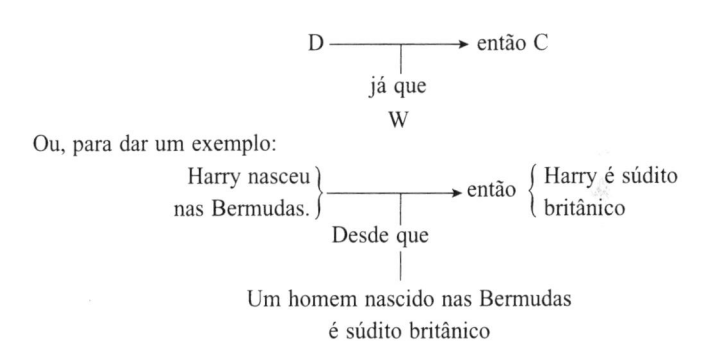

```
                D ─────────→ então C
                     │
                   já que
                     W
```

Ou, para dar um exemplo:

```
    Harry nasceu  }                    { Harry é súdito
    nas Bermudas. } ─────────→ então  { britânico
                       │
                   Desde que
                       │
          Um homem nascido nas Bermudas
               é súdito britânico
```

Como este modelo deixa claro, o apelo explícito nesse argumento vem diretamente da alegação para os dados com que se contou para fundamentá-los; a garantia é, num certo sentido, incidental e explanatória, com a única tarefa de registrar, explicitamente, a legitimidade do passo envolvido e de referi-lo, outra vez, na classe maior de passos cuja legitimidade está sendo pressuposta.

Esta é uma das razões para distinguir entre dados e garantias; recorre-se a dados de modo explícito; e a garantias, de modo implícito. Além disso, pode-se observar que as garantias são gerais, certificando a solidez de *todos* os argumentos do tipo apropriado, e, portanto, têm de ser estabelecidas de modo muito diferente dos fatos que apresentamos como dados. Essa distinção entre dados e garantias é semelhante à distinção que se faz, nos tribunais de justiça, entre questões de fato e questões de direito, e a distinção legal é de fato um caso especial do caso mais geral. Por exemplo, pode-se argumentar que um homem sobre quem sabemos que nasceu nas Bermudas é presumivelmente um súdito britânico exclusivamente porque as leis relevantes nos dão garantia suficiente para tirar essa conclusão.

Outra questão geral, de passagem: a menos que estejamos preparados, em qualquer campo específico de argumento, para operar com garantias de *algum* tipo, será impossível, neste campo, oferecer argumentos para avaliação racional. Os dados que citamos, no caso de uma alegação ser desafiada, dependem das garantias com as quais estamos preparados para operar nesse campo, e as garantias com as quais nos comprometemos estão implícitas nos passos específicos – dos dados às alegações – que estamos preparados a dar e admitir. Mas supondo-se que alguém rejeite todas e quaisquer garantias que autorizam (digamos) os passos que levam dos dados (sobre o presente e o passado) até conclusões sobre o futuro, então, para esta pessoa, a previsão racional se tornará impossível; e muitos filósofos negaram, de fato, a possibilidade da previsão racional só porque pensavam que podiam desacreditar igualmente a alegação de todas as garantias de passado-para-futuro.

O esqueleto de modelo que obtivemos até aqui é só um começo. Podem surgir agora outras questões, às quais teremos de dar atenção. Há garantias de vários tipos, e elas podem conferir diferentes graus de força às conclusões que justificam. Algumas garantias nos autorizam a aceitar inequivocamente uma alegação, sendo os dados apropriados; estas garantias nos dão o direito, em casos adequados, de qualificar nossa conclusão com o advérbio "necessariamente"; outras nos autorizam a dar provisoriamente o passo dos dados para a conclusão; ou a só dá-lo sob certas condições, com exceções ou qualificações – para estes casos, há outros qualificadores modais mais adequados, como "provavelmente" e "presumivelmente". Portanto, pode acontecer de não bastar que especifiquemos nossos dados, garantia e alegação; pode ser preciso acrescentar alguma referência explícita ao grau de força que nossos dados conferem à nossa alegação em virtude de nossa garantia. Numa palavra, pode acontecer de termos de inserir um *qualificador*. É o que acontece também nos tribunais de justiça, onde, muitas vezes, não basta recorrer a um estatuto dado ou doutrina do direito comum, mas é necessário discutir também, explicitamente, o limite até o qual se aplica, num caso determinado, uma determinada lei específica; se a lei tem inevitavelmente de ser aplicada em tal caso, ou se tal caso pode ser tomado como uma exceção à regra, ou é um caso em que a lei só pode aplicar-se se for limitada a determinadas qualificações.

Se tivermos de tomar em consideração também essas características de nosso argumento, nosso modelo terá de ser mais complexo. Qualificadores modais (Q) e condições de exceção ou refutação (R) são diferentes tanto dos dados como das garantias, e merecem lugares separados em nosso *layout*. Assim como uma garantia (W) não é em si nem dado (D) nem alegação (C), visto que implicitamente faz referência a D e faz referência a C – a saber, (1) que o passo de um para o outro é legítimo; e (2) que, por sua vez, Q e R são em si diferentes de W, já que comentam implicitamente a relação entre W e aquele passo – assim também os qualificadores (Q) indicam a força conferida pela garantia a esse passo, e as condições de refutação (R) indicam circunstâncias nas quais se tem de deixar de lado a autoridade geral da garantia. Para marcar essas outras distinções, podemos escrever o qualificador (Q) imediatamente ao lado da conclusão que ele qualifica (C); e as condições excepcionais, capazes de invalidar ou refutar a conclusão garantida (R), imediatamente abaixo do qualificador.

Para ilustrar: nossa alegação de que Harry é um súdito britânico pode ser defendida, em geral, recorrendo-se à informação de que ele nasceu nas Bermudas, uma vez que este dado empresta suporte à nossa conclusão, por conta das garantias implícitas nas Leis de Nacionalidade Britânica; mas o argumento não é conclusivo por si mesmo, se não se acrescentarem provas relativas a sua ascendência e à possibilidade de ele ter ou não mudado de nacionalidade, em algum momento da vida. O que nossa informação faz é estabelecer que a conclusão continua "presumivelmente" vigente, e sujeita aos dispositivos apropriados. O argumento assume agora a seguinte forma:

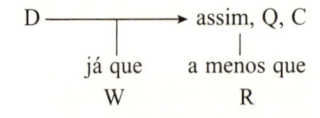

```
D ─────────► assim, Q, C
       │              │
     já que       a menos que
       W              R
```

isto é:

```
Harry nasceu  }                                  { Harry nas Bermudas
nas Bermudas  } ───► Assim, presumivelmente,     { é um súdito britânico
                │                          │
              Já que                  A menos que
                │                          │
         Um homem que            Seu pai e sua mãe sejam
         nasceu nas Bermudas     estrangeiros/ele tenha adotado
         será, em geral,         a cidadania americana
         súdito britânico
```

Além disso, temos de destacar outras duas diferenças. A primeira é a diferença que há entre uma afirmação de uma garantia e afirmações sobre a aplicabilidade desta garantia – entre "um homem nascido nas Bermudas será britânico" e "essa suposição continua vigente, desde que seus pais não sejam estrangeiros etc.". A distinção é relevante não só para as leis do país, mas também para compreender as leis científicas ou "leis da natureza"; é importante, de fato, em todos os casos em que a aplicação de uma lei possa estar sujeita a exceções, ou quando o único modo de dar apoio a uma garantia seja apontar uma correlação geral, não uma correlação absolutamente invariável. Também podemos distinguir dois propósitos aos quais pode servir a apresentação de fatos adicionais; os novos dados podem servir para aumentar o número de indícios, e podem também ser citados para confirmar ou refutar a aplicabilidade de uma garantia. Assim, o fato de Harry ter nascido nas Bermudas e o fato de seus pais não serem estrangeiros são diretamente relevantes para a questão de sua nacionalidade; porém, são relevantes de modos diferentes. O primeiro é um dado que estabelece, por si só, a suposição de nacionalidade britânica; o segundo fato – ao afastar uma possível refutação – tende a confirmar a suposição que se tenha criado.

Teremos de deixar para mais adiante a discussão de um problema específico sobre aplicabilidade: quando expomos um exemplo de matemática aplicada, no qual é usado algum sistema de relações matemáticas para lançar luz sobre uma questão de (digamos) física, uma coisa será a correção dos cálculos; e outra, bem diferente, a adequabilidade do exemplo, no caso do problema em exame. Assim, perguntar "este cálculo está matematicamente perfeito?" pode ser muito diferente de perguntar "é este o cálculo que interessa?". Aqui, também, a aplicabilidade de uma garantia específica é uma questão, e outra é o resultado que obteremos a partir da aplicação da garantia; ao perguntar sobre a *correção* do resultado, pode acontecer de termos de investigar, separadamente, cada uma destas questões.

O padrão de um argumento: para apoiar nossas garantias

Uma última distinção, à qual já nos referimos de passagem, tem de ser discutida um pouco mais detalhadamente.

Além da questão de se, ou em que condições, uma garantia é aplicável num caso *particular*, pode acontecer de nos perguntarem por que uma dada garantia tem de ser aceita, *em geral*, como garantia com autoridade. Em outras palavras, ao defender uma alegação, apresentamos nossos dados, nossa garantia e as condições e qualificações relevantes, e descobrimos que, contudo, ainda não satisfizemos nosso desafiador; pois ele pode ter dúvidas não só em relação a este argumento específico, mas em relação à questão mais geral de se a garantia (W) é, de algum modo, aceitável. Pode acontecer de nosso adversário admitir nossa garantia em geral e, neste caso, nosso argumento seria, sem dúvida, impecável – se nossos fatos D forem aceitos como apoio suficiente para nossas C, tudo muito bem. Mas essa garantia não se baseia, por seu turno, numa outra coisa?

Desafiar uma alegação específica pode, assim, levar a desafiar, de um modo mais geral, a legitimidade de toda uma série de argumentos. "Você presume que um homem nascido nas Bermudas tenha de ser considerado súdito britânico" – e o desafio pode continuar – "mas por que você pensa assim?" Como este exemplo nos lembra, por trás de nossas garantias normalmente haverá outros avais, sem os quais nem as próprias garantias teriam autoridade ou vigência. Estes avais podem ser tomados como o *apoio* (B) das garantias. Esse apoio de nossas garantias tem de ser investigado com muito cuidado; temos de esclarecer precisamente que relações há entre ele e os nossos dados, nossas alegações, as garantias e as condições de refutação, pois qualquer confusão nesse ponto pode nos criar problemas mais adiante.

Teremos de notar, em particular, o modo como varia, de um campo de argumento para outro, o tipo de apoio que nossas garantias requerem. A *forma* de argumento que empregamos em diferentes campos

O LAYOUT DE ARGUMENTOS

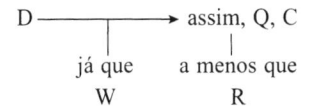

```
D ─────────► assim, Q, C
    │              │
  já que       a menos que
    W              R
```

não precisa variar tanto quanto entre campos. "Uma baleia será um mamífero", "um bermudense será um britânico", "um árabe-saudita será um muçulmano"; aqui estão três garantias às quais podemos recorrer no decorrer de um argumento prático, sendo que cada uma delas pode justificar a mesma espécie de passo direto de um dado para uma conclusão. Poderíamos acrescentar, sem grande diferença, exemplos ainda mais variados, tirados de campos da moral, da matemática ou da psicologia. Mas no momento em que perguntamos sobre o *apoio* em que uma garantia se baseia, em cada campo, começam a aparecer grandes diferenças; o tipo de apoio que precisamos apontar se tivermos de estabelecer a autoridade de uma garantia mudará muitíssimo, cada vez que mudarmos de um campo de argumento para outro. "Uma baleia será (isto é, *é classificável como*) um mamífero", "um bermudense será (*aos olhos da lei*) um britânico", "um árabe-saudita será (*descobrir-se-á que é*) um muçulmano" – as palavras entre parênteses indicam quais são essas diferenças. Defende-se uma garantia ao relacioná-la a um sistema de classificação taxionômica; defende-se outra ao recorrer aos estatutos que governam a nacionalidade de pessoas nascidas em colônias inglesas; defende-se a terceira ao considerar as estatísticas que registram como as crenças religiosas estão distribuídas entre pessoas de diferentes nacionalidades. Podemos, por enquanto, deixar sem resposta a questão mais controversa sobre como estabelecemos nossas garantias nos campos da moral, da matemática e da psicologia; por enquanto, basta que mostremos a *variabilidade* ou a *campo-dependência* do apoio necessário para estabelecer nossas garantias.

Podemos abrir espaço para esse elemento adicional em nosso modelo de argumento, escrevendo-o abaixo da pura afirmação da garantia para a qual ele serve de apoio (B):

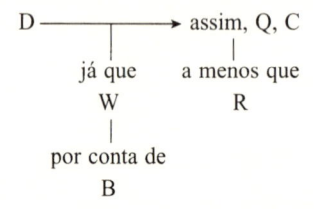

```
D ─────────► assim, Q, C
      │            │
    já que      a menos que
      W            R
      │
  por conta de
      B
```

Esta forma pode não ser final, mas é suficientemente complexa para o propósito de nossas discussões atuais. Para tomar um exemplo específico: em apoio à alegação (C) de que Harry é súdito britânico, apelamos ao dado (D) de que ele nasceu nas Bermudas, e a garantia pode então ser afirmada na forma "um homem nascido nas Bermudas pode ser considerado súdito britânico"; no entanto, como as questões de nacionalidade são sempre sujeitas a qualificações e condições, teremos de inserir um "presumivelmente" qualificador (Q) diante da conclusão, e notar que nossa conclusão pode ser refutada caso se verifique (R) que seus pais eram estrangeiros, ou então que, depois disso, ele se naturalizou norte-americano. Finalmente, caso a própria garantia seja desafiada, poderemos inserir o apoio, com os termos e as datas de decretação dos Atos do Parlamento e outros dispositivos legais que governam a nacionalidade de pessoas nascidas em colônias inglesas. O resultado será um argumento exposto da seguinte maneira:

O LAYOUT DE ARGUMENTOS 151

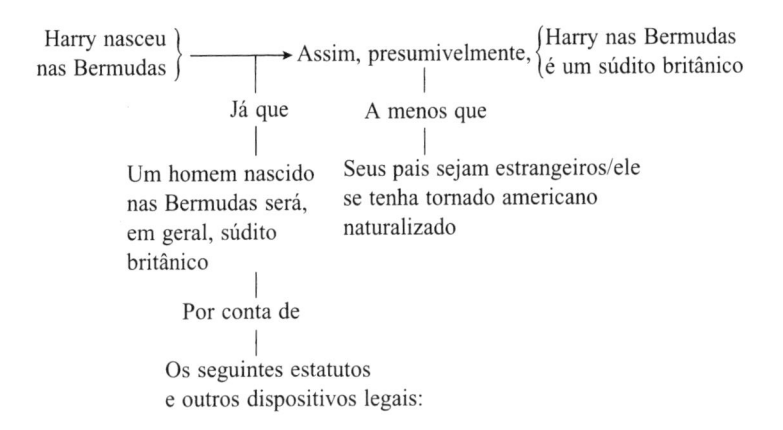

```
Harry nasceu  ⎫                              ⎧ Harry nas Bermudas
nas Bermudas  ⎭ ─────────→ Assim, presumivelmente, ⎨ é um súdito britânico
                    │                │        ⎩
                  Já que          A menos que
                    │                │
              Um homem nascido   Seus pais sejam estrangeiros/ele
              nas Bermudas será, se tenha tornado americano
              em geral, súdito   naturalizado
              britânico
                    │
              Por conta de
                    │
              Os seguintes estatutos
              e outros dispositivos legais:
```

De que modos o apoio das garantias difere de outros elementos de nossos argumentos? Para começar com as diferenças entre B e W: afirmações de garantias, nós vimos, são hipotéticas – são afirmações-pontes –, mas o apoio para as garantias pode ser expresso na forma de afirmações categóricas de fato, como também podem ser expressos os dados invocados em suporte direto para nossas conclusões. Enquanto nossas afirmações refletirem explicitamente estas diferenças funcionais, não haverá perigo de confundir o apoio (B) de uma garantia e a própria garantia (W); estas confusões só surgem quando as diferenças são mascaradas pelas nossas formas de expressão. Em nosso atual exemplo, em todo caso, não há dificuldade necessária. O fato de os estatutos relevantes terem sido validamente convertidos em lei, e de conterem os dispositivos que contêm, pode ser facilmente verificado nos Anais do Parlamento, nos volumes certos dos textos de lei e de estatutos; a descoberta resultante, de que tal e tal estatuto promulgado em tal e tal data contém um dispositivo por força do qual pessoas nascidas em colônias inglesas com ascendência adequada terão direito à cidadania britânica, é uma direta afirmação de fato. Por outro lado, a garantia que aplicamos *em virtude* do estatuto que contém esse dispositivo tem caráter lógico muito diferente – "*se* um homem nasceu numa colônia inglesa, *pode-se presumir que seja* britânico". Embora os fatos sobre o estatuto forneçam todo o apoio pedido para esta garantia, a afirmação explícita da garantia em si é mais do que repetição desses fatos; é uma *lição* moral de caráter prático, sobre os modos pelos quais podemos argumentar, com segurança, em vista desses fatos.

Também podemos distinguir entre apoio (B) e dados (D). Embora os dados a que recorremos num argumento e o apoio que empresta autoridade a nossas garantias possam do mesmo modo ser afirmados como questões de fato diretas, os papéis que essas afirmações desempenham em nosso argumento são decididamente diferentes.

Para haver argumento é preciso apresentar dados de algum tipo; uma conclusão pura, sem quaisquer dados apresentados em seu apoio, não é um argumento. Mas o apoio das garantias que invocamos não tem de ser explicitado, pelo menos para começar; as garantias podem ser aceitas sem desafio, e seu apoio pode ser deixado subentendido. De fato, se pedíssemos as credenciais de todas as garantias a vista e nunca deixássemos passar nenhuma sem ser desafiada, o argumento mal poderia começar. Jones apresenta um argumento invocando a garantia W_1, e Smith desafia essa garantia; Jones é obrigado, como lema, a apresentar um outro argumento, na esperança de estabelecer a aceitabilidade da primeira garantia, mas, no decorrer desse lema, emprega uma segunda garantia W_2; por seu turno, Smith desafia as credenciais dessa segunda garantia; e pode acontecer de o jogo continuar assim, indefinidamente. Para que a discussão avance e possamos continuar o jogo, algumas garantias têm de ser provisoriamente aceitas, sem desafio adicional; nós nem saberemos que tipo de dados são relevantes para uma discussão – por menor que seja esta relevância – se não tivermos pelo menos uma idéia provisória de que garantias serão aceitáveis numa dada situação que tenhamos de enfrentar. Temos o direito de dar por certo que há considerações tais que podem estabelecer a aceitabilidade das garantias mais fidedignas.

Por fim, uma palavra sobre as diferenças entre B, Q e R. São diferenças óbvias demais para que tenhamos de desenvolvê-las, visto que, é claro, uma coisa são os motivos para considerar aceitável em geral uma garantia, outra coisa é a força que a garantia empresta a uma conclusão e uma terceira coisa são os tipos de circunstâncias excepcionais que, em casos específicos, podem refutar as suposições criadas pela garantia. Correspondem, em nosso exemplo, às três afirmações, (i) que os estatutos sobre a nacionalidade britânica *foram de fato* transformados validamente em lei, e determinam ...; (ii) que se *pode presumir* que Harry seja súdito britânico; e (iii) que Harry, tendo se naturalizado americano há pouco tempo, *não está mais protegido* por aqueles estatutos.

Temos ainda de insistir, de passagem, na questão de como se devem interpretar os símbolos de nosso modelo de argumento, assunto que pode lançar luz sobre um exemplo um tanto quanto intricado, com o qual deparamos ao discutir as opiniões de Kneale sobre probabilidade. Consideremos a seta que une D e C. Pode parecer natural sugerir, a princípio, que essa seta deva ser interpretada como "assim", numa direção, e como "porque" na outra. Há, entretanto, outras interpretações possíveis. Como já vimos, o passo a partir da informação de que Jones tem o mal de Bright para a conclusão de que não se pode esperar que ele viva até os 80 anos não pode ser perfeitamente invertido. Achamos bastante natural dizer "não se pode esperar que Jones viva até os 80 anos, *porque* ele tem o mal de Bright"; mas a asserção completa – "não se pode esperar que Jones viva até os 80 anos, *porque* a probabilidade de ele viver tanto tempo é baixa, *porque* ele tem o mal de Bright" – nos parece pesada e artificial. Por outro lado, não sentimos que haja o que objetar numa sentença como "Jones tem o mal de Bright, *assim* as chances de ele viver até os 80 anos são insignificantes, *assim* não se pode esperar que ele viva tanto tempo", porque a última cláusula é (por assim dizer) uma cláusula *inter alia* – ela afirma uma das várias "lições" específicas que se podem deduzir da cláusula do meio (que nos conta sobre sua expectativa geral de vida).

Assim também no caso presente: quer leiamos ao longo da seta, da direita para a esquerda, ou da esquerda para a direita, podemos dizer, em geral, tanto "C, porque D", como "D; então C". Mas, pode acontecer, às vezes, que se possa garantir uma determinada conclusão mais geral do que C, dado D; neste caso, muitas vezes nos parecerá natural escrever não apenas "D; então C", mas também "D, então C', então C", onde C' é a conclusão mais geral garantida em virtude dos dados D, a partir dos quais nós inferimos *inter alia* aquele C. Nestas circunstância, nossos "então" e "porque" deixam de ser reversíveis; se lermos agora o argumento invertido, a afirmação que obtemos – "C, porque C', porque D" – é outra vez mais pesada do que a situação realmente pede.

Ambigüidades no silogismo

Chegou o momento de comparar, de um lado, as distinções de importância prática que descobrimos no *layout* e na crítica de argumentos, e, de outro, a crítica que se encontra, tradicionalmente, em livros sobre a teoria da lógica.

Vejamos, para começar, como as diferenças que estabelecemos aplicam-se ao silogismo ou ao argumento silogístico. Para os propósitos deste nosso argumento, podemos nos concentrar apenas em uma das muitas formas de silogismo – a que é representada no exemplo consagrado pelo tempo:

Sócrates é homem;
todos os homens são mortais;
logo, Sócrates é mortal.

Esse tipo de silogismo tem características especiais. A primeira premissa é "singular" e se refere a um indivíduo específico, e só a segunda premissa é "universal". O próprio Aristóteles também interessou-se muito por silogismos em que ambas as premissas eram universais, visto que, em sua opinião, era de esperar que muitos dos argumentos dentro da teoria científica devessem ser deste tipo. Mas a nós interessam, em primeiro lugar, argumentos pelos quais se aplicam proposições gerais para justificar conclusões específicas sobre indivíduos; portanto nos convém esta limitação inicial. Muitas das conclusões a que chegamos, em todo caso, aplicar-se-ão, obviamente – *mutatis mutandi* – a outros tipos de silogismos.

Podemos começar por perguntar "o que corresponde, no silogismo, à nossa distinção entre dados, garantia e apoio?". Se insistirmos nessa questão, descobriremos que as formas aparentemente inocentes usadas nos argumentos silogísticos ocultam, de fato, alguma complexidade. Pode-se comparar esta complexidade interna à que observamos no caso das conclusões modalmente qualificadas; aqui, como lá, teremos de desembaraçar duas coisas diferentes – a força das premissas universais, quando consideradas como garantias, e o apoio de que dependem para sua autoridade.

Para esclarecer estes pontos, não percamos de vista não apenas as duas premissas universais nas quais todos os lógicos se concentram – "todos os A's são B's" e "nenhum A é

B" –, mas também, além destas, duas formas de afirmação que provavelmente usamos, na prática, com a mesma freqüência – "quase todos os A's são B's" e "quase nenhum A é B". A complexidade interna destas afirmações pode ser ilustrada primeiro, e mais claramente, com exemplos destes dois últimos casos.

Consideremos, por exemplo, a afirmação "quase nenhum sueco é católico romano". Essa afirmação pode ter dois aspectos distintos: e pode acontecer de ambos serem operantes, ao mesmo tempo, quando a afirmação aparece num argumento, mas, mesmo assim, é possível distingui-los. Para começar, a afirmação acima pode servir como simples relatório estatístico; neste caso, pode muito bem ser escrito na forma mais longa "a proporção de suecos que é católica romana é menor que (digamos) 2%" – e podemos acrescentar uma referência, entre parênteses, à fonte de nossa informação, "(de acordo com as tabelas no *Whittaker's Almanac*)". A mesma afirmação pode, por outro lado, servir como genuína garantia de inferência; neste caso, o mais natural será desenvolvê-la de outro modo, para obter uma afirmação mais imparcial: "pode-se assumir com quase certeza que um sueco não é católico romano".

Enquanto considerarmos por si só a sentença simples "quase nenhum sueco é católico romano", esta diferença pode parecer bastante insignificante; mas se nós a aplicarmos à análise de um argumento no qual a sentença apareça como premissa, obteremos resultados um pouco mais significativos. Construamos então um argumento de forma quase-silogística, em que essa afirmação apareça na posição da "premissa maior". Por exemplo, o seguinte:

Petersen é sueco;
quase nenhum sueco é católico romano;
logo, com quase certeza, Petersen não é católico romano.

A conclusão desse argumento é apenas provisória, mas, em outros aspectos, o argumento é exatamente como um silogismo. Como vimos, a segunda dessas afirmações pode ser expandida de dois modos, e assume a forma ou de "a proporção de suecos que é católica romana é menor que 2%", ou, então, de "pode-se assumir com quase certeza que um sueco não é católico romano". Vejamos agora o que acontece se substituímos cada uma dessas duas versões expandidas, por seu turno, pela segunda de nossas três afirmações originais. Num caso obtemos o seguinte argumento:

> Petersen é sueco;
> pode-se assumir com quase certeza que um sueco não
>   é católico romano;
> assim, quase certamente, Petersen não é católico romano.

Aqui, as linhas sucessivas correspondem, na nossa terminologia, à afirmação de um dado (D), uma garantia (W) e uma conclusão (C). Por outro lado, se fizermos a substituição alternativa, obteremos:

> Petersen é sueco;
> a proporção de suecos católicos romanos é menor que 2%;
> assim, quase certamente, Petersen não é católico romano.

Neste caso, temos de novo o mesmo dado e a mesma conclusão, mas a segunda linha declara, agora, o apoio (B) para a garantia (W), que, ela mesma, ninguém declara.

Para resumir, podemos agora abreviar as duas versões expandidas, e podemos obter respectivamente os dois argumentos:

> (D) Petersen é sueco;
> (W) um sueco não é, com quase certeza, católico romano;
> logo, (C) Petersen não é, com quase certeza, católico romano;

e   (D) Petersen é sueco;

(B) a proporção de suecos católicos romanos é muito pequena; logo, (C) Petersen, com quase certeza, não é católico romano.

E já se deve poder perceber a importância da diferença entre a nossa idéia e a concepção tradicional de "validade formal". Adiante, voltaremos a este assunto.

Voltando à forma "nenhum A é B" (por exemplo, "nenhum sueco é católico romano"), também se pode estabelecer uma distinção semelhante. Também este tipo de afirmação pode ser empregada sob duas formas – como relatório estatístico ou como garantia de inferência. Pode servir para simplesmente relatar uma descoberta feita por um estatístico – digamos, que a proporção de suecos católicos romanos é, de fato, zero; e, por outro lado, também pode servir para justificar que se pode tirar uma conclusão do argumento, tornando-se equivalente à afirmação explícita "pode-se assumir com certeza que um sueco não é católico romano". E podemos fazer a mesma interpretação, se examinarmos um argumento que inclui nossa afirmação-amostra como premissa universal. Consideremos o argumento:

> Petersen é sueco;
> nenhum sueco é católico romano;
> assim, com certeza, Petersen não é católico romano.

Que pode ser entendido de dois modos; podemos escrever:

> Petersen é sueco;
> a proporção de suecos católicos romanos é zero;
> logo, com certeza, Petersen não é católico romano;

e podemos também escrever:

> Petersen é sueco;
> um sueco não é, com certeza, católico romano;
> logo, com certeza, Petersen não é católico romano.

Aqui, mais uma vez, a primeira formulação equivale, na nossa terminologia, a dispor o argumento na forma "D, B, logo C"; ao passo que a segunda formulação é equivalente a dispô-lo na forma "D, W, logo C". Portanto, no caso de estarmos lidando com um argumento do tipo "quase nenhum..." ou com um argumento do tipo "nenhum...", o modo habitual de expressá-lo tenderá, nos dois casos, a ocultar de nós a diferença que há entre uma garantia de inferência e seu apoio. O mesmo será verdade no caso de "todos" e "quase todos"; aqui, também, a distinção entre dizer *"descobriu-se que todo ou quase todo A é B"* e dizer *"pode-se assumir com certeza ou com quase certeza que algum A é B"* acaba escondida pela forma supersimplificada da expressão "todos os As são Bs". E, deste modo, pode acontecer de uma diferença crucial na função prática passar despercebida.

Nosso modelo de análise, mais complexo, em comparação, evita esse defeito. Ele não deixa espaço para ambigüidade; criam-se, no modelo, lugares inteiramente separados para o que é a garantia e o que é o apoio do qual depende a autoridade da garantia. Por exemplo, nosso argumento "quase nenhum..." terá de ser exposto da seguinte maneira:

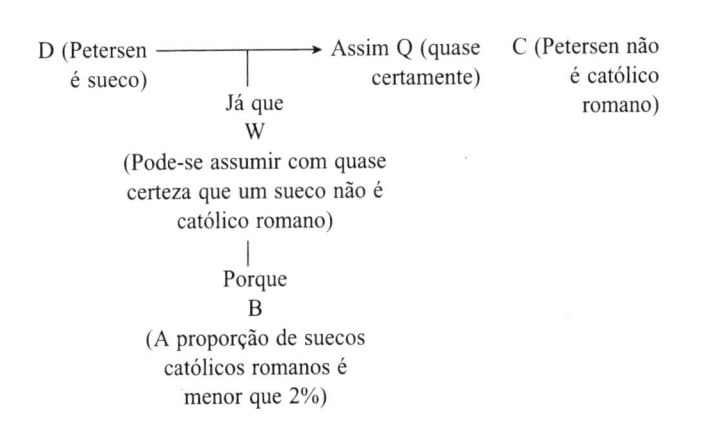

D (Petersen ⟶ Assim Q (quase   C (Petersen não
é sueco)   certamente)   é católico
          Já que   romano)
          W
(Pode-se assumir com quase
certeza que um sueco não é
católico romano)
          |
        Porque
          B
(A proporção de suecos
católicos romanos é
menor que 2%)

E devem-se transcrever, por este modelo, os outros três tipos. Deve-se portanto ter em mente a mesma distinção também quando teorizamos sobre o tipo de silogismo no qual desempenham papel central as proposições do tipo "todos os A's são B's" e "nenhum A é B". Do modo como aparece, a afirmação "todos os A's são B's" é enganosamente simples; pode estar em uso tanto a força de uma garantia como o conteúdo efetivo de seu apoio, dois aspectos que afloram claramente se a expandimos pelos dois modelos diferentes que vimos acima. Ela pode ser usada às vezes, se aparecer sozinha, em apenas uma destas formas; mas com bastante freqüência, em especial em argumentos, nós usamos uma afirmação para fazer o trabalho de duas e assim, para abreviar, passamos *do* apoio *à* garantia – *da* informação factual pressuposta *para* a licença de inferência que esta informação justifica que empreguemos. É possível que haja alguma economia prática neste hábito e que nos pareça obviamente interessante; mas, considerados os interesses da filosofia, este hábito de "resumir" torna insuficientemente "neutra" (ou "imparcial") a estrutura efetiva de nossos argumentos.

Há um claro paralelo entre a complexidade das afirmações do tipo "todos..." e a complexidade das afirmações modais. Como antes, a *força* das afirmações é invariante para todos os campos de argumento. Quanto a este aspecto, a forma "todos os A's são B's" sempre pode ser substituída pela forma "pode-se assumir com quase certeza que algum A é B"; isto será verdade independentemente do campo e valerá igualmente para "todos os suecos são católicos romanos", "todos os que nascem em colônias inglesas têm o direito à cidadania britânica", "todas as baleias são mamíferos" e "toda mentira é repreensível" – em cada caso, a afirmação geral servirá como garantia que autoriza um argumento exatamente da mesma forma, D → C, quer o passo vá de "Harry nasceu nas Bermudas" para "Harry é um cidadão britânico", ou de "Wilkinson contou uma mentira" para

"Wilkinson agiu de modo repreensível". E tampouco resta qualquer mistério sobre a natureza do passo de D para C, visto que toda a *força* da afirmação geral "todos os A's são B's", entendida deste modo, está aplicada para autorizar exatamente este tipo de passo.

Por outro lado, o tipo de *fundamento – o apoio* – que dá suporte a uma garantia dessa forma dependerá sempre do campo de argumento; aqui se mantém o paralelo com as afirmações modais. Deste ponto de vista, o que importa é o conteúdo factual, não a força das afirmações "todos...". Embora alguma garantia do tipo "pode-se assumir com quase certeza que algum A é B" deva continuar valendo em qualquer campo em virtude de *certos* fatos, a espécie de fatos em virtude dos quais qualquer garantia terá vigência e autoridade variará de acordo com o campo de argumento no qual opera a garantia. Assim, ao expandirmos a forma simples "todos os A's são B's", para explicitar o tipo de apoio que estiver sendo usado, a expansão que teremos de fazer também dependerá do campo em que estivermos argumentando. Num caso, a afirmação passará a ser "a proporção de A's que se descobriu que são B's é de 100%"; num outro, "fica fixado, por lei, que todos os A's serão considerados B's, incondicionalmente"; num terceiro caso, "por exigência de taxionomia, a classe que inclui os B's inclui necessariamente toda a classe dos A's"; e, num quarto caso, "a prática de fazer A leva às seguintes conseqüências intoleráveis (...)". No entanto, apesar de haver notáveis diferenças entre elas, todas essas proposições aparecem expressas, em certas ocasiões, sob a forma compacta e simples de "todos os A's são B's".

Diferenças semelhantes podem ser estabelecidas no caso das formas "quase todos os A's são B's", "quase nenhum A é B" e "nenhum A é B". Usadas para expressar garantias, estas formas diferem de "todos os A's são B's" em apenas um aspecto: onde antes escrevíamos "certamente"[1], temos agora de escrever "quase certamente"[2], "quase certamente não"[3] ou "certamente não"[4].

Do mesmo modo, quando as estamos usando para afirmar não garantias, mas apoio; num caso estatístico, teremos simplesmente de substituir "100%" por (digamos) "pelo menos 95%", "menos de 5%" ou "zero"; no caso de um estatuto, substituir "incondicionalmente" por "exceto sob condições (ou 'em casos') excepcionais", "só em circunstâncias excepcionais" ou "em nenhuma circunstância, em absoluto"; e num caso de taxionomia substituir "toda a classe de A's" por "exceto uma pequena subclasse...", "só uma pequena subclasse..." ou "nenhuma parte de...". Uma vez que tenhamos completado assim a forma estrutural "todos..." e "nenhum...", veremos, o mais claramente possível, que o apoio de nossas garantias é campo-dependente.

A noção de "premissas universais"

Todas as implicações da distinção entre força e apoio, quando aplicada a proposições da forma "todos os A's são B's", só ficarão claras depois de introduzirmos uma outra diferença – a diferença entre argumentos "analíticos" e "substanciais" –, o que ainda não temos condições para fazer. Por ora, só podemos oferecer alguns sinais do quanto pode ser enganadora a fórmula tradicional de expor argumentos – duas premissas seguidas de uma conclusão.

Muito obviamente, este modelo de análise pode exagerar uma uniformidade apenas aparente, como entre argumentos em campos diferentes; mas também muito importante é o poder que este modelo tem de mascarar grandes diferenças

---

1. No original, *certainly*. (N. do T.)
2. No original, *almost certainly*. (N. do T.)
3. No original, *almost certainly not*. (N. do T.)
4. No original, *certainly not*. (N. do T.)

que pode haver entre as coisas que tradicionalmente se reúnem sob a classificação de "premissas". Consideremos outra vez exemplos de nosso tipo padrão, no qual, para justificar uma conclusão específica, recorre-se a um dado particular sobre um indivíduo – a premissa menor, singular – aliado a uma informação geral que serve de garantia e/ou apoio – a premissa maior, universal. Se entendermos que as premissas universais expressem não garantias, mas o apoio das garantias, ambas – a premissa maior e a premissa menor – são, em todo caso, categóricas e factuais; sob este aspecto, a informação de que não há um único sueco registrado como católico romano está em igualdade de condições com a informação de que Karl Henrik Petersen é sueco. Ainda assim, dados os diferentes papéis que, no argumento prático, desempenham os dados de uma e o apoio às garantias da outra, é muito arriscado identificá-las, as duas, com um mesmo rótulo – "premissas". Mas as diferenças entre premissa maior e premissa menor ficam plenamente visíveis se, em vez de lhes dar um único e mesmo rótulo, nós as tratamos como garantias.

Uma "premissa singular" expressa uma informação *da qual* tiramos uma conclusão; uma "premissa universal" expressa, aqui, não – de modo algum – uma informação, mas uma garantia *de acordo com* a qual podemos dar, com segurança, o passo – do nosso dado para nossa conclusão. Tal garantia, por mais apoio que dê, não será nem factual nem categórica, mas, sim, hipotética e permissiva. Mais uma vez, a diferenciação entre "premissas" e "conclusão" parece simples demais e, para fazer justiça à situação, é preciso diferenciar pelo menos quatro elementos: "dado", "conclusão", "garantia" e "apoio".

Há um antigo quebra-cabeça lógico pelo qual se pode ver o quanto pode ser importante, para os lógicos, estabelecer uma distinção clara entre as várias interpretações possíveis da "premissa universal". Debateu-se muitas vezes a questão de se a forma da afirmação "todos os A's são B's" tem ou não implicações existenciais; isto é, a questão de se, ao fazer este tipo de afirmação, a pessoa que a faz compromete-se ou não com a crença de que alguns A's existem, de fato. As sentenças do tipo "alguns A's são B's" não levaram a esta dificuldade, visto que, ao usá-las, sempre se subentende a existência de alguns A's; em comparação, a forma "todos os A's são B's" parece ser mais ambígua. Já se argumentou, por exemplo, que uma afirmação como "todos os homens com pés tortos têm dificuldade para andar" não obriga a inferir que exista algum homem com pés tortos; esta, diziam, seria uma verdade geral, que continuaria a ser verdadeira mesmo que não existisse nenhum homem vivo com pés tortos; nem deixaria de ser verdade que pés tortos causam dificuldade para andar, só porque, de repente, um cirurgião habilidoso livrou da deformidade o último homem com pés tortos.

Mas a "solução" de que nossa asserção não tenha nenhuma força existencial não nos acalma completamente e continuamos a nos sentir desconfortáveis. Não é claro – nós sentimos – que *tem de ter existido* homens com pés tortos para que nós possamos, seja como for, fazer aquela asserção?

Essa charada ilustra muito bem a fraqueza do termo "premissa universal". Suponhamos que confiemos no modo tradicional de analisar argumentos:

Jack tem pés tortos;
todos os homens com pés tortos têm dificuldade para andar;
logo, Jack tem dificuldade para andar.

Enquanto confiarmos na análise tradicional, a mesma dificuldade reaparecerá sempre, já que o modelo de análise não deixa claro se a afirmação geral "todos..." deve ser interpretada como garantia de inferência permissiva ou como um relato factual de nossas observações. Será que deve ser interpretada como "um homem com pés tortos terá (isto é, pode-se assumir que tem) dificuldade para andar"? Ou como "todos os homens com pés tortos de que temos registros tinham (isto é, descobriu-se que tinham) dificuldade para andar?".

Nós não somos obrigados, exceto no caso de uma longa prática, a empregar a fórmula "todos os A's são B's" com todas as ambigüidades que ela envolve. Temos a liberdade de deixar de lado a fórmula, em favor de outras formas de expressão que são mais explícitas, embora sejam mais pesadas; e basta fazer a troca para que o problema das implicações existenciais deixe de nos preocupar. A afirmação "todos os homens com pés tortos de que temos registros..." subentende, é claro, que, com certeza, houve *alguns* homens com pés tortos, visto que, se não houvesse, não haveria registros aos quais fazer referência. É claro, também, que a garantia "um homem com pés tortos terá dificuldade para andar" deixa aberta a questão existencial.

Poderíamos dizer confiantemente que pés tortos seriam uma desvantagem para qualquer pedestre, mesmo se soubéssemos que, naquele momento, todo o mundo estava deitado de costas e ninguém tinha pés deformados. Sendo as coisas como são, nós não somos obrigados, portanto, a responder à pergunta sobre as implicações existenciais de "todos os A's são B's"; sem dúvida, nós podemos nos recusar a responder um claro Sim ou Não.

Algumas das afirmações que os lógicos declaram assim, nesta forma bastante crua, têm, de fato, implicações existenciais; outras, não. Não há resposta inteiramente geral que se possa dar a esta questão, pois o que determina se em algum caso específico há ou não implicações existenciais não é a forma da afirmação em si, mas, antes, o uso prático ao qual serve a forma, em cada caso e ocasião.

Será então que se pode dizer que a forma "todos os A's

são B's" tem implicações existenciais quando usada para expressar o apoio a uma garantia, e que não as tem quando usada para expressar a própria garantia? Este é um segundo modo simples demais de apresentar a questão.

A segunda coisa que o excesso de confiança em "todos os A's são B's" quase sempre esconde de nós são os diferentes tipos de apoio que nossas crenças gerais podem requerer, e aqui estas diferenças são relevantes.

Não há dúvida de que a afirmação "todo homem com pés tortos de que temos algum registro achava sua deformidade uma desvantagem para andar", que citamos aqui como apoio, subentende que houve homens com pés tortos; mas também se pode apoiar a mesma garantia com outros tipos de consideração; por exemplo, há argumentos que explicam por que, pelos princípios da anatomia, pode-se esperar que pés tortos levem à incapacidade; a anatomia explica como tal forma de pé será uma desvantagem. Nesses termos teóricos, poderíamos discutir as incapacidades que resultariam de qualquer deformidade física que imaginássemos, inclusive deformidades nunca encontradas nem registradas; o que mostra que este tipo de apoio deixa sem responder a questão existencial.

Outra vez, se considerarmos garantias de outros tipos, encontramos muitos casos em que o apoio a uma garantia, sendo as coisas como são, não tem nenhuma implicação existencial. É o caso, por exemplo, de garantias apoiadas por dispositivos legais; pode acontecer de uma lei aplicar-se a pessoas ou situações que *ainda não existem* – por exemplo, uma lei que se aplique a todas as mulheres casadas que chegarem aos 70 anos depois de 1º. de janeiro de 2010[5] – ou, então, a pessoas que podem *jamais existir ou ter existido*, como, por exemplo, a todos os homens que sejam condena-

---

5. No original, 1984. (N. do T.)

dos por dez assassinatos diferentes. Leis que se apliquem a estas pessoas podem fornecer apoio para garantias de inferência, e nos autorizar a dar todos os tipos de passos no argumento, mesmo que nem as garantias nem o apoio às garantias deixem subentendida a existência das pessoas a que se aplicam.

Resumindo: se prestarmos mais atenção às diferenças entre garantias e apoio, entre diferentes espécies de apoio para uma mesma e única garantia e entre o apoio para garantias de diferentes espécies, e se nos recusarmos a concentrar nossa atenção, como hipnotizados, só na forma tradicional "todos os A's são B's", poderemos (1) ver *que* "todos os A's são B's" às vezes tem, às vezes não tem implicações existenciais; e, mais que isto, poderemos começar a compreender *por que* isso tem de ser assim.

Depois de nos acostumarmos a desenvolver as sentenças de tipo "todos os A's são B's" e a substituí-las, quando a ocasião pedir, por garantias explícitas ou afirmações explícitas de apoio, o grande enigma a decifrar será descobrir por que os lógicos apegaram-se durante tanto tempo àquele tipo de afirmação.

Estas razões nos ocuparão num ensaio posterior; por enquanto, basta observar que eles o fizeram à custa de empobrecer a língua e de desconsiderar inúmeras pistas que ajudariam a solucionar adequadamente as suas charadas.

A forma "todos os A's são B's" ocorre muito menos em argumentos práticos do que os livros didáticos de lógica fazem supor. De fato, o que se tem feito é trabalhar duro para treinar os alunos, de modo que aprendam a reformular afirmações idiomáticas às quais estão acostumados, para que o que dizem torne-se acessível, em aparência, à análise silogística tradicional. Para lamentar que as coisas sejam assim, não é preciso argumentar que o idioma seja sacrossanto, ou que, por si só, seja capaz de nos fazer compreender coisas que sem ele não compreenderíamos. Mas, de qualquer modo, encontram-se no nosso modo de falar muitos aspectos da linguagem que podem servir como pistas muito claras e que, nesse caso, podem conduzir-nos na direção certa.

Onde, no passado, o lógico comprimiu sob aquela forma predeterminada todas as afirmações gerais, o discurso prático sempre empregou, habitualmente, uma dúzia de formas diferentes – "todo A é um B", "cada A é um B", "algum A será um B", "os A's são geralmente B's" e "o A é um B", por exemplo, dentre muitas outras. Se tivessem comparado estes modos peculiares de expressão, em vez de ignorá-los ou de insistir para metê-los num molde, os lógicos há muito tempo já teriam sido levados a fazer as distinções que, para mim, são cruciais. O contraste entre "todo A" e "nem um único A", por um lado, e "qualquer A" ou "algum A", por outro, aponta de imediato para a diferença entre os relatórios estatísticos e as garantias às quais eles podem dar apoio. As diferentes garantias que se exigem em diferentes campos também aparecem no idioma. Um biólogo dificilmente diria "todas as baleias são mamíferos"; mas "baleias são mamíferos" ou "a baleia é um mamífero" são sentenças que saem naturalmente de seus lábios ou de sua caneta. Garantias são uma coisa, apoio, outra; apoio por meio de observação numérica é uma coisa, apoio por meio de classificação taxionômica é outra; e nossa escolha de um modo peculiar de expressão, embora talvez seja sutil, reflete bastante exatamente estas diferenças.

Muitos antigos problemas surgiram exatamente deste modo, mesmo num campo tão remoto como a ética filosófica. A prática nos obriga a reconhecer que verdades éticas gerais podem aspirar, na melhor das hipóteses, a ter vigência apenas enquanto não surjam contra-alegações efetivas; conflitos de dever são característica inevitável da vida moral. Onde a lógica exige a forma "*toda* mentira é repreeensível" ou "*todo* cumprimento de promessa é certo", o idioma responde com "mentir é repreensível" e "cumprir promessa é certo". O "todo" do lógico denota expectativas inadequadas que, na prática, estão condenadas ao desapontamento. Mesmo as garantias mais gerais estão sujeitas, nos argumentos éticos, em situações incomuns, a sofrer exceções e, desse modo, nos casos mais drásticos, só podem autorizar conclusões presumíveis.

Se insistimos no "todos", rapidamente os conflitos de dever nos levam ao paradoxo, e é preciso muita teoria moral para nos tirar deste pântano. Poucas pessoas insistem em pôr em prática as conseqüências deste "todos" extra e "'obrigatório", porque para fazê-lo quase sempre se tem de recorrer a medidas desesperadas; "todos" só dá certo sempre se se adota uma posição moral excêntrica – como o pacifismo absoluto, único caso em que se admite que um princípio, um único princípio, seja genuinamente universal, princípio a ser defendido em qualquer dificuldade, em face de todos os conflitos e contra-alegações que, em tese, poderiam qualificar sua aplicabilidade. A estrada que une alguns belos pontos sobre lógica e linguagem e os problemas mais difíceis de conduta não é, afinal de contas, tão longa.

A noção de validade formal

Nos dois ensaios finais nos dedicaremos às principais lições que se podem extrair deste estudo do argumento prático. Mas há um tópico – do qual partimos neste capítulo – sobre o qual já estamos em condições de dizer alguma coisa; a saber, a "forma lógica" e as doutrinas que tentam aplicar esta noção formal para explicar a validade dos argumentos.

Afirma-se às vezes, por exemplo, que a validade dos argumentos silogísticos é conseqüência de as conclusões dos silogismos serem simples "transformações formais" de suas premissas. Se a informação da qual partimos, como aparece expressa nas premissas maior e menor, leva à conclusão, ela o faz por uma inferência válida; isto é assim (dizem alguns) porque a conclusão resulta simplesmente de se embaralhar as partes das premissas e de rearrumá-las num outro molde. Ao chegar à inferência, nós reordenamos os elementos dados, e as relações formais entre esses elementos, como aparecem primeiro nas premissas e depois na conclusão, nos garantem, de um modo ou de outro, a validade da inferência que fazemos.

Como fica essa doutrina, se fizermos agora nossa distinção central entre os dois aspectos do modelo "todos os A's são B's"? Consideremos o seguinte argumento:

X é um A;
todos os A's são B's;
logo, X é um B.

Se nós expandirmos a premissa universal desse argumento como garantia, ela transforma-se em "qualquer A pode certamente ser considerado um B" ou, mais resumidamente, "algum A é certamente um B". Substituindo no argumento, obtemos:

X é um A;
um A é certamente B;
assim, X é certamente B.

Quando o argumento é posto nesta forma, vê-se que, evidentemente, as partes da conclusão são partes das premissas, e para obter a conclusão basta embaralhar e rearrumar as partes das premissas. Se é isto que se queria dizer quando se disse que o argumento tem a "forma lógica" apropriada, e que ele é válido por conta desse fato, então pode-se dizer que este é um argumento "formalmente válido".

Mas há algo que é preciso perceber desde já: uma vez que se empregue a garantia correta, qualquer argumento pode ser apresentado na forma "dados; garantia; logo, conclusão", e, portanto, com a garantia correta, qualquer argumento torna-se formalmente válido. Ou seja, se se escolhem as palavras adequadas, qualquer argumento pode ser expressado de tal modo que sua validade seja evidente simplesmente por sua forma; isto é igualmente verdade qualquer que seja o campo do argumento – nada muda, quer a premissa universal seja "todos os múltiplos de 2 são pares", "todas as mentiras são repreensíveis" ou "todas as baleias são mamíferos". Qualquer premissa, assim, pode ser escrita como garantia incondicional, "um A é certamente um B", e ser usada numa inferência formalmente válida; ou, para dizer as coisas de modo menos enganador: qualquer premissa pode ser usada numa inferência que seja montada de modo a ter validade formalmente evidente.

Por outro lado, se substituirmos o apoio pela garantia, isto é, se interpretarmos a premissa universal de outro modo, não haverá mais nenhum espaço para aplicar a idéia de validade formal ao nosso argumento. Um argumento da forma "dados; apoio; logo, conclusão" pode, para propósitos práticos, estar inteiramente em ordem. Deveríamos aceitar, sem hesitação, o argumento:

Petersen é sueco;
a proporção registrada de suecos católicos romanos é zero;
logo, certamente, Petersen não é católico romano.

Mas não se pode mais pretender que a solidez deste argumento seja conseqüência de quaisquer propriedades formais das expressões que o constituem. Além de tudo o mais, os elementos da conclusão e das premissas não são os mesmos; o passo a ser dado envolve, portanto, mais do que embaralhar e reordenar. Quanto a isto, é claro, a validade do argumento (D; W; logo, C) tampouco era de fato uma *conseqüência* de suas propriedades formais, mas, de qualquer modo, ainda se podia apresentar o argumento numa forma mais bem construída. Agora, isto não pode mais ser feito; um argumento (D; B; logo, C) não será formalmente válido. Uma vez que revelemos de público o apoio de que depende (em última instância) a solidez de nosso argumento, perde toda a plausibilidade a sugestão de que a validade possa ser explicada em termos de "propriedades formais".

Essa discussão de validade formal pode lançar alguma luz sobre outra questão de idioma: o caso em que o hábito lingüístico dos argumentadores se separa da tradição lógica. A questão surge do seguinte modo. Suponhamos que comparemos o que se pode chamar de argumentos "que usam garantia" com argumentos "que estabelecem garantia". A primeira classe incluirá, entre outros, todos os argumentos em que se conta com um único dado para estabelecer uma conclusão, recorrendo-se a determinada garantia cuja aceitabilidade tenha-se como garantida – exemplos são "Harry nasceu nas Bermudas, logo, pode-se presumir (tendo as pessoas nascidas nas colônia o direito à cidadania britânica) que Harry é um cidadão inglês", "Jack contou uma mentira, logo, pode-se presumir (sendo mentir em geral repreensível) que Jack se comportou de modo repreensível", e "Petersen é sueco, logo, pode-se presumir (já que quase nenhum sueco é católico romano) que Petersen não é católico romano". Argumentos que estabelecem garantia serão, em comparação, argumentos como os que podem ser encontrados num ensaio científico, em que a aceitabilidade de uma garantia nova é explicitada mediante sua aplicação sucessiva a uma série de casos em que os "dados" e a "conclusão" foram verificados de maneira independente. Nesse tipo de argumento, a garantia, não a conclusão, é nova e por isto está em julgamento.

O professor Gilbert Ryle comparou os passos envolvidos nesses dois tipos de argumento com, respectivamente, fazer uma viagem ao longo de uma ferrovia já construída e construir uma estrada de ferro nova. Ele argumentou, de modo persuasivo, que só a primeira classe de argumentos deveria ser citada como "inferências", porque o elemento essencial de inovação na última classe não pode ser tornado objeto de regras e porque a noção de inferência envolve, em essência, a possibilidade de "regras de inferência".

A questão de língua a ser observada aqui é que a distinção para a qual adotamos duas expressões difíceis de operar – "que usa garantia" e "que estabelece garantia" – é indicada, em geral, na prática, pela palavra "dedutiva", suas associadas e suas opostas. Fora do estudo, a família de palavras "deduzir", "dedutivo" e "dedução" é aplicada em argumentos de muitos campos; a única exigência, aqui, é que os argumentos sejam do tipo "que usam garantia", em que se aplicam garantias estabelecidas a dados novos para obter novas conclusões. Não faz nenhuma diferença para o uso apropriado destes termos que o passo de D para C envolva, em determinados casos, uma transição de tipo lógico – que ele seja, por exemplo, um passo *da* informação sobre o passado *para* uma previsão sobre o futuro.

Sherlock Holmes, em todo caso, jamais hesitou em dizer que *deduziu*, por exemplo, que um homem esteve recentemente em East Sussex pela cor e textura dos fragmentos de solo que deixou no tapete do gabinete; e falava como personagem da vida real. Um astrônomo diria, com igual presteza, que *deduziu* a data de um eclipse futuro a partir das posições e movimentos presentes e passados dos corpos celestes envolvidos. Como Ryle infere, o sentido da palavra "deduzir" é, efetivamente, o mesmo de "inferir"; de modo que sempre que houver garantias estabelecidas ou procedimentos determinados de cálculo, pelos quais se possa passar dos dados para uma conclusão, pode-se falar apropriadamente de "deduções". Uma previsão regular, feita de acordo com equações-padrão da dinâmica estelar, é, nesse sentido, uma dedução inquestionável; e enquanto Sherlock Holmes também for capaz de apresentar garantias sólidas e bem sustentadas para justificar seus passos, podemos admitir que ele também esteja fazendo deduções – a menos que estejamos lendo um livro didático sobre lógica formal. Os protestos de outro detetive, de que Sherlock Holmes errava ao considerar deduções argumentos que eram realmente indutivos, dão a impressão de serem vazios e equivocados.

Vale a pena olhar também o outro lado dessa moeda; a saber, o modo como se pode usar a palavra "indução" para referir-se a argumentos "que estabelecem garantia". Sir Isaac Newton, por exemplo, fala regularmente de "generalizar uma proposição, por indução"; com isso ele quer dizer "usar nossas observações de regularidades e correlações como apoio para uma garantia nova". Nós começamos, ele explica, por estabelecer que uma relação específica se mantém num determinado número de casos, e então, "generalizando-a, por indução", passamos a aplicá-la a exemplos novos, enquanto for possível fazê-lo com sucesso; se, como resultado, acabarmos enredados em dificuldades, ele diz, temos de achar um modo de conseguir que a afirmação geral seja "sujeita a exceções", isto é, temos de descobrir as circunstâncias especiais em que seja possível refutar as suposições estabelecidas pela garantia. Uma afirmação geral em teoria física, como Newton nos lembra, deve ser interpretada não como um relatório estatístico sobre o comportamento de um número muito grande de objetos, mas, sim, como garantia em aberto ou princípio de cálculo; a estabelecermos por testes em situações-amostra nas quais se possam conhecer, independentemente, os dados e as conclusões; que depois serão generalizados por indução e, por fim, serão aplicados como regra de dedução em situações novas para obter novas conclusões de nossos dados.

Em muitos tratados de lógica formal, por outro lado, reserva-se o termo "dedução" para argumentos nos quais os dados e o apoio impliquem positivamente a conclusão – quer dizer, argumentos em que afirmar todos os dados e o apoio, mas negar a conclusão, nos levaria a contradição ou a inconsistência. Este é, é claro, um ideal de dedução do qual nenhuma previsão de astrônomo pode esperar aproximar-se; e se for isto o que os lógicos formais exigem de uma "dedução", não é de admirar que os astrônomos não concordem em chamar "dedutivo" o cálculo que fazem. Mesmo assim, os astrônomos relutam em mudar seus hábitos; há muito tempo chamam "deduções" as suas elaboradas demonstrações matemáticas, e usam o termo para designar uma distinção perfeitamente genuína e consistente.

O que devemos fazer com esse conflito de uso? Temos de admitir que se considere *dedução* qualquer argumento que aplique uma garantia estabelecida, ou temos de exigir, além disso, que o argumento esteja apoiado por uma implicação positiva? Ainda não estamos preparados para responder. Tudo que podemos fazer no momento é registrar o fato de que, nesse ponto, o idioma costumeiro tende a se afastar do uso profissional dos lógicos. Como veremos, esse desvio específico é apenas um aspecto de um desvio maior, que nos ocupará durante grande parte de nosso quarto ensaio, e cuja natureza poderá ser mais bem esclarecida depois de estudarmos uma última distinção que ainda temos de fazer.

Temos de cuidar agora da distinção entre argumentos "analíticos" e "substanciais".

Argumentos analíticos e substanciais

O melhor modo de abordar esta distinção é com um preâmbulo. Pouco atrás, observamos que um argumento expresso na forma "dado; garantia; logo, conclusão" pode ser exposto em forma válida, independentemente do campo a que pertença; mas, ao que parece, o mesmo não se pode dizer de argumentos da forma "dado; apoio para a garantia; logo, conclusão".

Voltando ao nosso exemplo de origem: se nos informarem sobre o lugar de nascimento de Harry, poderemos concluir sobre sua nacionalidade e defender nossa conclusão com um argumento formalmente válido da forma (D; W; logo, C). Mas a garantia que aplicamos nesse argumento formalmente válido baseia-se para ter autoridade, por sua vez, em fatos sobre a decretação e dispositivos de determinadas leis e, portanto, podemos escrever o argumento na forma alternativa (D; B; logo, C), isto é:

Harry nasceu nas Bermudas;
as leis relevantes (W_1...) estabelecem que pessoas nascidas nas colônias, de pais ingleses, têm direito à cidadania britânica;
logo, é de presumir que Harry é cidadão britânico.

Quando escolhemos esta forma, pode-se afirmar que a validade do argumento é evidente simplesmente pelas relações formais entre as três afirmações que inclui. Afirmar o apoio para nossa garantia, neste caso, envolve, inevitavelmente, a menção a Atos do Parlamento e coisas semelhantes, e essas referências destroem a elegância formal do argumento. Também em outros campos, mencionar explicitamente o apoio para nossa garantia – quer assuma a forma de relatórios estatísticos, apelos aos resultados de experiências ou referências a sistemas taxionômicos – nos impedirá de escrever o argumento de forma tal que ele seja evidentemente válido só pelas propriedades formais.

Como regra geral, portanto, só podemos expor, de modo formalmente válido, argumentos da forma "D; W; logo, C"; argumentos da forma "D, B; logo, C" não podem ser expressos assim. Há, entretanto, uma classe de argumentos bastante especial que, à primeira vista, parece quebrar esta regra geral; no devido tempo serão batizados como argumentos *analíticos*. Para ilustrar, consideremos o argumento seguinte:

> Anne é uma das irmãs de Jack;
> todas as irmãs de Jack têm cabelos ruivos;
> logo, Anne tem cabelo ruivo.

Argumentos desse tipo têm um lugar especial na história da lógica, e teremos de prestar-lhes muita atenção; nem sempre se reconhece o quanto são raros, na prática, os argumentos deste tipo, com suas características especiais.

Para começar, vamos desenvolver este argumento, como já fizemos nos outros casos. Usando a premissa maior como afirmação de apoio, obtém-se:

> Anne é uma das irmãs de Jack;
> cada uma das irmãs de Jack tem (conferiu-se uma a uma e
>   confirmou-se) cabelo ruivo;
> logo, Anne tem cabelo ruivo.

Por outro lado, se escrevermos a garantia no lugar do apoio, obteremos:

> Anne é uma das irmãs de Jack;
> qualquer irmã de Jack terá (pode-se presumir que tenha)
>   cabelo ruivo;
> logo, Anne tem cabelo ruivo.

Este argumento é excepcional quanto ao seguinte aspecto. Cada uma das moças foi conferida individualmente e descobriu-se que tem cabelo ruivo; em seguida a cor do cabelo de Anne foi examinada, especificamente, nesse processo. Nesse caso, portanto, o apoio de nossa garantia inclui, explícita, a informação que o argumento apresenta como conclusão; de fato, poder-se-ia perfeitamente substituir a palavra "logo", antes da conclusão, pela expressão "em outras palavras", ou "isto quer dizer que". Nesse caso, se se aceitarem o dado e o apoio, pela mesma razão se tem de aceitar implicitamente a conclusão; se nós enfileirarmos dado, apoio e conclusão numa única sentença, acabamos com uma tautologia – "Anne é uma das irmãs de Jack e cada uma das irmãs de Jack tem cabelo ruivo *e também* Anne tem cabelo ruivo". Assim, dessa vez, não só o argumento "D; W; logo, C", mas também o argumento "D; B; logo C" – ao que parece – pode ser apresentado em forma lógica válida.

A maioria dos argumentos que usamos na prática não é – quase nem é preciso dizer – desse tipo. Nós fazemos alegações sobre o futuro, e as apoiamos em referências à nossa experiência de como as coisas aconteceram no passado; fazemos asserções sobre os sentimentos de um homem, ou sobre seu estado legal, e as apoiamos com referências às suas declarações e gestos, ou a seu local de nascimento e às leis sobre nacionalidade; nós adotamos posições morais, fazemos juízos estéticos e declaramos apoio a teorias científicas ou causas políticas, apresentando em cada caso, como base para nossas conclusões, afirmações de tipos lógicos bem diferentes da própria conclusão. Sempre que fazemos alguma dessas coisas, não pode haver dúvida de que a conclusão está sendo considerada uma mera reafirmação, em outras palavras, de algo que já foi implicitamente afirmado no dado e no apoio; embora o argumento possa ser formalmente válido quando expresso na forma "dado; garantia; logo, conclusão", o passo que damos ao passar para a conclusão, a partir da informação que temos para nos basear – dado e apoio juntos – é um passo *substancial*. Por conseguinte, na maioria de nossos argumentos, a afirmação obtida ao se escrever "dado, apoio; *e também* conclusão" estará longe de ser uma tautologia – poderá ser óbvia, no caso de ser transparente a legitimidade do passo envolvido, mas não será tautológica.

No que se segue, chamarei desses dois tipos de argumentos, respectivamente, de *substancial* e *analítico*. Um argumento de D a C será chamado de analítico se, e somente se, o apoio para a garantia que o autoriza incluir, explícita ou implícita, a informação transmitida na própria conclusão. Quando isso for assim, a afirmação "D, B, e também C" será, como regra, tautológica. (Entretanto, esta regra está sujeita a determinadas exceções que estudaremos em breve.) Quando o apoio para a garantia não contiver a informação transmitida na conclusão, a afirmação "D, B, e também C" jamais será tautológica, e o argumento será um argumento substancial.

A necessidade de alguma distinção dessa espécie geral é bastante óbvia, e determinados aspectos dela se impuseram à atenção dos lógicos; no entanto, suas implicações jamais foram resolvidas de forma consistente. Esta tarefa foi negligenciada por pelo menos duas razões. Para começar, a complexidade interna de afirmações da forma "todos os A's são B's" ajuda a ocultar a importante diferença que há entre argumentos analíticos e substanciais. A menos que tenhamos o trabalho de expandir essas afirmações, de modo que se possa ver se afirmam garantias ou o apoio para as garantias, não há como perceber a grande variedade de argumentos que se apresentam sob a forma silogística tradicional; temos de explicitar a distinção entre apoio e garantia, em qualquer caso específico, se quisermos ter certeza sobre que tipo de argumento estamos trabalhando. Em segundo lugar, ainda não se percebeu a excepcionalidade dos argumentos genuinamente analíticos, e o quanto é difícil apresentar um argumento que seja claramente analítico; tivessem reconhecido estes fatos, talvez os lógicos não tivessem sido tão rápidos em oferecer os argumentos analíticos como modelo ao qual se deveriam adequar outros tipos de argumento.

Até mesmo o exemplo que escolhemos, sobre a cor do cabelo de Anne, pode escapar, com facilidade, da classe analítica para a substancial. Se o apoio para nosso passo que vai do dado "Anne é irmã de Jack" para a conclusão "Anne tem cabelo ruivo" contiver apenas a informação de que se observou que, *no passado*, cada uma das irmãs de Jack tinha cabelo ruivo, então – pode-se afirmar – o argumento é substancial, mesmo na forma em que está. Afinal de contas, todos sabemos do poder das tinturas... Portanto, não seria o caso de reescrever o argumento de tal modo que se mostre abertamente seu caráter substancial? Nesta interpretação, o argumento será:

Dado – Anne é uma das irmãs de Jack;
Apoio – observou-se, há tempos, que todas as irmãs de Jack tinham cabelo ruivo;
Conclusão – logo, é de presumir que, agora, Anne tem cabelo ruivo.

A garantia com que se contou, cujo apoio afirma-se aqui, será do tipo "pode-se presumir que qualquer irmã de Jack pode ter cabelo ruivo"; pelas razões dadas, pode-se entender que esta garantia estabelece, no máximo, uma suposição:

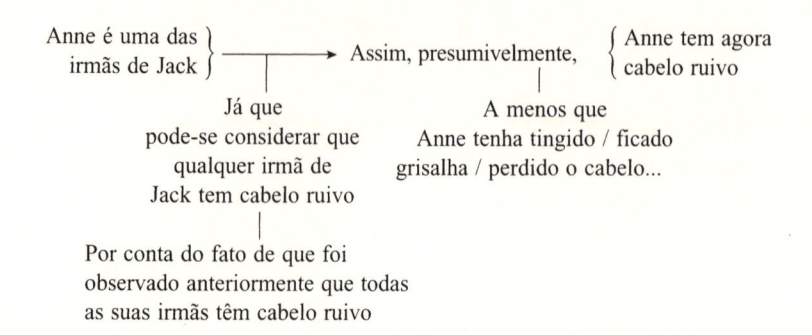

Anne é uma das irmãs de Jack ⟶ Assim, presumivelmente, { Anne tem agora cabelo ruivo

Já que
pode-se considerar que
qualquer irmã de
Jack tem cabelo ruivo

A menos que
Anne tenha tingido / ficado
grisalha / perdido o cabelo...

Por conta do fato de que foi
observado anteriormente que todas
as suas irmãs têm cabelo ruivo

Parece, então, que só posso defender minha conclusão sobre o cabelo de Anne com um argumento inquestionavelmente analítico se, naquele exato momento, tiver à vista todas as irmãs de Jack e, assim, puder apoiar minha garantia na certeza de que, naquele momento, cada uma das irmãs de Jack tem cabelo ruivo. Mas se estiver na presença de Anne... que necessidade há de um *argumento* para estabelecer a cor do seu cabelo? E qual a relevância da cor do cabelo das outras irmãs? Neste caso, bastará usar os próprios olhos, sem precisar construir uma cadeia de raciocínio. Se o propósito de um argumento é estabelecer conclusões sobre as quais não estamos inteiramente confiantes, relacionando-as com outras informações sobre as quais temos mais convicção, começa a parecer pouco provável que algum genuíno argumento prático possa, algum dia, ser propriamente analítico.

Só os argumentos matemáticos parecem totalmente seguros; dada a garantia de que toda seqüência de seis ou mais números inteiros entre 1 e 100 contém pelo menos um número primo, e dada também a informação de que nenhum dos números de 62 até 66 é primo, posso concluir, agradecido, que o número 67 é primo; e este é um argumento cuja validade não pode ser posta em dúvida pelo tempo nem pelo fluxo de mudança. Este caráter único dos argumentos matemáticos é significativo. A matemática pura é talvez a única atividade intelectual cujos problemas e soluções estão "acima do tempo". Um problema matemático não é um dilema; sua solução não tem limite de tempo; não envolve passos de substância. Como argumento-modelo para os lógicos formais analisarem, pode-se até concordar que seja elegante e muito sedutor, mas dificilmente se poderia imaginar caso menos representativo.

As peculiaridades dos argumentos analíticos

Temos ainda, para o final deste ensaio, duas tarefas principais. Primeiro, temos de esclarecer um pouco mais as características especiais dos argumentos analíticos; depois, temos de comparar a distinção entre argumentos analíticos e substanciais com três outras distinções cuja importância já vimos:

>(i) a distinção entre os argumentos formalmente válidos e os que não são formalmente válidos;
>(ii) a distinção entre os argumentos que usam garantias e os que estabelecem garantias; e
>(iii) a distinção entre os argumentos que levam a conclusões necessárias e os que levam apenas a conclusões prováveis.

Quanto à própria natureza dos argumentos analíticos, há duas coisas que têm de ser discutidas. Para começar, temos de perguntar de que fundamento dependem os argumentos desse tipo, em última instância, para que sejam válidos; depois, temos de prosseguir e reconsiderar os critérios sugeridos provisoriamente para distinguir argumentos analíticos de outros – uma vez que, como veremos, o "teste de tautologia" envolve, afinal de contas, dificuldades desconhecidas.

Para ver como surge a primeira questão, temos de lembrar que, no caso dos argumentos analíticos, a distinção entre dados e apoio de garantia é muito menos nítida – a distinção entre a informação *a partir* da qual argumentamos e a informação que empresta autoridade às garantias *de acordo com* as quais argumentamos. No que diz respeito à conclusão de que Anne tem cabelo ruivo, a informação de que Anne é irmã de Jack tem, à primeira vista, o mesmo tipo de alcance que a informação de que cada uma das irmãs de Jack tem cabelo ruivo. A semelhança, neste caso, pode levar-nos a interpretar ambas as informações como *dados*, e, se o fizermos, pode surgir a questão de saber "que garantia nos autoriza a passar dessas duas premissas em conjunto para a requerida conclusão". Com certeza, não podemos ir de *qualquer* conjunto de dados para uma conclusão sem *alguma* garantia; assim, que garantia podemos apresentar para justificar nossa inferência nesse caso?

Este é o problema, e só há dois modos de atacá-lo: ou temos de aceitar a questão e apresentar uma garantia ou, então, temos de rejeitar a pergunta na forma em que está, e insistir que seja reformulada. (É possível argumentar, por exemplo, que temos uma garantia perfeitamente boa para ir do *primeiro* dado à conclusão, e que a segunda informação é o apoio para aquela garantia.) Mas, por enquanto, consideremos o problema na forma como aparece aqui.

A primeira coisa a constatar sobre este problema é o fato de que é completamente geral. Enquanto alguém argumentar só *a partir de* Anne ser irmã de Jack *para* o fato de ela ter cabelo ruivo, a questão de que garantia autoriza nossa inferência será questão *particular*, só relevante para este argumento e para alguns outros poucos; mas se alguém perguntar que garantia nos autoriza a passar *das duas* informações (de que Anne é irmã de Jack *e* de que cada uma das irmãs de Jack tem cabelo ruivo) *para* a conclusão de que Anne tem cabelo ruivo, esta questão já não será tão restrita, dado que pode surgir, exatamente da mesma forma, para todos os argumentos desse tipo, qualquer que seja a matéria explícita dos argumentos. A resposta a esta pergunta, portanto, também tem de ser geral, e tem de ser posta de tal modo que se aplique a todos os argumentos deste tipo. Que garantia, então – temos de responder –, autoriza esse passo específico?

As tentativas para responder satisfatoriamente esta pergunta têm sido muito longas e inconclusivas, e aqui não podemos acompanhá-las; vários princípios diferentes de caráter totalmente geral têm sido oferecidos como a garantia implícita para passos deste tipo – o "Princípio do Silogismo", o "*Dictum de Omni et Nullo*", e outros. Mas, à parte os respectivos méritos das várias respostas rivais, os filósofos não concordaram nem sequer sobre *o modo como* tais princípios gerais nos autorizam, de fato, a argumentar como argumentamos. Que tipo de proposição é (digamos) o Princípio do Silogismo? – esta é a primeira questão de que temos de cuidar.

Há quem diga que qualquer princípio que valide igualmente todos os silogismos tem de ser entendido como uma afirmação sobre os significados de nossas palavras – uma análise implícita de palavras preeminentemente lógicas como "todos" e "alguns". Uma conseqüência dessa opinião, que examinaremos mais minuciosamente no próximo ensaio, tem sido o desenvolvimento de uma doutrina bastante limitada sobre a natureza e o escopo da lógica. Se os únicos princípios de inferência propriamente ditos são afirmações sobre os significados de nossas palavras, então (argumentaram alguns) não se deveria chamar de regras de inferir também outros tipos de afirmação geral – porque dizem respeito a questões de substância e não apenas aos significados de nossas palavras; o resultado desta discussão foi que toda a noção de garantias das inferências, tal como a apresentamos neste ensaio, foi considerada confusa e foi posta de lado.

Bem, podemos concordar que não há exato paralelismo entre o Princípio do Silogismo e aqueles outros tipos de regras que governam o argumento, aos quais demos o nome de "garantia"; ainda assim, contudo, aquela conclusão vai longe demais. Sem questionar, por enquanto, a necessidade de algum Princípio de Silogismo, podemos objetar, desde já, que se o entenda como uma afirmação *sobre* os sentidos de nossas palavras; por que não se pode ver nele, de preferência, uma garantia que só funciona *em virtude* dos sentidos de nossas palavras? Este é um avanço em relação à formulação anterior em pelo menos um aspecto: esta resposta nos deixa livres para dizer que outras garantias (as garantias que nos permitem argumentar fora do campo analítico) "funcionam" em virtude de outros tipos de consideração. Os princípios legais "funcionam" como garantia em virtude de leis promulgadas e de precedentes judiciais; as leis da natureza do cientista "funcionam" como garantia em virtude das experiências e observações mediante as quais foram estabelecidas, e assim por diante.

Em todos os campos, a força de nossas garantias está em autorizar o passo que vai *de* certos tipos de dados *para* certos tipos de conclusões, mas, depois de tudo que vimos sobre a campo-dependência dos critérios que empregamos na atividade prática de argumentar, pode-se perfeitamente esperar que as garantias de inferência, em diferentes campos, tenham de ser estabelecidas por procedimentos também muito diferentes.

Assim sendo, parece que há espaço para uma espécie de acordo – podemos aceitar o Princípio do Silogismo como a garantia de todos os silogismos analíticos e, ao mesmo tempo, conservamos outros tipos de afirmação geral como garantias para argumentos de outros tipos. Mas ainda assim persiste algo de paradoxal em aceitar a necessidade de algum Princípio do Silogismo.

Pode acontecer, no caso de argumentos de todos os outros tipos, de um homem que receba os dados e a conclusão e que compreenda perfeitamente bem o que lhe dizem, precisar, ainda assim, que lhe expliquem o que autoriza alguém a passar dos dados à conclusão. "Eu compreendo qual é seu indício, e compreendo que conclusão você tira dele", nos diria aquele homem, "mas não entendo *como* você chegou à conclusão". A tarefa da garantia é satisfazer a necessidade deste homem; para satisfazê-la, temos de explicar qual é nossa garantia e, se for necessário, mostrar de que apoio depende e, até que tenhamos feito isto, ele pode contestar nosso argumento.

Por outro lado, no caso de argumentos analíticos, este tipo de situação é quase inconcebível; fica-se tentado a dizer dos argumentos analíticos (como das afirmações analíticas) que quem os compreende tem, necessariamente, de reconhecer sua legitimidade. Se uma pessoa não vir a legitimidade de um passo analítico em algum caso particular, pouco a ajudaremos se lhe oferecermos um princípio tão geral quanto o Princípio do Silogismo.

É portanto implausível a sugestão de que este princípio nos preste, de fato, algum serviço, ao servir como garantia para todos os argumentos silogísticos. De qualquer modo, se *tem de* ser considerado como uma garantia, é uma garantia que dispensa qualquer apoio. Aristóteles admite isto no quarto livro da *Metafísica*, em que se esforça muito para rejeitar qualquer exigência de que a lei de não-contradição tenha de ser *provada* – ele reconhece que nenhum apoio que se apresente acrescentaria algo à força do princípio, e que tudo que temos de fazer para defendê-lo é desafiar um crítico a apresentar uma objeção significativa a ele.

Tentemos, portanto, seguir o caminho alternativo; rejeitemos a exigência de garantia para emprestar autoridade a todos os silogismos analíticos; em vez disto, insistamos em que qualquer premissa de qualquer destes silogismos proporciona a garantia de que precisamos. A informação de que *cada* uma das irmãs de Jack tem cabelo ruivo serve como apoio para a garantia de que se pode assumir que *qualquer* de suas irmãs tem cabelo dessa cor; e é esta garantia limitada que nos leva *de* nossa informação inicial sobre Anne ser irmã de Jack *para* a conclusão sobre a cor de seu cabelo: "é só analítico!". Agora, nossa tarefa é definir, com mais cuidado, o que, exatamente, neste caso, é "só analítico", e elaborar testes mais claros do que os que oferecemos até aqui para reconhecer se um argumento é ou analítico ou substancial.

Três diferentes testes se apresentam, e agora temos de considerar seus respectivos méritos. Primeiro, há o teste da *tautologia;* num silogismo analítico que tenha "todos" na premissa maior, os dados e o apoio implicam positivamente a conclusão, de modo que podemos escrever "D, B, ou, *em outras palavras*, C", confiantes de que ao afirmar a conclusão estaremos simplesmente repetindo algo já afirmado no apoio. A questão é se isto é verdade para *todos* os argumentos analíticos; e afirmarei que não.

Em segundo lugar, há o teste da *verificação;* será que verificar o apoio em que implicitamente se baseia um argumento envolve *ipso facto* averiguar a verdade da conclusão? Este teste não leva universalmente ao mesmo resultado (como o primeiro teste), e veremos que é um critério mais satisfatório.

Por fim, há o teste do *evidente por si mesmo*; depois de explicarem-se a uma pessoa os dados, o apoio e a conclusão, ela pode, ainda assim, levantar dúvidas genuínas sobre a validade do argumento? À primeira vista, pode parecer que o terceiro e o primeiro teste levam ao mesmo resultado, mas, como veremos, o terceiro, na prática, aproxima-se mais do segundo.

Pode-se mencionar de imediato um tipo de exemplo em que o critério da tautologia leva a dificuldades. É o "quase-silogismo" discutido antes, em que os quantificadores universais "todos" e "nenhum" são substituídos pelos quantificadores mais restritivos "quase todos" e "quase nenhum". Como exemplo, podemos tomar o seguinte argumento:

Petersen é sueco;
quase nenhum sueco é católico romano;
assim, quase certamente, Petersen não é católico romano.

Este argumento difere do correspondente argumento de tipo "nenhum é" –

Petersen é sueco;
nenhum sueco é católico romano;
assim, certamente, Petersen não é católico romano –

só porque se baseia numa garantia mais fraca e, assim, termina numa conclusão mais provisória. (Escritas como garantias explícitas, as premissas universais são, respectivamente, "pode-se presumir quase certamente que um sueco não é católico romano" e "pode-se assumir que certamente um sueco não é católico romano".)

A validade do argumento é manifesta em cada caso e, pelo teste do evidente por si mesmo, ambos deveriam ser classificados como argumentos analíticos. Se imaginarmos que um homem pense em contestar o argumento "quase nenhum" e peça apoio adicional para sua validade, seu pedido não será mais inteligível do que seria no caso do argumento "nenhum"; no primeiro caso, ele poderia pedir que a *conclusão* fosse fundamentada com mais firmeza, se visse que, enquanto soubermos apenas que quase nenhum sueco é católico romano, não estará excluída de forma indubitável a possibilidade de algum específico sueco ser católico; mas, com certeza, não haverá nenhuma dúvida quanto à *validade* de ambos os argumentos. Se o homem não conseguir ver a força de algum dos argumentos, pouco mais podemos fazer por ele. E se o homem apresentar os mesmos dados e apoio de garantia em suporte à conclusão negada, o resultado será, em qualquer dos casos, não apenas implausível – será incompreensível:

Petersen é sueco;
a proporção de suecos católicos romanos está entre 5% e zero;
assim, quase certamente/certamente, Petersen *é* católico romano.

Então, pelo teste do evidente por si mesmo, os argumentos "quase nenhum" e "quase todos" têm tanto direito de serem classificados como analíticos quanto os argumentos "todos" e "nenhum".

Mas se admitirmos esse paralelo, até que ponto nossos outros testes são adequados para reconhecer argumentos analíticos? Ao verificar o apoio para nossa garantia, nós perguntamos "verificaríamos *ipso facto* a conclusão de nosso argumento?". (Chamamos isso de teste da verificação.) Por outro lado, se anotássemos nossos dados e apoio e acrescentássemos as palavras "e também C" – sendo C nossa conclusão –, seria o resultado uma tautologia? Os silogismo tradicionais satisfazem igualmente bem todos os nossos critérios. É claro que verificar, exaustivamente, que a proporção de suecos católicos romanos é zero envolve verificar qual é a religião de Petersen; enquanto que, além disso, a afirmação "Petersen é sueco, e a proporção de suecos católicos romanos é zero, e Petersen também não é católico romano" pode ser chamada razoavelmente de tautológica. Mas quando consideramos quase-silogismos, vemos que não mais se aplica o teste da tautologia.

O teste de verificação ainda se ajusta a casos novos, embora se aplique de um modo um tanto pickwickiano[6] – ao verificar exaustivamente que a proporção de suecos católicos romanos era (digamos) menor que 5%, estaríamos *ipso facto* verificando qual era a religião de Petersen – se ele era ou não católico romano. Por outro lado, a afirmação "Petersen é sueco e a proporção de suecos católicos romanos é menor que 5%, e Petersen também não é católico romano", já não é tautológica; é, antes, genuinamente informativa, posto

---

6. *As aventuras de mr. Pickwick*, de Charles Dickens (1836). O adjetivo designa, aqui, a atitude de quem se dedica, por meios que ninguém entende muito bem, a demonstrar coisas que, para as demais pessoas, nem têm importância alguma nem interessa demonstrar. (N. do T.)

que a conclusão situa Petersen, de forma definitiva, na maioria de 95%. Mesmo se inserirmos o qualificador modal "quase certamente" na conclusão, a afirmação resultante tampouco passa a ser tautológica – "Petersen é sueco, a proporção de suecos católicos romanos é menor que 5% e, quase certamente, Petersen também não é católico romano".

Como resultado, ao procurarmos um critério geral para separar argumentos analíticos de outros, o teste de verificação nos possibilitará classificar juntos os quase-silogismos e os silogismos tradicionais, de um modo que o teste de tautologia não permite. Classificaremos portanto como analítico um argumento se, e apenas se, ele satisfizer esse critério – isto é, se verificar o apoio da garantia envolver *ipso facto* verificar a verdade ou a falsidade da conclusão –, o argumento será classificado como analítico quer um conhecimento do apoio total comprove a conclusão quer a refute.

Nesse ponto, temos de fazer dois comentários sobre o caso de Petersen. Uma vez que tenhamos acesso ao apoio completo, deixamos, é claro, de ter o direito de contar apenas com a simples porcentagem das tabelas dos estatísticos, e nosso argumento original deixará de ser adequado e oportuno. Temos de basear nosso argumento sobre a probabilidade de Petersen ser um católico romano em *toda* a informação relevante que possamos obter; se possuirmos, de fato, os relatórios detalhados do censo, o único procedimento adequado é procurar pelo nome Petersen e descobrir a resposta garantida. Em segundo lugar, a afirmação "Petersen é sueco e a proporção de suecos católicos romanos é muito baixa, e quase certamente Petersen não é católico romano" *seria* inteiramente tautológica se se pudesse adequadamente *definir* "certeza" e "probabilidade", diretamente em termos de proporções e de freqüência. Mas isto, como vimos, significaria ignorar a função prática do termo "probabilidade" e seus cognatos, como qualificadores modais. Também levaria a um paradoxo: como as coisas estão, um homem pode dizer com perfeita propriedade "Petersen é sueco e a proporção de suecos católicos romanos é muito baixa, e no entanto quase certamente Petersen é católico romano" – ele terá o direito de dizer isso, por exemplo, se souber alguma coisa mais sobre Petersen que o coloque muito provavelmente na minoria católica romana – ao passo que, se a afirmação original fosse uma tautologia, essa nova afirmação seria fatalmente uma autocontradição.

Não se pode, então, caracterizar argumentos analíticos como argumentos nos quais a afirmação "D, B e também C" é uma tautologia; pelo menos em alguns casos, este critério não interessa aos nossos propósitos.

Isto ajuda a explicar uma outra doutrina filosófica – a de que os silogismos analíticos não são válidos só em virtude dos significados das palavras, e que não conseguir compreender um argumento deste tipo é sinal, não de incompetência lingüística, mas, sim, de uma "razão defeituosa". Suponhamos que digamos a um homem que Petersen é sueco, e que a proporção de suecos católicos romanos é zero ou muito baixa; "assim", concluímos, "Petersen certamente – ou quase certamente – não é católico romano". Mas nosso ouvinte não consegue nos entender; o que então temos a dizer sobre ele? Se aceitamos o teste da tautologia, ele pode mostrar que nosso ouvinte não compreendeu os significados de todas as palavras que empregamos; se abandonamos a visão da tautologia, esta explicação deixa, para nós, de ser acessível. Pois bem, o melhor é dizer que nosso ouvinte é cego para o argumento, isto é, que não consegue ver a força do argumento. E o que mais podemos dizer? Esta não é uma explicação, é uma simples afirmação do fato. Nosso ouvinte simplesmente não acompanha nossos passos, e a habilidade para acompanhar argumentos como este é, com certeza, uma das competências racionais *básicas*.

Esta observação pode lançar alguma luz sobre o status verdadeiro do Princípio do Silogismo. Este princípio – já sugeri – entra na lógica quando a segunda premissa de um silogismo analítico é mal interpretada (a interpretamos como se estivesse afirmando um dado, em vez de interpretá-la como uma garantia ou o apoio daquela garantia) e, em conseqüência da má interpretação, o argumento é (aparentemente) deixado sem nenhuma garantia que lhe dê autoridade. Oferecem-nos, então, o Princípio do Silogismo, como se fosse, de algum modo, uma espécie de fundamento *último* para a validade de *todos* os argumentos silogísticos.

Ao considerar argumentos que estejam em outros campos, pode acontecer de nos vermos, outra vez, cumprindo a mesma seqüência de passos. Suponhamos que nós, de início, confundimos o apoio de nossa garantia e um conjunto adicional de dados; se os confundimos, daremos a impressão de que argumentamos diretamente dos dados para a conclusão, num passo absolutamente sem autoridade; e veremos que a falta de autoridade afeta não apenas um argumento, mas todos os argumentos naquele determinado campo. Para preencher essas novas lacunas, teremos agora de invocar outros princípios completamente gerais: um princípio básico para ficar por trás de todas as previsões científicas; outro para ficar por trás de todos os juízos morais fundamentados de maneira adequada, e assim por diante. (Basta, por ora, mencionar este tópico, visto que teremos de retornar a ele no último ensaio deste livro.)

Pois bem, se a habilidade de compreender silogismos válidos e quase-silogismos pode ser mais bem descrita como uma competência racional básica – e não pode ser realmente explicada em termos de competência ou incompetência lingüística – talvez tampouco haja muito mais a dizer em outros casos.

A capacidade de compreender argumentos proféticos simples, cujas garantias são apoiadas por experiência sufi-

O LAYOUT DE ARGUMENTOS

cientemente ampla e relevante, talvez tenha de ser reconhecida como outra habilidade racional simples, que a maioria dos homens possui, mas que pode faltar nos deficientes mentais; e assim, para outros campos, haverá outras habilidades básicas.

Será que se pode dizer que seja sempre assim, para argumentos em todos e quaisquer campos? Será a capacidade de compreender e ver a força de argumentos morais simples (digamos) outra destas habilidades? Ou os argumentos estéticos simples? Ou os argumentos teológicos simples?... Neste ponto, topamos diretamente com a questão filosófica fundamental: se todos os campos de argumento são igualmente acessíveis à discussão racional, e se o Tribunal da Razão é competente para julgar sempre com isenção e igualdade, qualquer que seja o tipo de problema que estiver em questão.

Algumas distinções cruciais

Resta-nos ainda, para este ensaio, uma tarefa importante: temos de distinguir a divisão de argumentos em analíticos e substanciais, de outros três ou quatro modos possíveis de divisão. E é preciso muito cuidado para evitar os sérios perigos que resultam de confundir as diferenças e, mais ainda, de passar por elas sem vê-las.

Para começar, a divisão em argumentos analíticos e substanciais não corresponde exatamente, de modo algum, à divisão em argumentos *formalmente válidos* e outros. Um argumento em qualquer campo que seja *pode* ser expresso de um modo formalmente válido, desde que a garantia seja explicitamente formulada e autorize precisamente o tipo de inferência em questão; isto explica como os cálculos matemáticos podem ser formalmente válidos, mesmo quando os dados a partir dos quais se argumenta reúnam observações passadas e presentes, e a conclusão a que se chega no argumento seja uma previsão sobre o futuro. Por outro lado, um argumento pode ser analítico e ainda assim não ser expresso de modo formalmente válido; é o caso, por exemplo, de um argumento analítico que cita o apoio da garantia em lugar da própria garantia.

A distinção entre argumentos analíticos e substanciais tampouco corresponde à distinção entre argumentos que *usam garantia* e os que *estabelecem garantia*. Em muito poucos casos, os argumentos que estabelecem garantia podem ser afirmados em forma formalmente válida; assim, pode-se dizer que o argumento "Jack tem três irmãs; a primeira tem cabelo ruivo, a segunda tem cabelo ruivo, a terceira tem cabelo ruivo; logo, todas as irmãs de Jack têm cabelo ruivo" é um argumento que, ao mesmo tempo, estabelece garantia, é formalmente válido e é analítico. Mas, em geral, a variação dessas características independe uma das outras. Pode haver argumentos que usam garantia e argumentos que estabelecem garantia tanto no campo analítico como em outros campos substanciais de argumento, e não se pode esperar seriamente fazer com que as duas distinções cruzem uma mesma linha, num mesmo ponto.

Por outro lado, já houve algumas vezes quem pensasse que se poderia demarcar uma classe especialmente "lógica" de argumentos, considerando-se os *tipos de palavras* que apareciam neles. Em alguns argumentos, por exemplo, as palavras "todos" e "algum" desempenham um papel crucial, e argumentos como esses merecem consideração separada. Mas se os separarmos de outros, devemos observar de imediato que a divisão resultante não corresponde mais rigorosamente do que as duas anteriores à divisão entre argumentos analíticos e substanciais. Nem todos os argumentos em que aparece a palavra "todos" na premissa maior ou na garantia são argumentos analíticos; só o serão aqueles em que o processo de estabelecer a garantia envolver *ipso facto* averiguar a verdade da conclusão a ser inferida com aquela ajuda, mas a palavra "todos" não é usada só nestes casos. Por conseguinte, não se podem identificar argumentos analíticos apenas mediante palavras-chave como "todos" e "alguns". A identificação, neste caso, só é possível se se consideram a natureza do problema que esteja sendo investigado e o modo como se estabelecem as garantias relevantes para solucioná-lo.

Podem-se perceber muito facilmente estas três diferenças. A quarta e última distinção é, ao mesmo tempo, a mais contenciosa e a mais importante. Dividir argumentos entre analíticos e substanciais não é o mesmo, argumentarei, que dividi-los em (1) argumentos dos quais se podem inferir conclusões *necessariamente* ou *certamente* e (2) argumentos cujas conclusões só possam ser *possivelmente* inferidas ou inferidas com *probabilidade*.

Como vimos quando discutimos qualificadores modais, há alguns argumentos em que a garantia autoriza o passo que vai de D a C de modo não-ambíguo, e outros em que o passo só é provisoriamente autorizado, condicionalmente ou com qualificações. Esta divisão é marcada na prática pelas palavras "necessário" ou "conclusivo", por um lado, e "tentativo", "provável", "provisório" ou "condicional", por outro, e é inteiramente independente da divisão em argumentos analíticos e substanciais. Muitas vezes, no entanto, os teóricos lógicos tentaram fundir essas duas distinções, identificando argumentos analíticos com argumentos necessários ou conclusivos, e argumentos substanciais com tentativos, prováveis ou inconclusivos. A questão crucial é se essa fusão pode ser justificada, ou se o que se constata é que, na prática, nunca acontece de termos de classificar alguns argumentos como, ao mesmo tempo, substanciais *e* conclusivos, ou como analíticos *e* tentativos.

Se prestarmos atenção ao modo como estas categorias são empregadas na atividade prática do argumentar, descobriremos um grande número de ocasiões para usar estas supostas duplas classificações. Por exemplo, um grande número de garantias de acordo com as quais argumentamos nas ciências explanatórias nos autoriza a tirar uma conclusão, de modo inequívoco e não-ambíguo. Os argumentos em que figuram aquelas garantias são, por conseguinte, ao mesmo tempo substanciais e conclusivos, e os cientistas que usam tais argumentos não hesitam em rematá-los com as palavras "... logo, necessariamente C". Argumentos desse tipo são encontrados facilmente nas matemáticas aplicadas; quando, por exemplo, usando os métodos da ótica geométrica, calcula-se, a partir da altura de uma parede e do ângulo de elevação do sol, a profundidade da sombra que a parede lançará sobre o chão quando o sol incidir diretamente sobre ela – se for dito que a parede tem 6 pés de altura e o sol está num ângulo de 30 graus, um físico dirá alegremente que a sombra *tem de* ter uma profundidade de dez pés e meio.

Em seu *Ensaio filosófico sobre probabilidades*, Laplace dedica atenção explícita a essa classe de argumentos substanciais-contudo-conclusivos: "Nas aplicações da análise matemática à física", ele diz, "os resultados têm toda a certitude de fatos"[7], e os compara aos argumentos nos quais se depende da estatística, e cujas conclusões não são mais que prováveis. É significativo que Laplace trace esta distinção do modo como faz. Aplicando o sistema newtoniano de mecânica a um problema em dinâmica estelar – ele nos lembra –, normalmente somos levados não a toda uma bateria de previsões possíveis, cada qual com maior ou menor expectativa de confirmação eventual, mas, sim, a uma única solução, não ambígua e inequívoca. Se admitirmos que a mecâ-

---

7. Cap. III, "Terceiro princípio".

nica newtoniana é suficientemente bem estabelecida para equacionar nosso problema, teremos de aceitar que essa conclusão particular decorre necessariamente de nossos dados originais.

Em termos mais claros: dado o atual estado da teoria, só temos o direito de contestar a necessidade da conclusão se estivermos preparados para contestar a adequação ou relevância da dinâmica newtoniana. Isto significa não apenas salientar que os argumentos em dinâmica planetária são substanciais (logo, que sua solidez pode ser questionada *sem contradição*), mas também significa mostrar que eles são *de fato* pouco confiáveis; isto é, significa atacar a dinâmica newtoniana em sua própria base. A menos que estejamos preparados para levar a cabo esse desafio, com tudo o que ele envolve, o astrônomo tem o direito de ignorar nossas objeções e de afirmar que, para seus propósitos, a teoria fornece uma e única resposta confiável às suas questões. Uma resposta obtida por esses métodos *tem de,* certamente, ser a resposta, ele dirá, pois é a resposta à qual nos leva necessariamente um cálculo corretamente desenvolvido, de acordo com procedimentos bem estabelecidos.

E estes argumentos substanciais-contudo-conclusivos não se encontram só nas ciências mais elaboradas e técnicas. Quando Sherlock Holmes diz para Watson "como vê, meu caro Watson, o ladrão que roubou o Tratado Naval *só podia* ter sido Joseph Harrison" ou "concluí que o ladrão *tinha* de ser alguém que vivia na casa", ele não está querendo dizer que pode apresentar um argumento analítico para estabelecer sua conclusão; ele quer dizer, mais propriamente, que por padrões diferentes-de-analíticos e recorrendo a garantias diferentes-de-analíticas, o indício só admite essa conclusão.

No próximo ensaio veremos o quão amplamente esse ponto de vista está distante do de muitos lógicos formais. Para eles é lugar-comum o fato de que nenhum argumento pode ser, ao mesmo tempo, substancial e conclusivo; só as conclusões dos argumentos analíticos, eles afirmam, podem ser classificadas, de forma apropriada, como necessárias; e as conclusões dos argumentos substanciais – por mais que sejam bem estabelecidas e fundamentadas com segurança as garantias com as quais se contou para chegar a elas – jamais podem ser mais do que muitíssimo prováveis. Por que adotam essa conclusão? Bem, eles explicam, sempre se pode imaginar circunstâncias em que poderia acontecer de sermos obrigados a reconsiderar alguma garantia substancial; por mais bem estabelecida que qualquer teoria possa parecer no momento, faz sentido falar de experiências que, no futuro, nos obriguem a rever a teoria, e enquanto as coisas continuarem assim – como na natureza das coisas sempre deve ser – estaremos sendo presunçosos se classificarmos como necessária qualquer conclusão a que se chegou. Só poderíamos escapar desse dilema se a idéia de termos de reconsiderar nossa garantia de inferência desse origem a uma contradição positiva, e isto jamais poderia acontecer exceto com um argumento analítico, cuja garantia apoiou-se não pela experiência, mas, sim, por uma implicação.

Se encontrarmos na prática uma classe de argumentos que sejam ao mesmo tempo substanciais e conclusivos, então teremos encontrado uma classe de argumentos analíticos com conclusões tentativas ou qualificadas. Mais uma vez, os quase-silogismos fornecem um bom exemplo. Como já se vê pelo nome, estes argumentos não são absolutamente conclusivos; tudo que nos dão o direito de inferir é (digamos) que Petersen *quase-certamente*, ou *provavelmente*, *não é* católico romano. Ao mesmo tempo, devemos aceitar esses argumentos como analíticos por duas razões: eles satisfazem nosso critério primário de analiticidade – o apoio para a garantia empregada inclui uma referência implícita ao fato que estamos interessados em inferir, muito embora nós mesmos não possuamos todo o apoio detalhado; e além disso a validade de tais argumentos tem de ser evidente tal como está, ou não ser de modo algum – se alguém pergunta, de um quase-silogismo, "conclui-se de fato isso? Esta é de fato uma inferência legítima?", seremos tão incapazes de compreendê-lo como seríamos se ele questionasse um autêntico silogismo. Só uma coisa parece ser, de início, contra chamar de analíticos os argumentos quase-silogísticos: o fato de que dados e apoio tomados em conjunto são, pelos padrões lingüísticos, compatíveis com a negação da conclusão – como vimos, não há nenhuma contradição positiva na suposição de, sendo Petersen sueco, e quase nenhum sueco católico romano, ainda assim Petersen ser católico romano. Mas como alguém poderia esperar aqui uma contradição *positiva*? Pois todo o objetivo do qualificador "provavelmente" é evitar qualquer compromisso positivo, e este é seu efeito subentendido, quer apareça numa afirmação isolada ou na conclusão de um argumento, quer este argumento seja substancial ou analítico. Assim, temos aqui um caso *prima facie* de um argumento que é analítico sem ser conclusivo.

Nesse ponto, pode-se impor uma objeção, como se segue: "Mesmo que se admita que os argumentos quase-silogísticos são analíticos, eles não são o exemplo que você procura. Você alega que eles são tentativos, mas só consegue mostrá-lo se suprimir alguns dos dados essenciais. Se afirmasse explicitamente toda a informação necessária para que estes argumentos fossem válidos, perceber-se-ia que eles não são de fato tentativos, de modo algum; não se pode pedir coisa mais conclusiva que estes argumentos."

Que espécie de informação estaria sendo suprimida? E que, se revelada, removeria todo o caráter de inconclusivo desses argumentos? Duas sugestões devem ser consideradas. Argumentos quase-silogísticos, poder-se-ia dizer, só são válidos se pudermos acrescentar o dado: (*a*) "... e não sabemos nada mais relevante sobre Petersen" – com este dado extra, o argumento se transforma em analítico, e leva necessariamente à conclusão de que a probabilidade de Petersen ser católico romano é pequena. Ou, por outro lado, poder-se-ia dizer, temos de inserir o dado adicional (*b*), "... e Petersen é um sueco tomado ao acaso" – ao explicitar este dado adicional, veremos que um argumento quase-silogístico é realmente um argumento conclusivo disfarçado.

Não podemos rebater essa objeção com uma negação direta; temos de reformulá-la, para retirar-lhe sua força. É claro que temos de conceder que os quase-silogismos só podem ser adequadamente desenvolvidos se os dados iniciais a partir dos quais argumentamos afirmarem tudo quanto sabemos que é relevante para a questão em debate; se eles só apresentarem uma parte de nosso conhecimento relevante, será preciso argumentar não de modo categórico, mas, sim, de modo hipotético – "dada apenas a informação de que Petersen é sueco, podemos concluir que as chances de ele ser católico romano são insignificantes...". Mas significa isso que a afirmação (*a*) fosse um item essencial de nossos dados, que jamais poderíamos ter omitido? Esta afirmação é, sem dúvida, não tanto uma afirmação *de* um dado quanto uma afirmação *sobre a natureza de* nossos dados; apareceria naturalmente não como parte de nossa resposta à questão "o que você tem para seguir em frente?", mas, antes, como um comentário que poderíamos acrescentar subseqüentemente, depois de ter afirmado (digamos) o fato solitário sobre a nacionalidade de Petersen.

A objeção de que omitimos a informação (*b*), de que Petersen é um sueco tomado ao acaso, pode ser repelida de modo semelhante. A informação de que Petersen fosse um sueco de cabelo ruivo, ou um sueco de pele escura, ou um sueco que falava finlandês, poderia ser chamada de "fato extra" sobre ele e talvez afetasse, de um ou outro modo, as expectativas que temos sobre sua crença religiosa. Mas a informação de que ele é um sueco tomado *ao acaso* não é igual a esta, de modo algum. Não é mais um fato sobre ele que pudesse ser relevante para nossas expectativas; é, quando muito, um comentário de segunda ordem sobre nossa informação anterior, que indica que, por tudo o que sabemos, temos o direito de presumir alguma coisa sobre Petersen, sugerida pelas generalidades estabelecidas a respeito dos suecos. Assim, mais uma vez, o chamado dado adicional (*b*) vem a ser não tanto um dado quanto um comentário de passagem sobre a aplicabilidade a esse homem particular de uma garantia baseada só em generalidades estatísticas.

A divisão de argumentos em analíticos e substanciais é, portanto, inteiramente diferente da distinção que se faz em argumentos conclusivos (necessários) e tentativos (prováveis). Os argumentos analíticos podem ser conclusivos ou tentativos; e os conclusivos, analíticos ou substanciais.

Mas aqui temos de tomar cuidado, imediatamente, com a terminologia. Temos de renunciar ao hábito comum de usar o advérbio "necessariamente" como aplicável a todos os casos em que se usa o advérbio "dedutivamente" – onde é usado para significar "analiticamente". Nos casos em que um argumento substancial leva a uma conclusão inequívoca, temos o direito de usar a forma "D, logo necessariamente C", apesar de a relação entre dados, apoio e conclusão não ser analítica; mas nos casos em que um argumento analítico leva a uma conclusão tentativa, já não podemos mais dizer, de modo estrito, que a conclusão se segue "necessariamente"; só podemos dizer que se segue analiticamente. Uma vez que passemos a identificar "analiticamente" e "necessariamente", temos de concluir um argumento com uma expressão paradoxal "...logo, Petersen não é necessariamente provavelmente católico romano", ou, até mesmo "...logo, Petersen não é necessariamente necessariamente católico romano". O melhor, na verdade, talvez seja desprezar completamente as palavras "dedutivamente" e "necessariamente", e substituí-las por "analiticamente" ou por "inequivocamente", conforme o exija o exemplo.

Os perigos da simplicidade

Este ensaio restringiu-se, deliberadamente, a estudos prosaicos das diferentes críticas às quais nossos microargumentos estão sujeitos, e a desenvolver um padrão de análise suficientemente complexo para fazer justiça às diferenças mais óbvias entre estes tipos de crítica. Seria tedioso demarcar tantas distinções, se não tivéssemos em vista um ponto em relação ao qual as distinções tivessem importância filosófica. Por isto nos permitiremos, nesta seção, não apenas olhar para trás – para ver o terreno que percorremos – mas, também, olhar à frente – para ver que tipo de importância terão as distinções, importância que, afinal, justificará estas preliminares tão trabalhosas.

Começamos a partir de uma questão sobre "forma lógica", com dois aspectos; havia a questão sobre que relevância a ordem geométrica prestigiada nas análises tradicionais do silogismo poderia ter para quem quisesse distinguir entre argumentos firmes e argumentos não-firmes; e havia também a questão de se, em qualquer caso, o padrão tradicional para analisar microargumentos – "Premissa Menor, Premissa Maior, assim Conclusão" – era suficientemente complexo para refletir todas as distinções que temos de enfrentar, na prática da avaliação de argumentos.

Atacamos primeiro a última questão, com um olho no exemplo da jurisprudência. Há muito tempo que os filósofos que estudam a lógica dos argumentos legais têm sido forçados a classificar suas proposições em muito mais do que três tipos e, mantendo nossos olhos na verdadeira prática do argumento, nos vimos obrigados a segui-los pela mesma estrada. Há no argumento prático uma boa meia dúzia de funções a serem desempenhadas por diferentes espécies de proposição; uma vez que se reconheça isto, temos necessariamente de distinguir não apenas entre premissas e conclusões, mas entre alegações, dados, garantias, qualificadores modais, condições de refutação, afirmações sobre a aplicabilidade ou inaplicabilidade de garantias, e outros.

Essas distinções não serão particularmente novas para aqueles que estudaram, explicitamente, a lógica de tipos especiais de argumento prático; o tópico das exceções ou condições de refutação, por exemplo – que foram rotuladas com (R) em nosso modelo de análise –, foi discutido pelo professor H. L. A. Hart sob o título de "revogabilidade", e ele mostrou sua relevância não só para o estudo jurisprudencial do contrato, mas, também, para as teorias filosóficas sobre livre-arbítrio e responsabilidade. (É provável que este não tenha sido um mero resultado acidental, ao qual chegou quando trabalhava na fronteira entre jurisprudência e filosofia.) Percebem-se traços da distinção até mesmo nos escritos de alguns que permanecem apegados às tradições da lógica formal. Sir David Ross, por exemplo, discutiu os mesmos tópicos das refutações, em especial no campo da ética. E reconhece que, na prática, somos compelidos a admitir exceções a todas as regras morais, pelo menos porque quem quer que reconheça mais do que uma regra está sujeito, em certas ocasiões, a descobrir que duas de suas regras apontam em direções diferentes; mas, se estiver comprometido com o modelo tradicional de análise de argumento, não terá a categoria dos argumentos presuntivos, ou de refutações (R), em termos dos quais prover uma explicação para essa necessidade. Hart contorna a dificuldade – continua a interpretar as regras morais de ação como premissas maiores, mas critica o modo como, em geral, constroem-se as frases. Se tivermos de ser lógicos, diz Hart, temos de acrescentar as palavras "*prima facie*" a todas as nossas regras morais; sem estas palavras, Hart não pode ver nenhuma possibilidade estrita de admitir exceções.

Por conseguinte, pareceu-nos mais natural procurar paralelos entre lógica e jurisprudência do que paralelos entre lógica e geometria; um argumento analisado com clareza é (1) um argumento em que as formalidades da avaliação racional estão expostas claramente; é (2) expressado "na forma própria"; e é (3) um argumento arranjado numa boa forma geométrica. Certo, há toda uma grande classe de argumentos válidos que podem ser expressados na forma simples "dados; garantia; logo, conclusão", a garantia servindo precisamente como a ponte necessária para a transição dos dados para a conclusão; mas chamar tal argumento de formalmente válido é dizer apenas algo sobre o modo como o pomos em frases, e nada dizer sobre *razões para* que seja aceito como válido. Só se compreendem estas razões quando se considera o *apoio* da garantia invocada.

O modelo tradicional de análise, eu sugeri, tem dois sérios defeitos. Está sempre sujeito a nos levar, como leva Sir David Ross, a prestar muito pouca atenção às diferenças entre os vários tipos de crítica às quais os argumentos estão sujeitos – as diferenças, por exemplo, entre garantias (W) e refutações (R). Premissas específicas expressam, em geral, nossos dados; ao passo que premissas universais podem expressar garantias ou o apoio para as garantias e, quando são afirmadas na forma "todos os A's são B's", muitas vezes ficaremos sem poder entender a função que desempenham. As conseqüências dessa obscuridade podem ser graves, como veremos mais tarde, em particular quando levamos em conta o outro defeito do modelo tradicional – eles obscurecem as diferenças entre diferentes campos de argumento, e as espécies de garantia e apoio apropriadas a esses campos diferentes.

Estudamos em certa extensão uma distinção central: a diferença entre o campo dos argumentos analíticos que, na prática, são bastante raros, e outros tipos de argumento que se podem agrupar sob o título de argumentos substanciais. Como os lógicos há muito descobriram, o campo dos argumentos analíticos é particularmente simples; determinadas complexidades que afligem inevitavelmente os argumentos substanciais nunca têm de incomodar ninguém, no caso dos analíticos; e quando a garantia de um argumento analítico é expressa na forma "todos os A's são B's", qualquer argumento pode ser planejado pelo padrão tradicional sem nenhum dano – pois, de vez em quando, a distinção entre nossos dados e o apoio de nossa garantia deixa de ser seriamente importante. Esta simplicidade é muito atraente, e a teoria dos argumentos analíticos com premissa maior universal foi, portanto, tomada e desenvolvida com entusiasmo por lógicos de muitas gerações.

Mas a simplicidade tem seus perigos. Uma coisa é escolher como primeiro objeto de estudo teórico o tipo de argumento que se ofereça à análise nos termos mais simples. Outra coisa seria tomar esse tipo de argumento como paradigma e exigir que argumentos em outros campos se conformassem, a qualquer preço, aos seus padrões; ou desenvolver, a partir de um estudo só das formas mais simples de argumento, um conjunto de categorias projetadas para serem aplicadas a argumentos de todas as espécies; em todo caso, deve-se começar por investigar cuidadosamente até que ponto a artificial simplicidade do modelo escolhido é resultado de acolher categorias lógicas também artificialmente simplificadas. Os riscos que se corre, por outro lado, são bastante óbvios. Distinções que, por acaso, cruzam a mesma linha nos argumentos mais simples podem ter de ser tratadas inteiramente à parte, no caso geral; se esquecermos isto e nossas categorias lógicas recém-descobertas renderem resultados paradoxais quando aplicadas a argumentos mais complexos, pode acontecer de sermos tentados a atribuir os maus resultados a defeitos dos argumentos, em vez de atribuí-los às nossas categorias; e pode acontecer de sermos levados a acreditar que, por alguma lamentável razão oculta no fundo da natureza das coisas, só nossos argumentos originais, peculiarmente simples, conseguem alcançar o ideal de validade.

Neste ponto, só podemos aludir em termos inteiramente gerais a estes perigos. Nos últimos dois ensaios deste livro, cuidarei de mostrar, mais precisamente, o quanto aqueles perigos têm afetado os resultados obtidos, primeiro pelos lógicos formais e depois pelos filósofos que operam no campo da epistemologia. O desenvolvimento da teoria lógica, argumentarei, começou historicamente com o estudo de uma classe muito especial de argumentos – a saber, os argumentos formalmente válidos, inequívocos, analíticos, com uma afirmação universal como "premissa maior". Os argumentos dessa classe são excepcionais sob quatro "critérios" diferentes, que, associados, os tornam mau exemplo para o estudo geral. Para começar, o uso da forma "todos os A's são B's" na premissa maior oculta a distinção entre uma garantia de inferência e a afirmação de seu apoio. Em segundo lugar, se só se considera esta classe de argumentos, a distinção entre nossos dados e o apoio de garantia deixa de ser seriamente importante. (Esses dois primeiros fatores entre eles podem levar a negligenciar as diferenças funcionais entre dados, garantias e o apoio das garantias; e podem assim pô-las todas num mesmo plano e rotulá-las, indiferentemente, como "premissas".)

Em terceiro lugar, sendo analíticos os argumentos desse tipo escolhido, o procedimento para verificar o apoio em cada caso envolve *ipso facto* verificar a conclusão; ao passo que como eles são, em quarto lugar, também inequívocos, torna-se impossível aceitar os dados e o apoio e, no entanto, negar a conclusão sem contradizer-se explicitamente. Essas características da primeira classe de argumentos que escolheram têm sido interpretadas pelos lógicos como sinais de méritos especiais; outras classes de argumento, acham eles, são deficientes, porque não exibem os méritos característicos da classe paradigma; e as distinções que, só nesse primeiro caso, se cruzam na mesma e única linha são identificadas e tratadas como uma única distinção. As divisões de argumentos em analíticos e substanciais, em argumentos que usam garantia e que estabelecem garantia, em conclusivos e tentativos, e em formalmente válidos e não formalmente válidos são sistematizadas para propósitos da teoria numa única distinção, e o par de termos "dedutivo" e "indutivo", que, na prática – como vimos –, é usado para marcar apenas a segunda das quatro distinções, é anexado igualmente às quatro.

Esta simplificação inicial exagerada assinala o começo tradicional de muita coisa na teoria lógica. Muitos dos problemas correntes na tradição lógica derivam de se adotarem argumentos-paradigma analíticos como padrão, em comparação com os quais todos os outros argumentos podem ser criticados. Mas analiticidade é uma coisa, validade formal é outra; e nenhuma delas é critério universal de necessidade, menos ainda da solidez de nossos argumentos.

Os argumentos analíticos são um caso especial, e estaremos acumulando problemas sobre nossas costas, seja em lógica seja em epistemologia, se não os tratarmos como caso especial. Esta, em todo caso, é a alegação que espero provar nos dois ensaios seguintes.

IV. Lógica prática e lógica idealizada

Até aqui, nesses ensaios, fiz o máximo para evitar qualquer discussão explícita de teoria lógica. Sempre que vi algum perigo de colisão com os lógicos formais, desviei de rumo e deixei de lado o conceito contencioso – "necessidade lógica" e outros –, com uma nota para reconsiderar mais tarde. Agora, a lista de itens a serem reconsiderados já está bem longa; e nós vimos uma grande quantidade de sinais de divergência entre as categorias da crítica do argumento prático e as categorias da crítica da lógica formal. Já não é mais possível evitar a colisão; mas, antes, cuidemos de ter nossos arpéus à mão.

Na primeira parte deste ensaio, procederei à maneira de um cientista. Começo por declarar minha hipótese; a saber, que as categorias da lógica formal foram desenvolvidas a partir de um estudo do silogismo analítico; que este é um tipo de argumento simples, não representativo e enganador, e que muitos dos lugares-comuns paradoxais da lógica formal e da epistemologia se originam de erradamente se aplicarem estas categorias a argumentos de outros tipos. Em seguida, explorarei as conseqüências que advêm do fato de se tratarem silogismos analíticos como paradigma e, em especial, os paradoxos gerados por tratar como idênticos vários modos de distribuir argumentos que só são genuinamente equivalentes no caso de silogismos analíticos. As categorias a que seremos levados, desenvolvidas por procedimento deste tipo, e as conclusões a que seremos conduzidos quando as aplicarmos à análise de argumentos em geral, serão nossa preocupação seguinte; os primeiros dividendos de nossa investigação aparecerão quando nos voltarmos para os livros de filósofos e lógicos contemporâneos, e encontrarmos empregadas neles e neles defendidas só as categorias e as conclusões que minha hipótese, aqui apresentada, houver previsto.

A primeira parte deste ensaio terminará, portanto, quando minha hipótese for "verificada" – quando descobrirmos o quão amplamente essas categorias e conclusões foram aceitas de modo inquestionável.

A segunda parte do ensaio será mais judicial do que científica. Darei por suposto que minha hipótese foi verificada e argumentarei que os lógicos formais conceberam mal as suas categorias, e só chegaram às conclusões que conhecemos por uma série de equívocos e mal-entendidos. Que procuram justificar seus paradoxos como o resultado de pensar e falar, de vez em quando, de modo absolutamente *estrito*; e que as conclusões que apresentam, quando examinadas, mostram-se, de fato, nem tanto estritas quanto *não-pertinentes*. Sempre que os lógicos formais afirmam que dizem coisas relevantes sobre argumentos não-analíticos, temos de criticá-los; para estudar outros tipos de argumento são necessárias novas categorias e é preciso pôr de lado as distinções correntes – em especial, a grave confusão que se marca, em geral, pela oposição entre os termos "dedutivo" e "indutivo".

Na terceira seção deste ensaio, procurarei ser, ao mesmo tempo, mais histórico e mais explicativo. As categorias supersimplificadas da lógica formal são atraentes não apenas pela simplicidade, mas também porque se encaixam com precisão em outros preconceitos influentes.

Desde o tempo de Aristóteles, os lógicos consideram muito atraente o modelo matemático, e uma lógica que tomasse por modelo a jurisprudência em vez da geometria não poderia aspirar à elegância matemática daquele modelo ideal. Infelizmente, uma lógica idealizada, como aquela em direção à qual nos arrastou o modelo matemático, não pode, seriamente, manter-se em contato com sua aplicação prática. A demonstração racional não é objeto adequado para uma ciência intemporal, axiomática; e, se isto for o que tentamos fazer da lógica, então corremos o risco de, ao final, termos uma teoria cuja conexão com a crítica de argumentos será tão frágil quanto a conexão que há entre a teoria medieval das frações racionais e a "música" da qual tirou seu nome.

Uma hipótese e suas conseqüências

Para começar, deixe-me especificar o fenômeno que nos cabe explicar. Em termos gerais, o melhor modo de designá-lo é como uma divergência sistemática entre dois conjuntos de categorias: as categorias que vemos empregadas na atividade prática da argumentação, e as análises a elas correspondentes expostas em livros de lógica formal. Onde os padrões para julgar a solidez, a validade, o poder de convicção ou a força dos argumentos são, na prática, campo-dependentes, os teóricos lógicos restringem as noções e tentam defini-las em termos campo-invariáveis; onde a possibilidade, a necessidade e coisas semelhantes são tratadas, na prática, como campo-dependentes, os lógicos têm a mesma reação – ou, quando muito, admitem de má vontade que possa haver significados mais livres para palavras como "necessidade", que se usam para falar sobre causalidade, moralidade e coisas semelhantes; se a idéia for que qualquer argumento que use garantia pode ser designado na prática como *dedução*, os lógicos novamente reagem e só admitem que se fale em *dedução* no caso de argumentos analíticos.

Estes são apenas alguns exemplos de o quanto se separaram a prática crítica e a teoria lógica; nossa tarefa agora é explicar esta tendência geral à separação. Para verificar qualquer hipótese que explique essa divergência, teremos não apenas de inferir dela a existência de *uma* divergência dessa espécie geral, mas, ainda, teremos de poder perguntar que tipo de divergência, precisamente, a hipótese nos leva a esperar; uma hipótese satisfatória terá de nos permitir prever a exata forma que assume a divergência.

Digamos, então, que aconteceu o seguinte: tendo começado, como Aristóteles, por estudar os argumentos silogísticos e, em particular, os silogismos analíticos, os lógicos desenvolveram o conjunto mais simples e mais compacto de categorias, que lhes serviria razoavelmente para criticar argumentos silogísticos. Como resultado, acabaram por negligenciar as diferenças que há entre as quatro ou cinco distinções cruciais, que só "dão na mesma" no caso do silogismo analítico – as distinções que observamos no último ensaio. Em rápido resumo, estas distinções são:

(i) A diferença entre argumentos necessários e argumentos prováveis; isto é, entre argumentos em que a garantia nos dá direito de argumentar inequivocamente até a conclusão (e que se rotulam com o qualificador modal "necessariamente"), e argumentos em que a garantia só nos dá direito a conclusões provisórias (que se qualificam com um "provavelmente"), a conclusões sujeitas a exceções (que se marcam com "presumivelmente") ou a conclusões condicionadas (que se marcam com "desde que...").

(ii) A diferença entre argumentos que são formalmente válidos e argumentos que não se pode esperar que sejam formalmente válidos; qualquer argumento é formalmente válido se for exposto de tal modo que se possa chegar à conclusão mediante uma adequada disposição dos termos nos dados e na garantia. (Um dos atrativos da lógica formal sempre foi a possibilidade de a análise de validade, neste sentido, depender exclusivamente de questões de forma.)

(iii) A diferença entre os argumentos, inclusive os silogismos ordinários, em que se conta com uma garantia cuja adequação e aplicabilidade foram previamente estabelecidas, e os argumentos que visam a estabelecer a adequação de uma garantia.

(iv) A diferença entre argumentos expressos em termos de "conectivos lógicos" ou quantificadores e argumentos não expressos deste modo. As palavras lógicas aceitáveis incluem "todos", "alguns", "ou" e algumas outras, que são firmemente arrastadas para longe das cabras não-lógicas, isto é, para longe da generalidade de substantivos, adjetivos e coisas semelhantes, e de conectivos e quantificadores desregrados como "a maioria", "alguns poucos", "exceto". Dado que a validade dos silogismos está intimamente ligada à adequada distribuição das palavras lógicas dentro das sentenças que os compõem, lá vamos nós, outra vez, incluindo os silogismos válidos na primeira das nossas duas classes.

(v) A diferença fundamental entre argumentos analíticos e argumentos substanciais, que só pode ser mitigada se nossas garantias de inferência forem afirmadas sob a forma tradicional – "todos os (ou nenhum) A's são B's".

É questão de história, é claro, que a lógica formal tenha começado de um estudo do silogismo e, em especial, do silogismo analítico. O que se segue é, pelo menos em parte, uma suposição.

Minha idéia é, então, que os lógicos, tendo feito sua análise a partir daí, deixaram-se impressionar demais com o caráter único do silogismo analítico, que lhes pareceu "perfeito" – o silogismo analítico não só é analítico, mas também formalmente válido, usa garantia, leva inequivocamente às conseqüências e é expresso em termos de "palavras lógicas". Comparadas a ele, outras classes de argumentos pareceram menos tratáveis – eram menos confiáveis e mais provisórios, envolviam saltos substanciais, desautorizavam os padrões formais de validade, eram expressos em termos de palavras não-lógicas vagas e, em certos casos, nem sequer recorriam a qualquer garantia estabelecida, ou mesmo reconhecível.

Sob a pressão de motivos sobre os quais teremos de especular mais adiante, os lógicos, por tudo isto, fundiram nossas cinco distinções numa única distinção – que apresentaram como condição absoluta e essencial da salvação lógica. E, a partir de então, só concederiam validade a argumentos que passassem em todos os cinco testes; e assim o silogismo analítico foi transformado em paradigma ao qual todos os argumentos "de respeito" têm de se amoldar.

Esta diferenciação indiferenciada, totalmente conflituosa, teve de ser marcada por algum par de termos, e em vários momentos usaram-se pares diferentes: "dedutivo", "conclusivo" e "demonstrativo" para marcar a classe preferida de argumentos; "indutivo", "inconclusivo" e "não-demonstrativo" para os outros. Que termos empregaremos? Se quiséssemos, poderíamos escolher outros nomes, algum neologismo inteiramente neutro, mas nos arriscaríamos a um resultado ainda pior. Usaremos, portanto, um termo que muitas vezes se tem associado a esta distinção conflituosa, a saber, o termo "dedutivo".

Este termo, aplicado no argumento prático a todos os passos que usam garantia, tem sido estendido por muitos lógicos, para propósitos de teoria, para marcar todas estas cinco distinções, de uma só vez; e podemos segui-los – com o cuidado de sempre o marcar com aspas de precaução.

O que acontecerá se, deliberadamente, nos abstivermos de marcar cada uma de nossas cinco distinções e, em vez disso, insistirmos em remisturá-las? Suponhamos que estejamos considerando que o silogismo analítico ou "dedutivo" – um tipo de argumento formalmente válido, inequívoco, analítico, que usa garantia – estabelece, de fato, um padrão ao qual devem aspirar todos os argumentos de todos os tipos. Que tipo de teoria lógica estaremos desenvolvendo e que espécie de doutrinas e categorias teóricas seremos obrigados a aceitar?

Partindo desse ponto, encontraremos problemas difíceis até mesmo para discutir o silogismo ortodoxo. A expressão "todos os A's são B's" pode, como já vimos, ter vários usos; pode ser usada para afirmar uma garantia de inferência e, também, para afirmar o apoio para esta garantia; e o apoio que ela afirma pode, por seu turno, ser de vários tipos – por exemplo, estatístico, legal ou taxionômico. Se supusermos, de início, que as diferenças entre argumentos em diferentes campos não são essenciais e que todos os argumentos têm de ser redutíveis a um único tipo básico, corremos o risco de desconsiderar as várias funções daquela expressão, e de interpretarmos os argumentos silogísticos por um único padrão analítico. E assim seremos forçados a nos perguntar se o silogismo – sendo ostensivamente analítico – tinha mesmo de ser capaz de produzir resultados substanciais.

Aristóteles, que era zoólogo, desejava, com certeza, exprimir argumentos substanciais em forma silogística; no entanto, uma vez que tenhamos ficado impressionados pelo poder de convicção aparentemente superior dos argumentos analíticos, e tenhamos sido tentados a exigir analiticidade como condição de "dedutividade" ou "validade", não podemos permitir, de forma coerente, que os silogismos substanciais passem sem crítica. Um silogismo analítico válido *não pode* em sua conclusão nos dizer algo que já não tenha sido incluído nos dados e no apoio da garantia; assim, um silogismo que envolva um passo genuinamente substancial só pode ser justificado – de nosso ponto de vista atual – se, em algum ponto dos dados e do apoio, pedir a própria conclusão que queremos estabelecer.

O paradoxo surge aqui como resultado, em parte, de não distinguir entre uma garantia e seu apoio. No silogismo analítico, a conclusão deve, dependendo da natureza do caso, repetir, em outras palavras, algo já implícito nos dados e no apoio; mas, olhando para o silogismo substancial, ficamos divididos entre duas conclusões aparentemente contraditórias – ou dizer que os dados e a "premissa universal" (garantia) implicam necessariamente a conclusão, ou dizer que os dados e a "premissa universal" (apoio) são entre eles formalmente consistentes com a conclusão oposta – ambas as quais são, de fato, verdadeiras. Qualquer silogismo pode ser formalmente válido, mas só os silogismos analíticos são analíticos!

As conseqüências de nossa escolha de paradigma serão mais notáveis em nosso tratamento das categorias lógicas gerais e, em particular, dos qualificadores modais. Uma vez que comecemos por aplicar um único padrão de validade para todo e qualquer argumento, independentemente de campo, continuaremos, como era de esperar, por adotar também um critério único de necessidade, possibilidade e impossibilidade. No silogismo analítico, a conclusão decorre "necessariamente" se, e somente se, sua contraditória for formalmente incompatível com os dados e o apoio. Deste modo, podemos dizer:

> Anne é irmã de Jack;
> cada uma das irmãs de Jack tem cabelo vermelho;
> assim (necessariamente), Anne tem cabelo vermelho,

só porque, tendo afirmado nossos dados e o apoio nas primeiras duas sentenças, acrescentar que o cabelo de Anne não é vermelho seria retirar, na conclusão, algo já afirmado. Tendo feito este teste universal, só nos parecerá apropriado chamar uma conclusão de "necessária", ou dizer que ela decorre "necessariamente" de nossos dados, no caso de haver plena implicação. Do mesmo modo, no caso de possibilidade e impossibilidade seremos tentados a elevar os critérios de possibilidade e impossibilidade aplicáveis aos argumentos analíticos a definições positivas dos termos: o termo *impossível* significará então, para nós, o mesmo que "incompatível" ou "contraditório", e o termo *possível* significará o mesmo que "consistente" e "não contraditório".

A divergência entre esse uso teórico e nossa prática cotidiana não pode deixar de nos impressionar; em geral, as conclusões são consideradas necessárias, possíveis ou impossíveis, por outras razões bem diferentes. Mas, por enquanto, ainda não temos de nos preocupar muito; nossas presentes definições estão sendo introduzidas para propósitos de teoria lógica, e portanto podemos demarcá-las com o advérbio "logicamente". Assim, terminaremos com as seguintes definições:

(i) "P é logicamente impossível" significa "P é autocontraditório ou contradiz os dados e o apoio na base do que estamos argumentando",
(ii) "P é logicamente possível" significa "P não é logicamente impossível (como acaba de ser definido)" e
(iii) "P é logicamente necessário" significa "a negação de P é logicamente impossível (como acaba de ser definido)".

Consistência, contradição e implicação serão agora oferecidas como os únicos traços que, de um ponto de vista lógico, podem conferir validade a argumentos ou excluí-los por inválidos.

"De qualquer modo, como podem categorias definidas em termos como esses ser aplicadas a argumentos substanciais? Afinal de contas, em seu caso, a relação dos dados e do apoio com a conclusão não pode, *ex hypothesi*, significar implicação nem correr o risco de contradição." Enquanto mantivermos a forma silogística tradicional, o gume deste problema permanecerá oculto por trás da ambigüidade da forma da sentença "todos os A's são B's"; mas, uma vez que tornemos explícita a distinção entre dados, apoio e garantias, já não podemos continuar a esconder o problema de nós mesmos. A grande glória de David Hume foi ele ter enfrentado resolutamente esta dificuldade e ter-se recusado a se esconder por trás das ambigüidades, por mais paradoxais que fossem as conseqüências.

Tentemos agora levar até o fim estas conseqüências, para ver aonde somos levados. O paradoxo não deve nos deter: ele será inevitável. Para começar, quando comparado com nosso novo padrão de argumento "dedutivo", não se pode continuar a dizer que os argumentos substanciais sejam "dedutivos"; *a fortiori*, nenhum argumento substancial pode ser necessário – tomado o termo em sentido lógico –, e nenhuma conclusão substancial pode seguir-se necessariamente, ou com mais do que alto grau de probabilidade.

Nos casos em que o linguajar comum usa a palavra "necessariamente" para qualificar as conclusões dos argumentos substanciais, temos de dizer agora que "necessariamente" é apenas *façon de parler*[1] vago e impreciso, resultante da falta de atenção. Do mesmo modo, qualquer conclusão que não contradiga nossos dados tem agora de ser admitida como possível, por mais implausível que seja, e só diremos que uma conclusão é *impossível* se levar a contradição flagrante. O mundo das possibilidades torna-se indefinidamente mais extenso, e torna-se infinitamente mais difícil eliminar racionalmente algumas possibilidades – pelo menos nos argumentos substanciais.

Há de haver quem se sinta inclinado a parar por aqui, mas outros verão que se pode e se deve continuar. Se definimos algumas de nossas categorias lógicas em termos de

---

1. Em francês, no original. "Modo de falar." (N. do T.)

consistência, contradição e implicação, não temos de definir todas do mesmo modo?

O termo "provável", mais especificamente, é tão qualificador modal quanto os termos "necessário" e "impossível", de modo que será que podemos de fato ficar satisfeitos, para propósitos lógicos, também no caso deste termo, com algo menos do que uma definição universal claramente relacionada com nossas definições anteriores de necessidade, impossibilidade e possibilidade? Se aceitamos esse programa, seremos forçados a definir "probabilidade" em termos de implicação; uma afirmação como "os dados e o apoio à nossa disposição, *e, tornam provável* que *h*" deve ser explicada agora apenas em referência aos significados das afirmações componentes *e* e *h* e das relações semânticas entre elas.

Por fim, tendo analisado "provável" desta maneira, estaremos fortemente pressionados a fazer o mesmo com noções como "confirmação" e "suporte de indícios". Se a lógica ocupar-se apenas de contradição, implicação e consistência, e o estudo da confirmação e do suporte de indícios tiver de ser posto sobre uma base lógica e tornar-se parte da ciência da lógica, não teremos, de fato, alternativa; *temos de* encontrar algum modo de também definir essas noções em termos das relações semânticas entre o indício *e* e qualquer conclusão sugerida *h*.

Se o fizermos, nossas dificuldades aumentam ainda mais. A divergência entre uso teórico e prática cotidiana aparece mais fortemente marcada, e os paradoxos conseqüentes, mais extremos. A partir de agora, não só seremos forçados a rejeitar a alegação de que alguns argumentos substanciais são necessários; além disto, tampouco continuaremos a poder admitir que eles possam ser ao menos *prováveis*, falando estritamente. Pois, no caso de argumentos genuinamente substanciais, a probabilidade depende de outras coisas, inteiramente diferentes de relações semânticas. A conclusão é inescapável: nos argumentos substanciais, as conclusões não podem seguir-se com necessidade lógica e tampouco podem seguir-se *logicamente* com probabilidade. Admitindo-se, mais uma vez, que no linguajar comum nós falemos dessas conclusões como mais ou menos prováveis, neste caso usamos o termo "provável" num outro sentido, tão diferente da probabilidade lógica como o "deve", o "pode" e o "não pode" da fala cotidiana são diferentes da possibilidade, impossibilidade e necessidade lógica estrita.

Ao chegarmos a esta posição, os argumentos substanciais já estão começando a parecer mais ou menos irredimíveis. Nenhuma das categorias da teoria lógica que desenvolvemos aqui parece estar dentro do alcance dos argumentos substanciais; qualquer que seja a categoria que lhes apliquemos, os argumentos substanciais jamais correspondem ao padrão. A menos que tenhamos de questionar nosso próprio paradigma, temos de interpretar este fato como um sinal de fraqueza que contamina todos os argumentos substanciais. Ao que parece, é *demais* procurar conexões lógicas decentes, no caso destes argumentos; julgados em comparação com nossos padrões "dedutivos", os argumentos substanciais são irreparavelmente indefinidos e carentes de rigor; as necessidades e compulsões que podem alegar – físicas, morais etc. – nunca são inteiramente compulsivas ou inevitáveis, do modo como pode sê-lo a necessidade lógica; e suas impossibilidades jamais são "tão" absolutas como uma boa e sólida impossibilidade lógica. O serviço metafísico de resgate pode arranjar, às pressas, suficientes argumentos substanciais que justifiquem usá-los para propósitos práticos, mas não há como negar o cancro que há no cerne deste tipo de argumento.

A estrada foi longa – desde o início, quando adotamos os silogismos analíticos como tipo ideal de "argumento dedutivo" – até esta conclusão, mas a conclusão em si é perfeitamente natural; e, mesmo que não nos interesse acompanhar até aqui todas as conseqüências de nossa suposição inicial, ela tem outras conseqüências imediatas, todas absolutamente drásticas.

Os únicos argumentos que podemos julgar com justiça por padrões "dedutivos" são os que se apresentam e visam a ser analíticos, necessários e formalmente válidos. Todos os argumentos que sejam confessadamente substanciais serão "não-dedutivos" e, como conseqüência, não formalmente válidos. Mas para o silogismo analítico, a validade pode ser identificada com a validade formal, e é isto que os lógicos querem que seja universalmente possível. Mas – pode-se concluir imediatamente –, para os argumentos substanciais, cujo poder de convicção não pode ser demonstrado de modo puramente formal, até a *validade* fica fora de nosso alcance e não pode ser obtida.

A verificação desta hipótese

Não é preciso levar adiante, detalhadamente, as conseqüências da hipótese da qual partiu este argumento. Estou supondo que os lógicos mantinham um olho nesse ideal quando construíram suas teorias formais, tomaram por paradigma os silogismos analíticos, desenvolveram suas categorias e elaboraram suas conclusões.

Se as definições e doutrinas que expus aqui puderem ser ilustradas com os escritos dos lógicos e filósofos, isto ajudará a estabelecer a justiça de meu diagnóstico. Mas quando se tem uma boa hipótese, não é preciso procurar observações verificadoras, porque já no curso da elaboração se pode ver a verdade de suas conseqüências. Por isto, qualquer um familiarizado com as opiniões-padrão dos filósofos e lógicos que trabalham neste campo já as deve ter reconhecido nas minhas definições e doutrinas, e poderá, ele mesmo, oferecer inúmeros exemplos confirmatórios, da literatura. Todas essas doutrinas são facilmente encontradas nos livros sobre lógica de que se fala atualmente. Às vezes, aparecem diretamente declaradas; às vezes são apresentadas como lamentáveis paradoxos, mas que se impõem a nós e só com muita habilidade podem ser evitados; alguns lógicos percorrem todo o caminho, outros se atemorizam num determinado ponto e erguem barreiras conceituais sobre a linha em que determinam fincar o pé; em algumas exposições, o paradigma analítico é abertamente adotado; em outras aparece dissimulado – a palavra "dedutivo" é *definida*, como se deve, em termos de validade formal, mas é *usada* como se fosse equivalente a "analítico", "inequívoco", "necessário" e "expresso em palavras lógicas", sem mais explicações. Eu me contentarei aqui com cinco citações, escolhidas pelos pontos de interesse geral que despertam.

(1) A seguinte passagem é tirada do livro *Probability and Induction*, do sr. William Kneale, p. 21:

> É agora um lugar-comum da epistemologia que os resultados obtidos em ciências como a física, a química, a biologia e a sociologia são fundamentalmente diferentes em caráter das conclusões da matemática pura. Houve época em que nem filósofos nem cientistas reconheciam, como agora, esta diferença. Mas ela foi exposta como além de qualquer dúvida pelos empiristas britânicos Bacon, Locke, Berkeley e Hume e, como outras realizações da análise filosófica, tornou-se tão firmemente estabelecida em nossa tradição intelectual que mal podemos compreender que homens inteligentes tenham deixado de considerá-la. As ciências que mencionei são chamadas de indutivas, e diz-se que suas conclusões, ao contrário das da matemática pura, têm apenas uma alta probabilidade, visto que não são evidentes por si mesmas e não podem ser demonstradas por raciocínio conclusivo. Alguns dos resultados de indução – por exemplo, as

generalizações da química elementar – são, de fato, tão bem estabelecidos que seria pedante usar a palavra "provavelmente" sempre que os mencionarmos, mas sempre podemos conceber a possibilidade da experiência que nos obrigaria a revê-los.

Quando uma doutrina tornou-se tão firmemente arraigada em nossa tradição intelectual a ponto de parecer estar além de qualquer dúvida, pode ser reconsiderada de tempos em tempos, com proveito, para despi-la de acréscimos. Desse modo, devemos perguntar aqui a Kneale exatamente *o que* foi posto além de qualquer dúvida. Ele responderá: a distinção entre argumentos dedutivos e indutivos. Mas em qual de nossos cinco sentidos? Isto não está tão claro; como previmos, a distinção entre argumentos analíticos e substanciais é confundida, com muita facilidade, com a distinção entre argumentos tentativos e inequívocos, formais e informais, que usam garantia e que estabelecem garantia; e aqui se vê Kneale a escorregar entre uns e outros.

Para começar, Kneale contrasta argumentos na matemática pura e nas ciências experimentais, sendo os primeiros analíticos, os segundos substanciais. Em seguida, ele passa de imediato a tratar essa distinção como se provasse que as teorias científicas, ou as explicações que construímos em termos das teorias científicas, devem ser todas, igualmente, menos que certas – as conclusões das ciências experimentais "têm apenas alta probabilidade". Ao mesmo tempo, ele reconhece que esta opinião parecerá paradoxal para os não-lógicos, visto que em geral fazemos uma distinção entre conclusões científicas que têm de ser rotuladas com um acautelador "provavelmente" e as conclusões científicas que não têm de ser assim rotuladas. Ele atribui esta divergência ao *pedantismo* dos lógicos, embora não pareça convicto. Afinal de contas, se estivesse falando a sério, condenaria ele mesmo e seus colegas lógicos ao ridículo ou ao desprezo.

Para nossos propósitos, o que se tem de notar são as *razões* que Kneale oferece para rejeitar alegações de certeza em favor das ciências experimentais. Essas ciências, ele argumenta, são indutivas (não "dedutivas"), e suas conclusões, ao contrário das conclusões da matemática pura, não são evidentes por si mesmas nem podem ser demonstradas por raciocínio conclusivo (não são em si mesmas logicamente necessárias, nem são conseqüências analíticas de proposições logicamente necessárias). Esta é sua primeira razão para não conceder às ciências algo mais do que alta probabilidade. Como uma reflexão posterior, ele acrescenta o fato aparentemente adicional de que nós "sempre podemos conceber a possibilidade de experiências" que nos obrigariam a rever qualquer teoria científica, e, assim, a reconsiderar as explicações que tenham sido dadas até então, nos termos daquela teoria. Mas isto vem a ser a mesma questão, reformulada, visto que fica claro pelo contexto que suas palavras "sempre podemos conceber a possibilidade..." devem ser lidas como se significassem "é sempre *logicamente* possível que tenhamos de...", ou em outras palavras "nunca há *contradição* em supor que tenhamos de revê-las". Kneale não alega que temos, *no presente momento*, razões concretas para supor que todo resultado individual da pesquisa científica, inclusive os mais bem estabelecidos, esteja claramente exposto ao risco de ser reconsiderado, dentro de um futuro previsível; dizer "é sempre possível que aconteça de elas terem de ser revistas", não é, para Kneale, expressar uma ressalva ativa: é, apenas, falar sobre o reino da possibilidade lógica.

Resumindo: primeiro Kneale contrasta os resultados das ciências experimentais e as conclusões da matemática pura, a fim de apontar a diferença entre argumentos substanciais e analíticos; em seguida, invoca critérios de necessidade e padrões de certeza relevantes só para argumentos analíticos; então, descobre (de modo não surpreendente) que esses critérios e padrões não são aplicáveis, dependendo da natureza do caso, aos argumentos substanciais; e apresenta esse resultado sob a forma de um paradoxo. No final, esse paradoxo é atenuado (mas sem convicção e sinceridade) e apresentado como tão inocente que chega a parecer pedante. Mas o autor não dá o passo seguinte – o de admitir a probabilidade só para os argumentos analíticos.

(2) O que o sr. P. F. Strawson tem a dizer em sua *Introduction to Logical Theory* é especialmente interessante para nossos propósitos: tendo, no início, amarrado as próprias mãos, no final, para soltar-se, ele faz ginásticas dignas de um Houdini. A corrente de definições nas quais se amarra no capítulo de abertura vincula rigidamente nossos qualificadores modais e as noções de consistência, contradição e implicação, e até a noção de validade acaba associada a este grupo:

> Dizer que os passos (num argumento) são válidos, que a conclusão segue as premissas, é simplesmente dizer que seria inconsistente afirmar as premissas e negar a conclusão; que a verdade das premissas é incompatível com a falsidade da conclusão[2].

Para usar nossos próprios termos, ele trata os *critérios* de necessidade, impossibilidade e validade apropriados aos argumentos analíticos como se definissem todo o sentido desses termos; dessa maneira, o caráter de campo-dependência das noções fica oculto, e os argumentos analíticos ganham um *status* preferencial. No devido tempo, ele também terá de dizer alguma coisa sobre as ciências naturais. Aqui, Strawson defronta com a questão de se as diferenças entre argumentos em diferentes campos podem não ser irre-

---

2. *Introduction to Logical Theory*, cap. I, seção 9, p. 13.

dutíveis, e tenta salvar as conclusões científicas de sua posição aparentemente inferior, reivindicando para elas padrões próprios; mas "o endurecimento das categorias" começou há muito tempo, e ele não consegue livrar-se das cadeias e escapar.

A seguinte passagem crucial vem do cap. 9, seção 7, p. 250, de Strawson:

> Suponhamos que um homem seja educado para considerar a lógica formal como sendo o estudo da ciência e da arte do raciocínio. Ele observa que todos os processos indutivos são, por padrões dedutivos, não-válidos; as premissas jamais implicam necessariamente as conclusões. Pois bem, os processos indutivos são notoriamente importantes na formação das crenças e expectativas em relação a tudo o que está além da observação de testemunhas disponíveis. Mas um argumento *inválido* é um argumento *não-sólido*; um argumento *não-sólido* é um argumento em que não se oferece *nenhuma boa razão* para aceitar a conclusão. Desse modo, se os processos indutivos são inválidos, se fossem não-sólidos todos os argumentos que apresentássemos, se contestados, em suporte de nossas crenças em relação ao que está além da observação de testemunhas disponíveis, então não temos nenhuma boa razão para quaisquer dessas crenças. Esta conclusão é repugnante. Assim, surge a exigência de uma justificação, não dessa ou daquela crença particular que vai além do que é acarretado por nosso indício, mas uma justificação da indução em geral. E quando a exigência surge dessa maneira, o que se quer, de fato, é que a indução seja mostrada como um tipo de dedução; visto que nada menos que isto satisfará aquele que duvida, quando esta for a rota das dúvidas (...). O que se exige é que a indução seja mostrada como um processo racional; e isto vem a ser exigir que um tipo de raciocínio seja mostrado como um outro e diferente tipo (...). Mas, é claro, os argumentos indutivos não são dedutivamente válidos; se fossem, seriam argumentos dedutivos. O raciocínio indutivo deve ser avaliado, para verificar se é sólido, por

padrões indutivos. Não obstante, por mais que pareça fantástico desejar que a indução seja dedução, só por este desejo podemos compreender algumas das tentativas que têm sido feitas para justificar a indução.

Nesta passagem, Strawson – como, antes dele, Kneale – reconhece a divergência entre a análise teórica de nossas categorias críticas dadas por lógicos e a maneira como as empregamos na prática; e faz melhor justiça àquela divergência do que Kneale, ao admitir que as conclusões dos lógicos muitas vezes parecem não apenas pedantes a um não-filósofo, mas repugnantes. Desse modo, faz esforços mais sérios para escapar da dificuldade e procura algum modo de admitir que as conclusões e argumentos científicos aspiram a um poder de convicção, força e validade daquele tipo.

Strawson começa com um movimento promissor: admite que os argumentos podem ser de tipos diferentes, cada um deles com direito de ser julgado em seus próprios termos e por seus próprios padrões. Mas não consegue ser bem-sucedido e completar seu argumento. Para nossos propósitos, o que temos de esclarecer é a razão de seu fracasso.

Tudo poderia ter terminado muito bem, se Strawson já não estivesse comprometido por sua própria terminologia. Como Kneale, ele afirmou o contraste entre argumentos científicos e matemáticos em termos das palavras "dedutivo" e "indutivo", mas não disse qual das quatro ou cinco idéias fundidas nesses termos quer marcar com cada palavra. E aí está – no ato de fundir cinco diferentes distinções em uma e de confundir questões sobre validade formal e necessidade com questões sobre analiticidade – a fonte de seu problema. Por este ato é que faz com que a exigência "de a indução ser dedução" – que ele considera fantástica – transforme-se, de fato, em exigência inevitável.

Consideremos a afirmação "é claro que os argumentos indutivos não são dedutivamente válidos; se fossem, seriam argumentos dedutivos" – que é o âmago da *reductio ad absurdum* de Strawson. Se substituirmos a palavra "dedutivo" por cada uma de suas possíveis traduções, uma depois da outra, veremos como se criou a dificuldade. Comecemos com "analítico". Essas duas sentenças-chave se tornam então: "É claro que os argumentos científicos (sendo substanciais) não são analiticamente válidos; se fossem, seriam argumentos analíticos. O raciocínio científico precisa ser avaliado, para verificar solidez, por padrões científicos." Esta afirmação está totalmente em ordem e, reconhecida a verdade que ela expressa, dá-se o primeiro passo para abandonar o paradigma analítico; o desejo que os argumentos científicos sejam analíticos e, por conseguinte, não substanciais, seria de fato fantástico, como Strawson diz. Mas ele usa esse *insight* como cobertura de açúcar para uma pílula decididamente amarga, visto que, em três outras possíveis interpretações, o que ele diz é absolutamente inaceitável. Se, por exemplo, substituirmos sua palavra "dedutivo" pela expressão "formalmente válido", obtém-se: "É claro que os argumentos científicos não são formalmente válidos; se fossem, seriam argumentos formalmente válidos. O raciocínio científico deve ser avaliado, para verificar solidez, por padrões científicos." Há aqui uma lacuna completa: por que os argumentos científicos não teriam de ser formalmente válidos? Newton, Laplace e Sherlock Holmes, todos testemunhariam que nada há de fantástico *neste* desejo.

Assim como tampouco se seguiria algum despropósito se substituíssemos "que usa garantia" e "inequívoco" pelo "dedutivo" de Strawson. O desejo de que certos argumentos científicos substanciais sejam formalmente válidos, inequívocos e usem garantia, e de maneira perfeitamente apropriada incluam um "tem de" ou um "necessariamente" na conclusão, só parecerá absurdo se identificarmos esse desejo com um outro desejo manifestamente fantástico – o desejo de que os argumentos científicos sejam analíticos. Esta identificação, como já vimos, é um efeito do quádruplo contraste do teórico lógico entre "dedução" e "indução". Meu único assombro é que alguém (exceto, talvez, Carnap) tenha alguma vez desejado, de fato, o notório absurdo de tratar argumentos científicos substanciais não só como deduções, mas como deduções *analíticas*.

(3) Kneale rejeitou qualquer asserção de que as conclusões científicas pudessem seguir-se necessariamente dos dados dos cientistas, mas estava preparado para admitir que elas pudessem provavelmente seguir-se, ou mesmo se seguiam, com alta probabilidade. No entanto, alguma alma mais radical, como vimos, poderia querer definir, em termos de consistência e implicação, até mesmo a probabilidade. Fiel à forma, o professor Rudolf Carnap colabora. Tendo distinguido entre seus dois sentidos da palavra "probabilidade", ele destina um deles precisamente a esta tarefa: afirmações sobre sua "probabilidade$_1$" devem ser afirmações sobre implicações parciais – analíticas, se verdadeiras; autocontraditórias, se falsas. Assim também, Carnap argumenta, são afirmações que incluem qualquer outro desses termos e frases que se agrupam em torno da noção de probabilidade, tal como "dá forte suporte para", "confirma", "fornece uma explicação satisfatória para" e "é uma boa razão para esperar que". Como afirmações sobre probabilidade, nesse sentido, declaram "relações lógicas" entre sentenças ou proposições, e para Carnap as relações lógicas dependem unicamente dos significados das sentenças, e a teoria dos significados das expressões na língua é a teoria semântica, todo o problema de como o indício apóia as teorias passa a ser, para ele, questão de semântica: "O problema de se e quanto [uma hipótese] *h* é confirmada por [indício] *e* deve ser respondido apenas por uma análise lógica de *h* e *e* e suas relações." (Esta afirmação não ambígua foi tirada da página 20

do livro *Logical Foundations of Probability*, do professor Carnap.)

Essa conclusão é tão extrema que podemos deixá-la sem comentário, mas um de seus exemplos é digno de ser citado. Ele discute a afirmação de que, dada tal e tal quantidade de observações meteorológicas, a probabilidade de que chova amanhã é de um quinto. Se essa afirmação for verdadeira, ele declara, então ela é analítica; o que lhe serve de explicação é que a afirmação "não atribui valor de 1/5 da probabilidade$_1$ para a chuva de amanhã, mas, mais propriamente, [atribui valor lógico] a uma determinada relação lógica (portanto *semântica*); (...) portanto, não tem de ser verificada por observações do tempo que fizer amanhã ou de quaisquer outros fatos". A divergência entre a análise de probabilidade de Carnap e nossas noções práticas está bastante clara. Dado que ele engole este camelo, não admira que construa pelo mesmo modelo *todas* as afirmações sobre a relação que há entre um conjunto de indícios e uma teoria. Afinal de contas, essa opinião tem uma grande vantagem: ela o poupa de ter de concluir que os argumentos científicos não podem emprestar nenhuma probabilidade às suas conclusões, embora, para tanto, tenha de alegar que são, com a devida *permissão* de Strawson, argumentos analíticos.

(4) Todos os problemas discutidos por Kneale, Strawson e Carnap nas citações que estudamos surgem quando se comparam os argumentos que encontramos nas ciências experimentais e um ideal analítico. Problemas semelhantes, contudo, também surgem – se não ainda mais agudos –, quando se consideram os argumentos morais, em vez dos argumentos científicos. O sr. R. M. Hare, por exemplo, dedica todo um capítulo de seu livro *A linguagem da moral* às inferências envolvidas nos argumentos morais. Por meio de que tipo de passo, ele pergunta, podemos passar de D (uma coleção específica de informações sobre a situação em que

estamos colocados e as prováveis conseqüências de agir de um modo ou de outro) para C, a conclusão moral de que, à luz daquelas informações, temos a obrigação de agir *deste modo*? (Para ele, estas conclusões são uma espécie de imperativo.) Um argumento desse tipo, Hare argumenta, só pode ser aceitável se nós mesmos oferecermos uma premissa adicional, de caráter imperativo: "por nenhuma forma de inferência, por mais que seja indefinida, pode-se obter resposta para a pergunta 'o que farei?' de um conjunto de premissas que não contenha, pelo menos implícito, um imperativo"[3].

Se as premissas adicionais de Hare fossem projetadas apenas para tornar formalmente válidos os argumentos morais, não haveria o que objetar a elas; com certeza, todo argumento moral depende, para ser argumento sólido, de uma garantia apropriada. Mas a partir do que ele diz então, se é levado a concluir que ele quer que suas premissas extras tornem os argumentos éticos não só formalmente válidos mas, de fato, analíticos. É claro que não diz isso com estas palavras, visto que aceita acriticamente as palavras "dedutivo" e "premissas", e, assim, admite ambigüidades cruciais em seu argumento. Mas há alguns indícios internos. Por exemplo, quando chega a contrastar argumentos morais com outros que considera presumivelmente analíticos – por exemplo, os que estão de acordo com o conhecido Princípio do Silogismo –, ele termina assinando a sentença contra os argumentos morais. Os silogismos analíticos decentes são válidos em virtude dos significados de determinadas palavras lógicas, ele argumenta, e o Princípio do Silogismo "diz respeito aos significados das palavras usadas". Um princípio moral, por outro lado, autoriza um passo substancial no argumento e, por conseguinte, não pode ser pensado como uma garantia ou regra de inferência; deve ser considerado

---

3. *The Language of Morals*, p. 46.

um "dado" extra, pessoal, dado existencialista, que temos de acrescentar aos fatos sobre nossa situação, antes de podermos argumentar sobre conduta. Os extensos paralelos entre argumentos éticos, científicos, geométricos, legais e analíticos, que nos levaram nestes estudos a imaginar a possibilidade de garantias que sejam válidas em virtude de "tudo" – consistência lingüística, política pública, regularidades observadas, seja o que for –, não lhe causam nenhuma impressão. Em sua opinião, as únicas regras de inferência genuínas são afirmações sobre os significados das palavras; e os únicos argumentos aceitáveis são, por conseguinte, os argumentos analíticos. A ambigüidade da palavra "dedutivo" – que combina o que é formalmente válido e o que é analítico –, oculta de Hare, misericordiosamente, o caráter restritivo de sua doutrina.

O âmago da posição de Hare é a tese que também aparece no livro *Logic and the Basis of Ethics*, do professor A. N. Prior. Está resumido ali numa sentença de magnífica ambigüidade (p. 36):

> Em nosso próprio tempo, a percepção de que a informação sobre nossas obrigações não pode ser logicamente derivada de premissas que não mencionem nossas obrigações, tornou-se lugar-comum, embora talvez apenas em círculos filosóficos.

Ao ler esta passagem, é natural que oscilemos entre duas interpretações diferentes. Pois as palavras "logicamente derivada" não são claras; devemos lê-las como se significassem "deduzida propriamente de, ou justificada recorrendo-se a...", ou, então, com o significado de "inferida analiticamente de..."? Por esta última interpretação, a observação de Prior seria bastante frívola. Uma conclusão sobre as obrigações de um homem não pode ser inferida, de modo analítico, só dos fatos sobre sua atual situação e as prováveis conseqüências de suas ações. Esta doutrina bem pode ser lugar-comum entre filósofos, mas não soaria como lugar-comum também aos ouvidos de não-filósofos, se alguma vez se dedicassem a esta questão? Mas na outra interpretação, a asserção de Prior nada tem de lugar-comum e, de fato, soará muitíssimo repugnante ao não-filósofo. Pois nessa interpretação ele parece estar afirmando que todos os argumentos de tipo moral são, pelos padrões dos lógicos, deficientes. A doutrina agora é que o passo que vai das razões às decisões jamais pode ser dado de modo lógico, jamais pode ser dado *adequadamente*; o que ainda não é lugar-comum (esperemos) nem nos círculos filosóficos. Que alguns filósofos sejam tentados a acolher esta sugestão, conseqüência de ambigüidades correntes em termos como "deduz" e "implica". Defender nossas decisões por recurso aos fatos à luz em que as decisões foram tomadas pode, de fato, significar dar um "salto de tipo" lógico; assim, é claro que as decisões não são analiticamente derivadas das razões-suporte – como poderiam ser? Mas recorrer a elas não tem de, necessariamente, envolver ofensa à *lógica*, e o paradoxo aparece, nas observações de Prior, por ele sugerir que o recurso, neste caso, a ofende necessariamente.

De passagem, vale a pena observar o modo como Prior caracteriza nosso Grande Divisor de Águas – entre o lógico, da Lógica Formal, e o argumentador prático. Como Kneale e Strawson antes dele, Prior reconhece que algumas de suas conclusões podem ser mal recebidas pelo homem comum; para ele, no entanto, não há nenhum problema em impingir a divergência – com uma desculpa mal-alinhavada, pelo pedantismo dos lógicos, por exemplo. O que conta, ele infere, é que a visão dos filósofos é mais clara, de tal modo que pode perfeitamente acontecer de uma doutrina tornar-se lugar-comum entre eles, enquanto ainda continua a repugnar muitíssimo os comuns mortais.

(5) Como uma última ilustração, deixe-me escolher uma passagem clássica do final do Livro I do *Treatise of Human Nature*, de David Hume. Este ainda é o relato mais completo e sincero que temos da divergência entre as atitudes dos lógicos formais e a média dos homens práticos, sobre as categorias da avaliação racional e os lugares-comuns paradoxais dos filósofos. Na época em que escreveu seu *Treatise*, Hume dedicava-se não apenas às atividades profissionais de filósofo, mas também às atividades mundanas de um jovem de seu tempo; e era um observador sincero demais e um autobiógrafo honesto e urbano demais, para atenuar ou pôr de lado os conflitos intelectuais a que o levou a sua vida dupla. Em Hume não há, nem de longe, a presunção de que estes conflitos sejam questões para pedantes; de que eles surjam de desejos que se possam demonstrar fantásticos, ou que surjam de o homem comum não dar a devida atenção a *insights* que já sejam lugares-comuns entre os filósofos. Em vez disso, enquanto levava às últimas conseqüências, implacavelmente, as conclusões para as quais era arrastado por suas doutrinas lógicas – como filósofo –, Hume mostrou, ao mesmo tempo, com muita honestidade e claro *insight*, a esquizofrenia que havia em tentar conciliar suas conclusões filosóficas e a prática de sua vida cotidiana.

Valeria a pena citar toda a seção, mas seriam muitas páginas e só temos espaço aqui para o clímax. Hume mostra a confusão e o ceticismo aos quais seus princípios filosóficos o levaram, num dado momento. Por um lado, ele afirma, a imaginação está sujeita a ilusões que jamais podemos ter certeza de perceber, de modo que não se pode esperar implicitamente que alguém confie "num princípio tão inconstante e falaz". Por outro lado, ele prossegue:

> Se a consideração desses exemplos nos fizesse tomar a resolução de rejeitar todas as sugestões triviais da imaginação, e seguir o entendimento; (...) mesmo esta resolução, se exe-

cutada com constância, seria perigosa e acompanhada das conseqüências mais fatais. Pois já mostrei que o entendimento, quando age sozinho e de acordo com seus princípios mais gerais, subverte-se inteiramente e não deixa os mais baixos graus de indício em qualquer proposição, nem na filosofia nem na vida comum... Não nos resta, portanto, outra escolha a não ser entre uma falsa razão e nenhuma razão em absoluto. De minha parte, não sei o que se deva fazer no presente caso. Só posso observar o que é feito em geral, que é o fato de que raras vezes ou nunca se pensou nessa dificuldade; e mesmo quando já esteve presente na mente, foi esquecida rapidamente, deixando apenas uma pequena impressão em seu rastro. Reflexões muito refinadas têm pouca ou nenhuma influência sobre nós; e, no entanto, não estabelecemos e não podemos estabelecer, como regra, que elas não devem ter nenhuma influência; o que envolve uma contradição manifesta.

Mas o que eu disse aqui, que reflexões muito refinadas e metafísicas têm pouca ou nenhuma influência sobre nós? Mal posso evitar desdizer essa opinião, e condená-la a partir de meu presente sentimento e experiência. A intensa visão dessas múltiplas contradições e imperfeições na razão humana influenciou-me de tal modo, e aqueceu meu cérebro, que estou preparado para rejeitar toda crença e raciocínio, e não posso considerar nenhuma opinião como sendo mais provável ou plausível do que uma outra. Onde estou, ou o que sou? De que causas eu derivo minha existência, e a que condição retornarei? O favor de quem devo cortejar, ou a cólera de quem devo temer? Que seres me cercam? E sobre quem tenho alguma influência, ou quem tem alguma influência sobre mim? Estou perplexo com todas essas questões, e começo a me imaginar na condição mais deplorável que se pode imaginar, cercado pela mais profunda escuridão e privado ao extremo do uso de cada membro e faculdade.

Acontece por muita sorte que, como a razão é incapaz de dispersar essas nuvens, a própria natureza basta para esse propósito e me cura desse delírio e melancolia filosófica, relaxando essa disposição de espírito ou com alguma distração, e a vívida impressão de meus sentidos, que obliteram todas essas quimeras. Eu janto, eu jogo uma partida de gamão, eu converso e me divirto com meus amigos; e quando, após três ou quatro horas de diversão, retorno a essas especulações, elas parecem tão frias, e forçadas, e ridículas, que não consigo ter coragem para entrar mais um pouco nelas[4].

Não temos interesse direto aqui nas opiniões de Hume sobre a imaginação. No entanto, o que ele tem a dizer sobre o entendimento tem relevância direta para nossas investigações. Pois o argumento pelo qual, como ele diz, "já mostrei que o entendimento, quando age sozinho (...), não deixa o mais baixo grau de indício em qualquer proposição, na filosofia ou na vida comum", é um argumento no qual, em cada passo, ele rejeita qualquer coisa que não sejam provas e critérios analíticos. Não há nenhuma certeza de que uma pitada de sal posta em água se dissolva. Por quê? Porque por mais indícios passados e presentes que eu possa ser capaz para apresentar de que o sal se dissolveu e se dissolve na água, posso supor que uma pitada jogada na água amanhã permaneça sem se dissolver, sem que esta evidência contradiga qualquer dos indícios que apresentei. Quando duas bolas de bilhar que estão em cima de uma mesa de bilhar colidem, não há nenhuma necessidade de o movimento de uma ser comunicado à outra, por mais eu se saiba que isto uniformemente aconteceu no passado. Por quê? A resposta é igual à anterior: porque a suposição de que a regularidade possa não acontecer no futuro – e a bola possa permanecer imóvel numa próxima vez –, não *contradiz* – isto é, não conflita, no sentido mais estreito do termo, "logicamente" – nenhuma coleção de indícios, por maior que seja a invariabilidade anterior.

---

4. *Treatise of Human Nature*, livro I, parte IV, seção 7.

Em todo o *Treatise*, Hume recorre repetidas vezes a considerações desse tipo: o entendimento tem de admitir argumentos como aceitáveis, ou como "conformes com a razão", se, e somente se, eles corresponderem a padrões analíticos. Mas, como ele logo descobre, todos os argumentos que envolvem uma transição de tipo lógico entre dados e conclusão *têm de* não satisfazer esses testes; por mais grotesca que seja a incongruência que se produz ao se combinarem os mesmos dados e a proposição contraditória da conclusão, a própria presença de um salto-tipo impedirá que o resultado seja uma flagrante contradição. E até mesmo sem o salto-tipo, um argumento *pode* ser substancial e assim deixar de alcançar seus padrões.

Assim circunscrita, assim limitada a descobrir contradições e a reconhecer fatos elementares sobre (digamos) movimento e cor, nossa razão é impotente para rejeitar as conclusões mais fantásticas. Não é de admirar que, para Hume, "não é contrário à razão preferir a destruição do mundo inteiro a um arranhão em meu dedo".

No entanto, talvez se deva insistir, não com Hume, mas com o *Hume-filósofo*. Ele é o primeiro a admitir que um bom jantar, um jogo de gamão, três ou quatro horas em companhia dos amigos são o suficiente para tirar-lhe o gosto pela especulação "tão fria, forçada e ridícula". Há alguma coisa na discussão do dia-a-dia, e nos padrões de argumento implícitos nela, que destoa completamente de sua própria especulação epistemológica e que lhe tira toda a plausibilidade. "Nos negócios comuns da vida", ele explica, "eu me sinto absoluta e necessariamente determinado a viver, e a falar, e a agir como as outras pessoas"; só quando ele se retira para o gabinete de estudo, e adota o manto e os critérios de filósofo, é que volta ao estado de espírito céptico; neste momento, outra vez, suas drásticas conclusões reassumem parte da plausibilidade de antes.

A irrelevância dos critérios analíticos

Com tudo isso, posso me sentir justificado de dar por estabelecida a minha hipótese. Os lógicos consideraram os argumentos analíticos como paradigma, desenvolveram seu sistema de lógica formal inteiramente sobre essa fundação e sentiram-se livres para aplicar a argumentos de outros campos as categorias assim construídas.

A próxima questão é: dada a hipótese por estabelecida, que julgamento devemos fazer da Grande Divergência que resultou? O programa que os lógicos formais adotaram para si mesmos foi um programa legítimo, ou eles simplesmente compreenderam mal? Pode-se esperar, de modo razoável, desenvolver um sistema de categorias lógicas cujos critérios de aplicação sejam tão campo-invariantes quanto sua força? Ou categorias desse tipo serão desqualificadas, inevitavelmente, para se aplicarem a argumentos substanciais?

No primeiro desses estudos, nós examinamos em detalhes o uso prático de uma classe particular de categorias lógicas – os qualificadores modais. Como resultado, vimos com clareza a campo-dependência dos critérios para decidir na prática quando um qualificador modal pode ser empregado de modo apropriado – característica à qual os lógicos formais têm prestado muito pouca atenção. Tendo em mente as ambições próprias com as quais os lógicos formais podiam definir, devemos perguntar: esta campo-dependência é inevitável, ou se poderia encontrar um modo de contorná-la? Esta, evidentemente, era a esperança dos lógicos, quando desenvolveram seus sistemas formais a partir do paradigma analítico inicial; e, ao aplicar os mesmos critérios analíticos indiferentemente em todos os campos de argumento, estavam tentando libertar a lógica teórica da campo-dependência que marca toda a prática lógica. Mas supondo que se pudesse alcançar uma lógica completamente campo-invariável, seria possível alcançá-la por essa trilha específica?

LÓGICA PRÁTICA E LÓGICA IDEALIZADA

Estamos agora em posição de mostrar que as diferenças entre os critérios que empregamos em diferentes campos só podem ser evitadas à custa de roubar de nossos sistemas lógicos toda a possibilidade de aplicarem-se com seriedade aos argumentos substanciais.

No próprio começo de nossa investigação, nós introduzimos a noção de um *campo* de argumentos, referente às diferentes espécies de problemas aos quais os argumentos podem estar dedicados. Se os campos de argumento são diferentes, é porque estão dedicados a espécies diferentes de problemas. Um argumento geométrico nos serve, quando o problema com que nos defrontamos é geométrico; um argumento moral, quando o problema é moral; um argumento que tenha conclusão profética, quando temos de produzir uma previsão; e assim por diante. Como somos incapazes de impedir que a vida nos imponha problemas de todos esses tipos diferentes, em pelo menos um sentido as diferenças entre os diferentes campos de argumento são, é claro, irredutíveis – aspecto sobre o qual temos de nos entender claramente. Simplesmente não há sentido em exigir que um argumento profético (digamos) tenha de ser apresentado numa forma analítica; a questão a que se aplica este argumento é "dado o que sabemos sobre o passado e o presente, qual a resposta mais confiável que podemos dar a tal e tal pergunta sobre o futuro?", e a própria forma do problema exclui a possibilidade de dar como solução um argumento analítico. Um homem que evite uma questão desse tipo até reunir dados também sobre o futuro – sem os quais nenhum argumento analítico pode ser afirmado – está recusando-se a enfrentar o problema em debate.

Suponhamos que nossa pergunta seja: "*poderiam* os argumentos substanciais estar à altura dos padrões apropriados aos argumentos analíticos?"; a resposta tem de ser, portanto: "dependendo do caso, *não*". À parte qualquer outra coisa, muitos argumentos substanciais envolvem, de fato, saltos-tipo, que se originam da natureza dos problemas para os quais são relevantes. Nos argumentos analíticos, sem dúvida, temos o direito de procurar implicações entre dados e apoio, por um lado, e conclusão, pelo outro; essas implicações serão completas onde o argumento também for inequívoco, mas serão apenas parciais quando o argumento (embora analítico) for tentativo. No caso dos argumentos substanciais, entretanto, não há dúvida de que os dados e o apoio considerados juntamente ou implicam a conclusão, ou não a implicam; não é só porque os passos envolvidos sejam substanciais que temos de nos colocar a procurar implicações, ou de nos desapontar de não as encontrar. A ausência delas não se origina de alguma lamentável fraqueza nos argumentos mas, sim, da natureza dos problemas que os argumentos estão destinados a enfrentar. Portanto, no momento em que temos de começar a avaliar os verdadeiros méritos de qualquer argumento substancial, os critérios analíticos, como a implicação, são, pela mesma razão, simplesmente irrelevantes.

Tendo essa questão em mente, podemos descartar mais uma alegação que se faz em favor da lógica formal. Quando os lógicos fazem observações sobre a divergência entre suas teorias e a prática dos argumentadores do dia-a-dia, eles freqüentemente alegam que falam de modo mais rigoroso do que as pessoas para quem as categorias lógicas prestam, de fato, um serviço prático. "Os cientistas dizem, sem dúvida, às vezes, que suas conclusões são de tipo '*tem de ser*', embora os passos pelos quais chegaram até elas sejam indutivos (isto é, substanciais); mas este é um modo pouco preciso de falar, visto que, para ser absolutamente exato, *nenhuma* conclusão de argumento indutivo poderia, estritamente falando, ter o direito de alegar necessidade."

Chegou o momento agora de pôr um grande sinal de interrogação sobre a expressão "estritamente falando", tal como é usada. Apenas tolerar os argumentos em que a conclusão esteja implicada nos dados e apoio pode até ser um modo muito *particular* ou *exagerado* de pôr os termos, e, se fosse este o rigor que se tem em mente, muito bem; mas quase sempre há mais coisa implícita – os lógicos não estão apenas alegando que são extraordinariamente seletivos ou meticulosos; estão alegando que têm um *insight* excepcional que os leva a recusar o título de conclusão "necessária", argumento "conclusivo" ou inferência "válida" para argumentos e conclusões que os cientistas práticos aceitam sem hesitação.

É preciso contestar esta alegação de *insight* superior. Enquanto permitimos que os lógicos usem o termo "indutivo" ao propor a questão, ainda parece que há alguma coisa no que alegam. Mas, uma vez que se façam substituições mais explícitas, vê-se claramente o ponto sobre o qual insistem: que os critérios para avaliar argumentos analíticos deveriam receber um *status* preferencial, e os argumentos em todos os campos deveriam ser julgados apenas por esses critérios. "Estritamente falando" significa, para eles, "falando *analiticamente*"; embora, no caso dos argumentos substanciais, recorrer a critérios analíticos seja mais "desfocado" que "estrito". Não é que um argumento não consiga corresponder aos padrões analíticos porque resulta, por exemplo, em uma previsão; se o argumento conseguisse corresponder aos padrões analíticos, deixaria de ser um argumento preditivo e, assim, deixaria de ser útil para nós, ao tratarmos dos problemas de predição.

Modalidades lógicas

Parece tentador começar imediatamente o julgamento dos lógicos formais, acusados de irrelevância. Uma coisa, no entanto, complica a situação; para determinados propósitos, considerações de consistência e contradição podem ser relevantes, mesmo que estejamos discutindo argumentos substanciais. Antes de chegarmos a quaisquer conclusões finais, temos de ver como isto acontece e que relevância as noções de necessidade, impossibilidade e possibilidade "lógica" têm para a crítica de argumentos não-analíticos.

Tradicionalmente – isto é, na tradição dos livros didáticos de lógica – qualquer proposição expressa de modo a evitar incoerência e incompreensibilidade tem o direito de ser chamada de logicamente possível; e qualquer conclusão que não contradiga os dados dos quais é inferida pode ser chamada de conclusão logicamente possível. Do mesmo modo, só uma conclusão que contradiga, de modo evidente, os dados é chamada de impossível, e só aquela cuja negação contradiga os dados é chamada de necessária. Esta é, em todo caso, a doutrina ortodoxa a ser aceita do ponto de vista da *lógica*. Esta doutrina, contudo, pode ser gravemente enganadora, pois dá a impressão de que "o ponto de vista lógico" é uma alternativa genuína aos pontos de vista da física, da ética e coisas semelhantes, e que esse ponto de vista distintamente lógico é, de certa forma, mais rigoroso do que os das ciências práticas e explanatórias. Só se pudermos dissipar essa impressão é que chegaremos a ver com clareza a verdadeira relação entre a lógica e esses outros assuntos.

Para começar com um contra-exagero: as expressões "logicamente possível", "logicamente necessário" e "logicamente impossível", digo eu, são, simplesmente, nomes mal escolhidos. Dizer que uma conclusão é possível, impossível ou necessária é dizer que, tendo em mente a natureza de nosso problema e de nossos dados, a conclusão tem de ser admitida à consideração, excluída, ou aceita como nos é imposta. Os critérios de necessidade, impossibilidade e possibilidade "lógica", por outro lado, nada fazem para nos mostrar que alguma conclusão com que estejamos ocupados na prática seja genuinamente possível, impossível ou necessária – não, pelo menos, enquanto o nosso problema nos obrigar a cuidar do uso de argumentos *substanciais*. Por isto eu disse que as modalidades "lógicas" são mal denominadas.

Reveja qualquer das ilustrações que demos para mostrar como a noção de possibilidade é usada na prática: se surge a questão "é esta uma conclusão possível?", temos de nos assegurar não apenas de que a proposição apresentada não contradiz nossos dados, mas, também, de que é uma genuína solução-candidata, cujo apoio teremos de investigar e cuja aceitabilidade teremos de avaliar. Com vistas a estes objetivos, a mera ausência de contradição não nos ajuda em nada – fora do gabinete do filósofo, por exemplo, ninguém, nunca, pensaria em Dwight D. Eisenhower como um *possível* membro da equipe americana da Copa Davis. Questões práticas sobre possibilidade têm a ver com mais coisas, além de consistência; e, do mesmo modo, questões sobre impossibilidade e necessidade exigem que se saiba sobre mais coisas do que apenas sobre inteligibilidade e significado.

Um passo adiante: possibilidade lógica – se com isso queremos dizer significação – não é tanto uma subespécie de possibilidade quanto um *requisito prévio* para a possibilidade ou a impossibilidade; ao passo que impossibilidade lógica, inconcebilidade ou ausência de significado, longe de ser uma subespécie de impossibilidade, *exclui* a possibilidade ou a impossibilidade. Pode uma proposição expressa em forma ininteligível ser descartada de consideração por impossível? Com certeza, temos de eliminar inconsistências e autocontradições antes de nos expressarmos de um modo inteligível, e, até que isto esteja feito, dificilmente podem surgir questões genuínas sobre possibilidade, impossibilidade ou necessidade. Dado o requisito mínimo de inteligibilidade, conclusão *impossível* será aquela que, embora possa ser compatível com nossos dados no que diz respeito apenas à linguagem, temos razões conclusivas para excluir; uma conclusão *inconsistente* jamais alcança o estágio em que se possa considerar sua alegação de possibilidade. Talvez num âmbito limitado de problemas – argumentos analíticos e cálculos – a presença ou ausência de contradições se torna relevante para uma verdadeira avaliação; mas, fora essa classe limitada de casos, as coisas que valem para necessidade, impossibilidade e assim por diante são considerações de um outro tipo inteiramente diferente.

A relação entre possibilidade lógica e outros tipos pode ser esclarecida mais uma vez olhando-se para o paralelo com o Direito. Suponhamos que eu tenha uma queixa ainda obscura contra um vizinho e decida que a justiça deve reparar meus danos. Posso ir até um advogado, contar-lhe uma história de desgraça sobre o que o vizinho fez comigo e terminar com uma indagação: "Tenho uma causa possível?" Pois bem, deve-se notar que, nesse estágio, não pode haver nenhuma resposta à minha pergunta; como as coisas estão, não se pode ainda atacar o problema, visto que ainda não se alcançou, propriamente, o momento de se perguntar. Se tudo que apresentei foi uma crônica sobre o comportamento do vizinho em relação a mim durante os últimos meses, sem indicar em que aspecto me sinto prejudicado em meus direitos ou por que razão sua conduta pode fornecer motivos para uma ação, o advogado pode ser obrigado a me fazer uma série de outras perguntas antes de que a indagação (se minha causa é uma causa possível) possa ser enfrentada com seriedade. Mesmo nesse estágio, eu poderia perguntar, claro: "Há alguma *espécie* de processo que eu poderia impetrar contra ele?", mas a espécie de processo tem de estar decidida antes de podermos perguntar se a causa é *possível*. Assim, primeiro preciso dizer que tipo de processo tenho em mente e mais ou menos em quais dos fatos de minha crônica me basearei para demonstrar a solidez de minha causa. Só quando, com a ajuda do advogado, eu conseguir elaborar (1) o tipo de processo a ser feito e (2) o modo como meu indício dá suporte à causa, é que surgirá a outra questão. Em outras palavras, o caso tem de ser exposto, antes de mais nada, *na forma adequada*. Uma vez que esteja em forma adequada – ou, no mínimo, mais ou menos adequada –, terá chegado o momento de perguntar até que ponto a causa é uma causa possível – isto é, se há, no meu caso, algum dos tipos de processo que se pode pensar em apresentar ao juiz.

Entretanto, além de poder ser *cedo* demais para perguntar se uma causa é possível, também pode acontecer de ser *tarde* demais. Esta pergunta só surge enquanto a questão ainda não foi decidida. Suponhamos que eu vá ao tribunal e o juiz dê um veredicto; uma vez que isto tenha acontecido, já não mais cabe perguntar se minha causa é possível. Se eu volto a meu advogado depois do veredicto e lhe pergunto novamente se tenho uma causa possível, ele ficará embaraçado para me responder. Ninguém tem dúvidas de que minha causa permanece, como antes, enunciada na forma adequada e permanece, como antes, livre de contradições, mas ela já foi decidida e o momento de perguntar se é *possível* já ficou no passado.

Este exemplo legal tem um análogo lógico. Compatibilidade e coerência são requisitos prévios para a avaliação racional. Uma pessoa que pretenda fazer uma asserção, mas se contradiz ao fazê-lo, nem ao menos conseguirá fazer-se entender; nunca se alcançará a pergunta sobre se o que ela diz é verdadeiro. Assim, uma pessoa que apresenta uma série de afirmações num argumento, mas cuja conclusão final contradiz seus dados, tampouco consegue fazer-se entender; até o caso ser afirmado em forma compatível e coerente, ainda não se pode perguntar sobre os méritos do argumento ou da conclusão. Afirmações autocontraditórias e conclusões incompatíveis com nossos dados são aquelas que têm de ser excluídas antes que possamos até mesmo enunciar um caso clara e apropriadamente; esta incoerência é, por conseguinte, uma questão preliminar que nos obriga a excluí-la no próprio começo.

Afirmações e argumentos livres de contradições são, correspondentemente, aqueles contra os quais não há nenhuma objeção preliminar por incoerência ou inconsistência; o erro é ver nessa liberdade um caso *prima facie* em seu favor. Quanto aos argumentos e às afirmações logicamente necessárias, são como casos de Direito que já foram decididos; ao se aceitar um determinado conjunto de dados, fica-se comprometido por pura compatibilidade a aceitar aquelas outras proposições que são acarretadas pelo agregado de dados – portanto, perguntar se aquelas outras proposições são inferências "possíveis" de nossos dados é, em si, uma pergunta enganadoramente inadequada. "Eles se casaram numa quarta-feira, portanto é possível que eles tenham se casado num dia de semana" – esta conclusão é possível porque, de fato, nos é imposta.

Retornemos, neste ponto, à minha asserção inicial, de que a expressão "possibilidade lógica" e seus cognatos são nomes mal escolhidos. Talvez haja aí algum exagero, mas é um exagero perdoável. Nada se decide simplesmente por um caso estar posto em forma adequada; mas, mais propriamente, com o caso posto adequadamente, cria-se uma situação em que podemos começar a fazer perguntas racionais; ficamos, afinal, em posição de poder usar procedimentos substanciais de decisão. Às vezes, é verdade, temos oportunidade de excluir conclusões ou proposições sugeridas como impossíveis, pela razão preliminar de pura inconsistência, ou de aceitá-las porque se pode reconhecê-las preliminarmente como lingüisticamente compatíveis com aqueles dados, ou porque nos sejam impostas desde que aceitemos os dados; mas dizer que uma conclusão é logicamente necessária, ou logicamente impossível, não é dizer que, no primeiro caso, o problema foi resolvido pela descoberta de argumentos fortes ou indícios totalmente irrefutáveis; ao passo que, no último caso, a proposição teve de ser excluída por razões semelhantes. É, antes, dizer que, no último caso, o problema nunca chegou a ser posto de fato em andamento, uma vez que se verificou que a solução proposta era uma conclusão que já estava excluída desde o início só por razões de consistência; ao passo que, no primeiro caso, tendo, para começar, aceito os dados, já não mais estamos em posição de ter de avaliar o poder de quaisquer argumentos – visto que nenhum argumento era necessário.

Enquanto só se queira dizer isto com as frases "logicamente possível, impossível e necessário", elas são inócuas e bastante aceitáveis. Mas permanece o risco de confundir possibilidade, impossibilidade e necessidade lógica com outras espécies, e de sugerir, por exemplo, que determinada conclusão *tem de* ser levada em consideração, quando a única coisa que se conseguiu mostrar é que ela não está em verdadeira contradição com nossa informação prévia.

Qualquer pessoa que tenha lido as obras dos filósofos saberá o quão alegremente eles dão este segundo passo. Descartes, por exemplo, sugere que toda nossa experiência sensorial possa *possivelmente* ser uma alucinação maquinada por um demônio engenhoso. Bertrand Russell, também, manifesta dúvidas e hesitações até sobre se o sol nascerá amanhã, e sugere, além disto, que, tanto quanto sabemos, o mundo pode, *possivelmente*, ter sido criado cinco minutos atrás, apesar de todos os fósseis e memórias. Em todos estes casos, a única coisa que fica de fato estabelecida é que as idéias não estão formalmente fora de ordem. A resposta apropriada pode ser enunciada na forma de um lema geral: "considerações lógicas não são mais que considerações formais", isto é, são considerações que têm a ver com as formalidades preliminares da afirmação do argumento, e não com os verdadeiros méritos de qualquer argumento ou proposição.

Uma vez que deixemos para trás as formalidades preliminares, as questões de compatibilidade e contradição só permanecem relevantes para a classe rigidamente limitada dos argumentos analíticos; e, ainda assim, eles representam, quando muito, os *motivos* ou *critérios* de possibilidade e impossibilidade – não representam todo o *sentido* desses termos. No primeiro destes estudos, nós enfiamos uma cunha entre a noção de autocontradição e a noção de impossibilidade matemática; mesmo ali foi um erro supor que a contradição e a impossibilidade pudessem ser identificadas ou definidas uma em termos da outra – uma conclusão matematicamente impossível é, antes, uma conclusão que tem de ser excluída *na qualidade de* inconsistente ou autocontraditória. A mesma cunha pode ser enfiada agora entre as noções de impossibilidade e inconsistência; também para os propósitos do lógico formal, basta que compatibilidade e contradição sejam considerados critérios de possibilidade e impossibilidade; tentar definir uma em termos da outra é condenar-se ao fracasso por querer abarcar o mundo com as pernas. Além do mais, ficamos sem nosso termo normal para excluir as proposições contraditórias; uma vez que se identifiquem impossibilidade e contradição, a questão "por que tem de ser excluída uma proposição logicamente impossível (contraditória)?" torna-se – paradoxal e desgraçadamente – uma questão significativa.

As categorias da possibilidade, necessidade e impossibilidade lógica não podem, portanto, ser rejeitadas como positivamente impróprias; mas podemos ver que são, em geral, bastante confusas. Do modo como são quase sempre definidas, por exemplo, elas deixam de marcar a distinção entre localizar uma autocontradição e deduzir a correspondente lição.

E esta distinção, contudo, é tão importante para os lógicos como é para todas as outras pessoas; elas, como nós, desejam exprimir mais com "impossível" do que com "autocontraditório", e conservar "impossível" como o termo natural para excluir as autocontradições – querem, com certeza, conservar, em seu novo contexto técnico, as antigas implicações cotidianas da idéia de impossibilidade.

Perigos semelhantes de confusão existem até em muitos dos usos comuns que os filósofos fazem das palavras "lógica" e "lógico"; com bastante freqüência, eles querem manter as implicações cotidianas desses termos, mesmo depois de as terem de fato eliminado, como resultado de suas definições mais estreitas de profissional. Recordemos nossa citação anterior do professor A. N. Prior. Um argumentador prático admitirá como lógico qualquer argumento que seja exposto de modo adequado e, dessa forma, só não possa sofrer objeção quanto às formalidades envolvidas; dizer-lhe que um argumento não é lógico é sugerir-lhe que o argumento é incoerente, com evidentes contradições, e, por conseguinte, que é um argumento em que as questões substanciais não podem nem sequer ser postas, quanto mais ser consideradas ou resolvidas a sério. Prior, por outro lado, só chama de "lógico" o argumento que satisfaça uma condição muito mais rigorosa: tem de ser analítico; os argumentos substanciais são excluídos por não-lógicos só porque são argumentos substanciais.

As conseqüências de assim se restringir o campo do lógico são mais notáveis no campo dos argumentos éticos; a afirmação "argumentos éticos não são lógicos" implica dizer, para o argumentador prático, que todos os argumentos éticos são incoerentes, inválidos e impróprios e, desse modo, necessariamente não-confiáveis para razões de procedimento; e esta alegação é muito mais drástica do que a alegação inocente na qual Prior deseja insistir – a saber, que argumentos éticos não são, e não poderiam ser, analíticos. Se aqui nada mais estivesse envolvido além de uma simples ambigüidade, poder-se-ia resolver a dificuldade com bastante rapidez. Mas não é preciso ler muito, antes de perceber que, para filósofos como Prior, a ausência de implicações dos argumentos éticos é, em comparação com os argumentos analíticos, uma fraqueza e uma insuficiência; e ainda pesa contra eles o fato de que tais argumentos "não são lógicos".

Esta confusão na noção de "lógica" e suas associadas tem levado a uma conseqüência especialmente desventurada – que podemos ver se retornamos à questão sobre se o Tribunal da Razão pode julgar em todos os campos de argumento, ou se em alguns campos não há qualquer possibilidade de resolver ou avaliar alegações mediante procedimento de tipo judicial. Pois esta questão é posta de lado com excessiva facilidade e sua verdadeira força é deturpada. Se se segue Hume, termina-se por admitir que o Tribunal da Razão só julga em casos em que os argumentos analíticos podem ser adequadamente pleiteados; argumentos éticos e estéticos, conclusões proféticas e causais, afirmações sobre outras vontades, sobre objetos materiais, até sobre nossas memórias, tombam sucessivamente ante a crítica dos filósofos, e a função judicial da razão acaba sendo cada vez mais limitada. Se se seguem as pegadas de Hume, acabamos por chegar ao mesmo dilema metafísico.

A questão tem, entretanto, uma interpretação alternativa que não nos desembarca nesta dificuldade. Sem exigir que os argumentos em todos os campos sejam analíticos, ainda assim podemos perguntar – analiticidade à parte – em que campos podem ser empregados os procedimentos ou as avaliações interpessoais e judiciais. A resposta a esta questão dependerá não da busca vã de implicações que, neste contexto, estão fora de questão, mas dependerá de buscarmos uma outra coisa. Qualquer que seja o campo com que estejamos lidando, podemos expor nossos argumentos na forma

$$D \longrightarrow C$$
$$W$$

Recorrer a tal argumento implica que a garantia W não apenas nos autoriza a dar o passo de D para C, mas implica também que W é uma garantia *estabelecida*. A discussão racional em qualquer campo depende, por conseguinte, da possibilidade de estabelecer, nesse campo, garantias de inferência; uma abordagem judicial aos nossos problemas será possível na medida em que houver procedimentos interpessoais comuns e compreendidos para testar garantias em qualquer campo específico. Por conseguinte, quando perguntamos até que ponto se estende a autoridade do Tribunal da Razão, temos de pôr de lado a questão de até que ponto, em qualquer campo, é possível que os argumentos sejam analíticos; em vez de nos concentrar nisto, temos de concentrar nossa atenção em questão bem diferente: em que medida já há garantias estabelecidas na ciência, na ética ou moralidade, no Direito, na crítica de arte, no julgamento de caráter, ou o que possa ser; e até que ponto os procedimentos para decidir quais os princípios sólidos e as garantias aceitáveis são compreendidos por todos e bem acordados em geral. Duas pessoas que aceitam procedimentos comuns para testar garantias em qualquer campo podem começar por comparar os méritos dos argumentos, nesse campo; só onde esta condição não for satisfeita, de modo que elas não tenham uma base comum para argumentar, é que a avaliação racional deixará de ser acessível a elas.

Resumindo os resultados desta seção: sugeri dois fatores que tendem no presente momento a confundir nossas idéias sobre a aplicação da lógica. Eles são, primeiro, uma falha em reconhecer que a campo-dependência de nossas categorias lógicas é um traço *essencial*, que surge de diferenças irredutíveis entre as espécies de problema de que os argumentos estão destinados a tratar; e, segundo, a gritante ambigüidade da palavra "dedutivo", como é usada em geral na lógica formal. Só quando se tem clareza do tipo de problema envolvido em algum caso específico é que se pode determinar que garantias, apoio e critérios de necessidade e possibilidade são relevantes para esse caso; não há nenhuma justificação para aplicar indiscriminadamente critérios analíticos em todos os campos de argumento, e fazê-lo de modo consistente leva (como Hume descobriu) a um estado de delírio filosófico. A ausência de implicações, no caso de argumentos substanciais, não é um sinal de fraqueza, mas é conseqüência dos problemas com os quais têm a ver – claro que há diferenças entre campos de argumento, e o Tribunal da Razão é capaz de julgar também fora do estreito campo dos argumentos analíticos.

Por trás desses dois fatores imediatos, há outras considerações para as quais ainda não olhamos. O fato de os filósofos terem sido tentados a considerar argumentos analíticos seu paradigma não aconteceu por acaso. Não basta reconhecer o fato dessa escolha e seguir os paradoxos para os quais ela inevitavelmente leva; temos agora de tentar *explicá-la*. Nesse ponto, teremos de entrar no reino da especulação, mas há duas possíveis influências que, em qualquer caso, merecem ser discutidas:

> (i) o ideal da lógica como um conjunto de verdades eternas, a ser expresso, preferencialmente, na forma de um sistema matemático coerente;
> (ii) a idéia de que, organizado o assunto num sistema tão formal, seremos capazes de pôr em ação uma necessidade mais forte do que a mera necessidade física e uma impossibilidade mais implacável do que a mera impossibilidade física.

Essas idéias irão ocupar-nos pelo resto do presente ensaio.

Lógica como um sistema de verdades eternas

A ambição de colocar a lógica numa forma matemática é tão antiga quanto o próprio tema. Pois, desde que a lógica teve uma existência separada – desde Aristóteles, em outras palavras –, os lógicos formais têm tido uma meta dupla: por um lado, eles têm-se visto sistematizando os princípios do raciocínio sólido e teorizando sobre os cânones do argumento; por outro lado, eles sempre apresentaram para si mesmos o ideal do assunto como uma ciência formal, dedutiva e preferivelmente axiomática. Na sentença de abertura de *Primeiros analíticos*, de Aristóteles, já encontramos expressa essa meta dupla: a lógica, segundo ele, diz respeito ao *apodeixis* (isto é, ao modo como as conclusões devem ser estabelecidas) e também é a ciência (*episteme*) de estabelecê-las – ele já tem como certo que se pode expor o objeto na forma de uma *episteme*, isto é, na condição de uma ciência teórica dedutiva.

Essa mesma meta dupla permanece implícita na prática dos lógicos formais até nossos dias. Desde o século XVII, o objeto tem tendido (se se pode dizer assim) a se tornar cada vez mais matemático, primeiro nas mãos de Leibniz e, mais tarde, com a obra de Boole, Frege e dos lógicos simbólicos do século XX. Hoje em dia, de fato, é provável que muitos lógicos considerem o ideal matemático da lógica mais importante do que sua aplicabilidade prática. Strawson, por exemplo, declara-se satisfeito com o fato de que os lógicos devam restringir seus interesses a questões sobre a consistência e a inconsistência de argumentos e afirmações, e para esse propósito limitado uma teoria puramente formal pode, de fato, ser suficiente. No entanto, a maioria dos lógicos ainda pensa, de tempos em tempos, que seu objeto diz respeito aos princípios do raciocínio válido, ainda que sua definição de "dedução" limite-os, na prática, aos princípios do raciocínio analítico válido – Carnap, por exemplo, está preparado para declarar, mesmo com o risco de um *non sequitur*, que sua teoria analítica de probabilidade é aplicável aos problemas em relação a apostas, às nossas expectativas quanto à colheita e se devemos aceitar uma nova teoria científica. No entanto, ninguém insistiu mais do que Carnap em que a lógica, como a matemática, diz respeito a verdades intemporais sobre suas próprias entidades teóricas – neste caso, as relações semânticas.

Comecemos por ver o que está envolvido ao aceitar esse ideal matemático para a formulação da teoria lógica. Para os gregos, a primeira e mais dramaticamente bem-sucedida *episteme* foi a geometria; quando se voltaram para a lógica, o modo de abordarem o assunto foi tomado da geometria, e sua ambição era expor os princípios da lógica na mesma espécie de forma que já se havia mostrado proveitosa no outro campo. Eles não eram, entretanto, unânimes na avaliação que faziam da natureza da geometria, e há ambigüidade semelhante nos pontos de vista adotados pelos lógicos formais para com seu objeto. Assim como os gregos dividiam-se quanto à questão de sobre o que são as proposições da geometria – alguns alegavam que as relações matemáticas discutidas no tema aplicavam-se diretamente aos objetos mutáveis do mundo material; e outros alegavam que elas se referiam mais a uma classe independente de coisas imutáveis – também se encontram duas opiniões entre os lógicos. Ambos os grupos concordam em aceitar o modelo matemático como um ideal legítimo, na verdade como *o* ideal legítimo para a lógica; mas eles diferem na descrição que fazem de suas teorias e na extensão em que pensam que a idealização deveria ser levada.

Pode-se distinguir uma visão mais extrema de uma menos extrema. A visão menos extrema corresponde à primeira das duas teorias gregas de geometria: a lógica formal deve ser a *episteme* das relações lógicas, e essas relações devem ser expressas em proposições eternas e sem tempo que, se verdadeiras em um tempo qualquer – como outras proposições matemáticas –, serão verdadeiras em todo e qualquer tempo; mas as unidades ou coisas entre as quais essas relações lógicas vigoram não têm, como as próprias relações, de ser livres de mudança ou "fora do tempo". Podem ser, por exemplo, afirmações de uma espécie perfeitamente familiar, cujo valor de verdade pode alterar-se com a passagem do tempo – por exemplo, a afirmação "Sócrates é calvo" que pode ser primeiro inaplicável, depois verdadeira, depois falsa, depois verdadeira e por fim outra vez inaplicável. Tudo que nosso ideal exige, de acordo com essa visão menos extrema, é que as relações discutidas diretamente na teoria lógica sejam elas mesmas intemporais, à maneira das relações geométricas. "Um triângulo eqüiângulo é equilátero" – isto é verdadeiro de uma vez por todas; e a verdade dos princípios da lógica formal deve ser, do mesmo modo, isenta de mudança temporal.

A visão mais extrema corresponde à segunda das descrições gregas da geometria. De acordo com essa visão, não basta que as proposições da lógica formal sejam em si intemporalmente verdadeiras. O assunto não terá alcançado sua condição matemática ideal enquanto as unidades entre as quais vigoram essas relações lógicas não tiverem sido transformadas também em objetos livres de mudança e independentes do tempo. Isto significa que uma simples afirmação corriqueira como "Sócrates é calvo", tal como as coisas estão, ainda não está madura para a consideração do lógico formal; deve ser processada, transformada, congelada na intemporalidade, antes de poder ser estabelecida na estrutura formal da teoria lógica. Como isto deve ser feito? Uma maneira é inserir em nossas afirmações normais referências explícitas à ocasião de sua declaração – sendo a forma resultante de palavras mencionada como uma "proposição".

Neste sentido técnico, a "proposição" que corresponde à declaração específica das palavras "Sócrates é calvo" será (digamos) "Sócrates calvo a partir de 400 a.C.", e aquela que corresponde à afirmação "eu estou com fome" será (digamos) "Stephen Toulmin com fome a partir de 4h30 da tarde, em 6 de setembro de 1956" – o verbo "é" ou "era" é omitido aqui a fim de marcar o fato de que todas as "proposições" são *sem tempo*. Existem perigos óbvios de se usar a palavra "é" tanto como a ligação sem tempo de expressões dentro da lógica formal como também como verbo principal de afirmações referentes ao tempo presente. Na visão mais extrema, então, uma lógica completamente matemática será composta de fórmulas intemporais, que expressam relações constantes entre "proposições" sem tempo.

Essas duas formas de idealização são, de nosso ponto de vista, ilegítimas. O problema não reside dentro dos próprios sistemas formais; não faria sentido argumentar que não se *poderia* ter cálculos matemáticos formais que dissessem respeito a relações entre proposições, dado que todo mundo sabe que de fato desenvolveram-se cálculos proposicionais elaborados e sofisticados, em anos recentes. As objeções voltam-se mais para a questão de qual aplicação esses cálculos podem ter para a avaliação prática de argumentos – se as relações tão elegantemente formalizadas nesses sistemas são, de fato, aquelas que nos interessam quando perguntamos na prática sobre o poder de convicção, força e aceitabilidade de argumentos.

Deixe-me tratar primeiro da doutrina mais extrema. A objeção fundamental a ambas as doutrinas virá a ser a mesma, mas a própria diferença entre as duas doutrinas pode nos dar uma primeira pista sobre sua natureza. Um advogado da visão mais extrema, como o professor W. V. Quine, insiste em reformular todas as afirmações como "proposições" antes de admiti-las em seu sistema de lógica; no ato de fazê-lo, ele remove as fórmulas de sua teoria para um passo mais além de sua aplicação ostensiva. Os dados e as conclusões de argumentos práticos são afirmações, não proposições (falando tecnicamente). A tarefa de um crítico é investigar até que ponto determinadas afirmações citadas como dados dão suporte a uma conclusão ou afirmação de alegação; de modo que uma lógica formal de proposições terá de ser transcrita a fim de aludir a afirmações antes que possamos esperar aplicar seus resultados.

Esta não é em si uma objeção séria. A formulação de teoria lógica em termos de proposições em vez de afirmações poderia vir acompanhada de importantes ganhos teóricos; os físicos – para citar uma analogia aparente – têm o direito justificado de usar o cálculo de tensor na física da relatividade, apesar do fato de que se transformam os resultados teóricos da notação de tensor em álgebra normal antes de dar-lhes uma interpretação empírica em termos de verdadeiras observações ou medições. No entanto, no caso da lógica, não fica claro quais são os correspondentes ganhos teóricos, e os lógicos dividem-se quanto à questão de se, em todo caso, se tem de limitar a aplicação das fórmulas lógicas a proposições intemporais.

Sem dúvida a linguagem, tal como a conhecemos, consiste não de proposições intemporais, mas, sim, de expressões dependentes, de todas as espécies de dependência, do contexto ou da ocasião em que foram externadas. Afirmações são feitas em situações particulares, e a interpretação delas a ser feita tem estreita ligação com a relação que mantêm com aquelas situações; elas são, nesse aspecto, como fogos de artifício, sinais ou sinais luminosos. Os modos como se tem de criticar e avaliar as afirmações e declarações refletem este fato. As questões que surgem são, por exemplo, se, numa situação dada, uma afirmação específica é a afirmação apropriada a fazer, ou se numa outra situação uma determinada coleção de dados pode ser apresentada, de modo apropriado, como dando o direito a que se preveja um evento subseqüente. Só na matemática pura é que nossas avaliações podem ser inteiramente livres de contexto.

A crítica dessa espécie é, no sentido mais amplo da palavra, a crítica *ética*; ela trata uma declaração como uma ação feita numa dada situação e pergunta sobre os méritos dessa ação quando olhada no contexto em que foi feita. A lógica proposicional, por outro lado, aborda a linguagem de um modo mais afim com a crítica *estética*; as proposições são tratadas como estátuas congeladas de afirmações, e os méritos que o lógico procura são méritos universais, intemporais, como os da *Vitória Alada de Samotrácia* ou do *David* de Michelangelo. Não está claro que relação tal crítica poderia ter com os problemas ligados ao tempo dos argumentadores práticos. Em todo caso, como argumentou Prior, essa atitude particular não é essencial para a lógica formal. Há, de fato, um forte contraste entre a lógica dos últimos séculos e a lógica medieval. Os lógicos medievais não insistiam em substituir afirmações por proposições, antes de admitir nossas declarações em seus sistemas de lógica; davam-se por satisfeitos com que as expressões de sua teoria lógica fossem em si sem tempo, sem exigir que as unidades entre as quais vigoravam as relações lógicas tivessem também de ser eternas e inalteráveis. Desse modo, é bem possível uma lógica formal das afirmações e, de certo modo, como Prior continua argumentando, tal lógica pode ser mais rica e mais cheia de potencialidades do que a mais elegante lógica das proposições.

A propósito, é intrigante perguntar sobre as razões para essa particular transição histórica. Por que teria sido abandonada a lógica medieval das afirmações e substituída quase por inteiro por uma lógica proposicional, que relata não declarações dependentes de contexto, mas, sim, proposições invariantes de contexto? Teria essa reviravolta, talvez, alguma coisa a ver com a invenção da imprensa? A sugestão é tentadora; num mundo em grande parte pré-letrado, o caráter transitório de fogos de artifício de nossas declarações permaneceria esmagadoramente óbvio. A concepção da proposição como sobrevivente ao momento de sua declaração – como uma estátua que permanece inalterada após a morte do escultor que a moldou – só seria plausível depois que a palavra registrada de forma permanente houvesse passado a desempenhar um papel muito maior nas vidas dos homens especulativos.

No entanto, há poucos indícios de que a invenção tenha tido alguma influência direta, e uma boa quantidade de indícios a indicar uma explicação alternativa. Sob uma série de aspectos, a revolução pela qual passou o pensamento no século XVII pode ser caracterizada como um renascimento do platonismo e uma rejeição ao aristotelismo. Aquilo que chamei de visão menos extrema, tanto da lógica como da geometria, é uma visão aristotélica, e a lógica medieval da afirmação era uma parte integrante da tradição aristotélica. Os "novos pensadores" dos séculos XVI e XVII erigiram, em oposição a Aristóteles, as figuras de Pitágoras, Platão e, acima de todos, Euclides. Era sua ambição empregar métodos e modelos matemáticos em todas as especulações e, com freqüência, os encontramos para expressar opiniões platônicas sobre o *status* das entidades matemáticas. A idéia de que relações lógicas, tanto quanto as relações geométricas, vigoram entre objetos eternos era própria da natureza de seu ponto de vista, e é provável que já não tenhamos de continuar a procurar por nossa explicação. As duas explicações não são, entretanto, incompatíveis; podia-se argumentar que o renascimento platônico e a apoteose de Euclides foram em si resultado da difusão da página impressa. Neste caso, a transição da lógica medieval da afirmação para a mais recente lógica proposicional teria sido efeito dessa invenção, embora apenas efeito indireto.

Este é um capítulo da história das idéias que, com pesar, temos de parar de explorar, para voltar ao nosso assunto. Até aqui, mostramos apenas que a dupla idealização envolvida na visão mais extrema da lógica é desnecessária. Se for possível um estudo formal das relações lógicas entre "proposições", então também haverá estudo formal possível das relações que vigoram entre afirmações; a verdadeira questão é se um estudo formal é genuinamente possível em qualquer dos dois casos. Quaisquer que sejam os objetos entre os quais vigoram relações lógicas, faz sentido idealizar até as próprias relações? Pode-se colocar num modelo matemático intemporal as relações das quais dependem a solidez e a aceitabilidade de nossos argumentos, sem desfigurá-las a ponto de não as podermos reconhecer? Argumentarei que isto não pode ser feito; se insistimos em tratar matematicamente estas relações, inevitavelmente acabaremos por deformá-las e resultará uma divergência entre as categorias da lógica aplicada e as categorias da teoria lógica do mesmo tipo da que já tivemos de reconhecer. Esta crítica, se estabelecida, rebaixará igualmente as visões mais e menos extrema; agora, temos de tentar demonstrá-la.

É desnecessário, argumentamos, congelar afirmações em proposições intemporais antes de admiti-las na lógica; as declarações são feitas em momentos específicos e em situações específicas, e têm de ser compreendidas e avaliadas com o olho nesse contexto. O mesmo, podemos argumentar agora, é verdade para as relações que vigoram entre afirmações, em todo caso na maioria dos argumentos práticos. O exercício do julgamento racional é em si atividade que se pratica em contexto particular e é essencialmente dependente dele; os argumentos que encontramos são expostos num tempo dado e numa situação dada e, quando passamos a avaliá-los, eles têm de ser julgados em contraste com esse pano de fundo. Desse modo, a crítica prática dos argumentos, como da moral, não está em posição de adotar a postura olímpica do matemático.

Como resultado, a força, o poder de convicção, o suporte de indícios e coisas semelhantes – todas as coisas que Carnap tenta congelar em relações semânticas – resistem à idealização tanto quanto nossas próprias declarações. Este fato se evidencia com mais clareza se considerarmos as previsões. Um homem que oferece uma previsão como sendo mais do que uma conjectura pode ser obrigado a dar suporte a ela com um argumento; pedir-lhe-ão que apresente garantias baseadas em sua experiência e seu conhecimento geral, e também indícios específicos (dados) sobre os objetos de sua previsão que sejam bastante confiáveis e acurados para tornar sua previsão digna de confiança, *e que tenha relação com a ocasião em que sejam declarados*. No momento em que uma previsão é feita, este é o único tipo de crítica a que se pode pedir que ela resista; e, quer o evento venha ou não a ser como foi previsto, esta questão sempre pode ser revivida, perguntando-se se a previsão original era uma previsão *própria* ou *imprópria*. No momento em que ela é externada, claro, não podemos ainda perguntar se é *equivocada* ou não – o momento para se fazer esta pergunta só surge com o próprio evento.

Não obstante, entre o momento da previsão e o evento previsto, a questão de se a previsão é confiável pode surgir de novo de várias maneiras. Indícios recentes podem tornar-se disponíveis, levando-nos a modificar a previsão sem mudar nossas idéias gerais sobre o assunto em questão; ou, por outro lado, com o aumento da experiência, podemos ter de mudar nossas opiniões até mesmo sobre a relação do indício original com a questão em debate. Quer dizer, à medida que o tempo passa, podemos nos ver não apenas fazendo uma previsão diferente sobre o mesmo evento, mas também sendo forçados a retirar nossa fidelidade ao argumento apresentado em primeiro lugar. Isto acontece de modo mais drástico se o próprio evento se produzir de uma maneira diferente da prevista; a menos que a previsão tenha sido adequadamente protegida, ou que seja sujeita a exceções, o argumento em que ela se baseou terá sido então irremediavelmente abrangido. A série de eventos pode, por conseguinte, nos obrigar a modificar nossas avaliações racionais, e um argumento adequadamente considerado sólido numa situação pode, mais tarde, ter de ser rejeitado. Ainda mais notavelmente, um argumento para uma previsão deve, *é claro*, ser julgado por padrões recentes, uma vez que o evento tenha ocorrido – quando a previsão já for uma retrovisão, todas as nossas atitudes lógicas serão diferentes.

Mas se questões sobre "relações lógicas" tiverem de ser tratadas como intemporais e atemporais, não haverá espaço para essa revisão progressiva de nossos padrões. Quando vistos de um ponto de vista quase matemático, *definem-se* os argumentos, simplesmente, por afirmar suas conclusões (neste caso, a previsão) e o indício apresentado em seu suporte; desse modo, o argumento

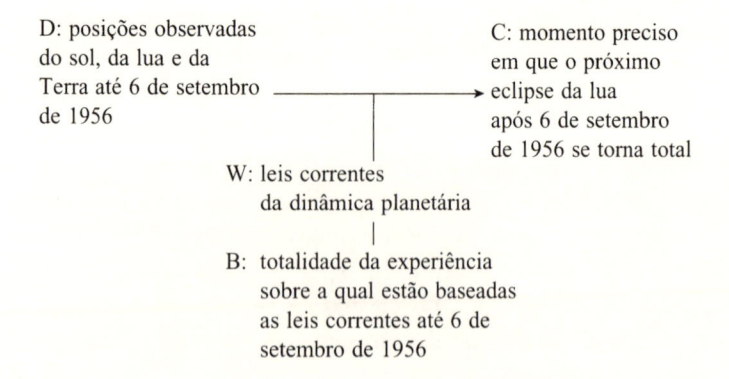

D: posições observadas do sol, da lua e da Terra até 6 de setembro de 1956 ⟶ C: momento preciso em que o próximo eclipse da lua após 6 de setembro de 1956 se torna total

W: leis correntes da dinâmica planetária

B: totalidade da experiência sobre a qual estão baseadas as leis correntes até 6 de setembro de 1956

será considerado "o mesmo e único argumento" quer seja apresentado no dia específico em que a previsão é feita de fato, quer o seja em qualquer momento posterior ou até mesmo – *per impossibile* – em qualquer momento anterior. Se este for um bom argumento, os lógicos sugerem, deve com certeza ser bom de uma vez por todas; se não for um bom argumento, então seus defeitos devem ser, sem dúvida, do mesmo modo, eternos.

Questões sobre a solidez de argumentos proféticos só podem, no entanto, ser tratadas como tempo-invariantes se desconsiderarmos tanto o contexto em que uma previsão é feita como o contexto em que (agora) a avaliamos – se validade tem de ser uma "relação lógica" intemporal só entre as afirmações, os fatos sobre a ocasião em que foram externadas devem ser deixados de lado, por irrelevantes. O lógico formal pede que sejam mostradas as afirmações, todas as afirmações e nada mais que as afirmações; olhando para baixo, do alto de seu trono olímpico, ele começa então a se pronunciar sobre as relações imutáveis entre as afirmações. Mas esta visão – tipo olho-de-Deus – distrai a pessoa por completo dos problemas práticos nos quais se origina até a questão da validade: se temos de aceitar, confiar e contar com aquela previsão, seja por quais razões for, ou, por outro lado, se temos de rejeitá-la e desconsiderá-la – esta é a questão que expressamos, na prática, com as palavras "este argumento é *sólido*?"; e, ao divorciar "relações lógicas" de todos os contextos possíveis, nós nos privamos dos meios para perguntar. Questões sobre a aceitabilidade de argumentos têm, na prática, de ser entendidas e atacadas *num contexto* – tanto quanto as questões sobre a aceitabilidade de declarações individuais –, e é essa necessidade prática que o lógico puramente formal risca da descrição antes mesmo de começar a trabalhar.

Portanto, a fim de obter uma lógica que seja realista e aplicável, não basta substituir proposições por afirmações. Nós também teremos de substituir as relações lógicas matematicamente idealizadas – relações intemporais livres de contexto, entre afirmações ou proposições – por relações que, no fato prático, não são mais intemporais do que as afirmações que relatam. Isto não é dizer que os elaborados sistemas matemáticos que constituem a "lógica simbólica" devem agora ser jogados fora; mas apenas que pessoas com capital intelectual investido nelas não precisam ter ilusões sobre a amplitude de sua relevância para os argumentos práticos. Se a lógica tiver de continuar sendo matemática, permanecerá *puramente* matemática; e, quando aplicada ao estabelecimento de conclusões práticas, só conseguirá tratar de questões de consistência interna. Alguns lógicos podem ver essa perspectiva com serenidade e estar preparados a pagar o preço; Strawson, de sua parte, está satisfeito – apesar de sua excursão final na indução e na probabilidade – em limitar sua discussão na maioria das vezes às noções de consistência e inconsistência. Mas isto significa fazer grandes mudanças no programa original de Aristóteles, que se ocupava em primeiro lugar das maneiras pelas quais as conclusões devem ser estabelecidas (*apodeixis*), e apenas em segundo lugar da ciência (*episteme*) de seu estabelecimento. Se o próprio Aristóteles tivesse reconhecido que a demonstração não era objeto adequado para uma ciência formal, com certeza teria abandonado não o estudo da demonstração, mas, sim, qualquer tentativa de moldar a teoria da demonstração em forma totalmente matemática.

É oportuno aqui uma palavra sobre o título do presente ensaio, pois algum leitor amante da paz poderia apresentar esta sugestão: "O que você diz pode estar muito bem, até um certo grau, mas realmente não tem relação alguma com as coisas com que se ocupam os lógicos matemáticos como Quine. O negócio deles é a teoria lógica, você se ocupa da prática lógica; não tem de haver discordância real entre vocês." Esta sugestão é tentadora, mas deve ser rejeitada. O título "Lógica prática e lógica idealizada" foi deliberadamente escolhido e, com razão, como melhor que a alternativa mais óbvia "Lógica na Prática e Lógica na Teoria", pois o título alternativo incorre numa questão crucial.

Se tudo que a sugestão significasse fosse que, como a matemática, o "cálculo proposicional" é um objeto legítimo de estudo como as outras partes da matemática pura, de fato não poderia haver nenhuma discordância; mas temos de perguntar se esse ramo da matemática tem o direito ao nome de "teoria lógica". Se lhe dermos este nome, estaremos sugerindo que o cálculo proposicional desempenha um papel na avaliação de argumentos verdadeiros, comparável àquele desempenhado pela teoria física ao explicar os verdadeiros fenômenos físicos. Mas aí está, justamente, o que vemos razões para duvidar: este ramo da matemática não forma a parte teórica da lógica, em coisa alguma, do modo como as teorias matemáticas do físico formam a parte teórica da física. Entretanto, a lógica matemática se tornou um cálculo congelado, sem nenhuma conexão funcional com os cânones para avaliar a força e o poder de convencimento dos argumentos. Esse cálculo congelado pode ser conectado por meio de uma cadeia histórica contínua até a discussão original de Aristóteles sobre a prática da crítica de argumento, mas esta conexão não será senão histórica, como a que há entre a geometria de sete dimensões e as técnicas de levantamento topográfico. O ramo da matemática conhecido como "geometria pura" deixou há muito tempo de aspirar a ser a parte teórica da medição, e a "lógica pura" só pode continuar a ser matemática se seguir o mesmo caminho.

Tudo isso é dito sem nenhum espírito de desrespeito pela lógica matemática, considerada um objeto de estudo intelectual; mas temos de ter clareza sobre que tipo de objeto é. Uma vez conseguido isto, ninguém mais se interessará pelo tipo de paz que Carnap oferece. Ele admite que os métodos de avaliar os argumentos práticos podem formar um objeto de estudo cativante e importante, que não tem nenhuma conexão funcional com o cálculo proposicional, mas continua e propõe, em aparente inocência, que tal estudo deva ser intitulado "metodologia", para distingui-lo de "lógica", que (como todo mundo sabe) é um objeto matemático, formal. Há várias razões pelas quais esta proposta tem de ser rejeitada. Apresentar a questão já é, no mínimo, um convite à conivência com dotações fraudulentas e conversão fraudulenta das dotações. No mundo inteiro há cadeiras universitárias e departamentos dedicados ao estudo da lógica; mas quantos desses departamentos e cadeiras, se pode perguntar, foram estabelecidos para promover o estudo da matemática pura, sem aplicação?

Sem dúvida, houve fases na história em que os lógicos estavam preocupados com os aspectos formais de seu objeto, mas, até mesmo no período mais recente e mais matemático, a expressão "lógica formal" jamais se tornou uma tautologia completa. Às vezes desconsiderado, mas sempre à espera de consideração, havia um outro grupo de questões – não questões formais, em algum sentido matemático, nem questões que dissessem respeito às formalidades preliminares do argumento –, e estas compõem o que se pode chamar de lógica material, ou prática, ou aplicada. No entanto, questões sobre a força dos argumentos, oposta à sua consistência interna, nunca foram esquecidas por completo. Em algum lugar na mente dos lógicos – mesmo que, com freqüência, só bem no fundo – sempre se supôs que, por caminhos suficientemente tortuosos, os resultados de seus trabalhos poderiam ser usados para julgar o poder de convicção e a força de argumentos verdadeiros, do dia-a-dia. O fato de Carnap consignar todas essas questões a um outro objeto, a metodologia, implica que se tenham de abandonar quaisquer esperanças residuais, que ainda haja, de aplicar os cálculos matemáticos da lógica à crítica dos argumentos práticos, e é provável que isto seja bastante verdadeiro; mas ele também sugere, e isto é mais questionável, que as verbas colocadas na dotação dos departamentos de lógica devam, no futuro, ser gastas em benefício apenas da matemática pura.

Resumindo: Aristóteles caracteriza a lógica como "ocupada com o modo pelo qual as conclusões são estabelecidas e pertencente à ciência de seu estabelecimento". Verifica-se agora que os resultados da investigação lógica não podem ser moldados numa "ciência", sobretudo no sentido estreito do termo sugerido pela palavra grega *episteme*. A demonstração não é um objeto adequado para uma *episteme*. Considerado de nosso ponto de vista, este resultado deve surpreender; se a lógica é um subjetivonormativo, ocupado com a *avaliação* de argumentos e o reconhecimento de seus *méritos*, dificilmente se poderia esperar alguma coisa a mais. Pois, com certeza, não se podem discutir julgamentos de valor de outras espécies em termos puramente matemáticos. A jurisprudência, por exemplo, elucida para nós a lógica especial das afirmações legais; no entanto, elude o tratamento matemático; tampouco os problemas éticos e estéticos são formulados mais eficazmente se tornados objeto de um cálculo.

Até mesmo no caso da moral, há sem dúvida certas considerações periféricas, que têm a ver com autoconsistência e coisas semelhantes, que se prestam ao tratamento formal; de modo que o professor G. H. von Wright e outros foram capazes de elaborar um sistema de "lógica deôntica", que mostra os paralelos formais entre a noção moral de obrigação e as categorias do lógico, de verdade e validade. Mas o fato de que isto possa ser feito mostra, com certeza, não que a moral também deveria tornar-se ramo da matemática. Será que, mais propriamente, isto não mostra que, mesmo quando nos ocupamos de questões de verdade e validade, os aspectos que podemos manejar de uma maneira puramente formal são comparativamente periféricos? Na lógica como na moral, o verdadeiro problema da avaliação racional – distinguir argumentos sólidos daqueles indignos de confiança, em vez de distinguir os consistentes dos inconsistentes – requer experiência, *insight* e julgamento, e cálculos matemáticos (na forma de estatística e coisas semelhantes) em caso algum podem ser mais do que uma dentre outras ferramentas que se podem usar para esta tarefa.

Construção de sistema e necessidade sistemática

O principal argumento deste ensaio está completo agora. Nós mostramos a grande diferença, que se desenvolveu ao longo da história da lógica, entre as categorias críticas de que fazemos uso na prática e as análises formais que os lógicos apresentaram sobre elas, investigamos esta divergência até sua fonte – a adoção do tipo de argumento analítico como paradigma universal (embora impróprio) – e sugerimos alguns possíveis motivos que podem ter levado os lógicos a adotar esse paradigma, em particular sua ambição consagrada pelo tempo de moldar as verdades da lógica num sistema puramente matemático. O último item importante de nossa agenda será investigar as conseqüências dessa divergência, até mais longe, para as especulações dos epistemologistas e filósofos gerais, e esta será nossa tarefa no ensaio final. Mas ainda há várias pontas soltas no que trouxemos de antes, que podem ser convenientemente amarradas no restante deste ensaio. Entre elas:

    (i) a noção especial de necessidade lógica,
    (ii) as espécies de necessidade e impossibilidade "formal" ou "sistemática", características das ciências matemáticas ou teóricas, e

LÓGICA PRÁTICA E LÓGICA IDEALIZADA

(iii) a idéia de que, moldando a lógica num sistema formal, seremos capazes de transformar a necessidade lógica em necessidade mais forte do que qualquer necessidade física, e a impossibilidade lógica em impossibilidade mais rigorosa do que a impossibilidade física. (Esta idéia – sugiro – poderia ajudar a explicar por que se pensou em um sistema geométrico formal para dar à lógica o seu tão desejado modelo.)

Podemos discutir com proveito todos esses três tópicos de uma vez e de passagem lançar um pouco mais de luz sobre o modo pelo qual um sistema de proposições se congela num cálculo abstrato.

No que se segue, tentarei mostrar como nasce um caso de matemática, sem seguir nenhum ramo existente do objeto, mas, sim, tomando um exemplo novo e estudando-o a partir do zero. Este exemplo terá pouca conexão óbvia com qualquer das partes conhecidas da matemática ou – pelo menos em termos imediatos – com questões filosóficas contenciosas, e servirá, no começo, para manter afastada a arena filosófica, onde a poeira de antigas controvérsias pode muito facilmente subir e nos cegar.

Primeiro, no entanto, deixe-me indicar de onde o exemplo é tirado e aludir a como se pode, quando examinado, provar que ele ilumina as fontes de perplexidades mais arraigadas. Meu exemplo saiu, na verdade, da página de esportes de um jornal de domingo, que trazia o resultado do sorteio de concorrentes para a regata anual em Henley, e incluía o seguinte registro:

> Copa dos Visitantes. Eliminatória 1: Jesus, Cambridge *versus* Christ Church; eliminatória 2: Oriel *versus* New College;... eliminatória 8: Lady Margaret *versus* vencedor da eliminatória 1;... eliminatória 26: vencedor da eliminatória 23 *versus* vencedor da eliminatória 24; final: vencedor da eliminatória 25 *versus* vencedor da eliminatória 26.

Um sorteio desse tipo, como é usado em competições eliminatórias, dá origem a um sistema de proposições de considerável complexidade interna e articulação lógica.

Surgem problemas filosóficos até sobre os mais simples sistemas de proposições, como o que temos aqui. Se se lê com espírito socrático este registro, pode-se pensar no seguinte diálogo mental:

Primeiro pensamento: "como eles já sabem que equipes disputarão a final?"

Segundo pensamento, após um momento: "eles não sabem".

"Mas eles *dizem*! Será entre o vencedor da Eliminatória 25 e o vencedor da Eliminatória 26"; sendo esta observação acompanhada de uma sensação incômoda de que se trata de um tipo esquisito de regata em que alguém pode decidir de antemão quem estará na final!

"Ah! Mas dizer que a final será entre o vencedor da Eliminatória 25 e o vencedor da Eliminatória 26 não implica coisa alguma sobre as chances de chegar à final que tenha alguma equipe indicada que você queira mencionar (digamos, New College)."

"Não é óbvio que não implique apenas isto. Afinal de contas, a proposição de que a Eliminatória 8 será entre Lady Margaret e o vencedor da Eliminatória 1 implica algo muito definido sobre equipes mencionadas; a saber, que, de todos os participantes, apenas Lady Margaret, Jesus e Christ Church terão uma chance de estar nesta eliminatória."

"É verdade que a afirmação que a Eliminatória 8 será entre Lady Margaret e o vencedor da Eliminatória 1 *parece* exatamente com a afirmação que a final será entre o vencedor da Eliminatória 25 e o vencedor da Eliminatória 26, mas, no aspecto crucial, elas são totalmente dessemelhantes. De fato, está na natureza de um sorteio – ou, pelo menos, de um sorteio *justo* – que, quando se escreve por extenso, na íntegra portanto, as primeiras coisas que se anotam serão completamente *específicas* a respeito de equipes designadas, e as últimas coisas completamente *formais*, sem ter nenhuma referência a equipes particulares. As últimas coisas, na verdade, não dizem sobre as próprias equipes mais do que a final será entre determinadas duas delas, uma de cada metade do sorteio; e, como todos os participantes devem estar numa ou noutra metade do sorteio, não há coisa alguma – no que diz respeito ao que aqui esteja escrito – que impeça qualquer equipe individual que você queira designar de estar na final. Se elas chegam ou não lá depende, acidentes à parte, apenas de sua própria habilidade."

A moral deste primeiro diálogo é que não nos devemos deixar enganar por semelhanças superficiais de expressão. As afirmações "A Eliminatória 8 será entre Lady Margaret e o vencedor da Eliminatória 1" e "A final será entre os vencedores da Eliminatória 25 e Eliminatória 26" podem parecer iguais, mas quando se chega ao que interessa – em outras palavras, quando se chega à regata – as implicações de uma e de outra são totalmente diferentes. Se fosse de fato decidido, antes mesmo de a regata ter começado, quais das equipes mencionadas estariam na final, caberia perfeitamente a mais incômoda sensação de injustiça. Mas desde que não haja nenhuma seleção implícita de equipes específicas, a sensação incômoda está fora de lugar; como neste caso.

A sensação de injustiça surge da inclinação inicial da pessoa a interpretar a afirmação "A final será entre os vencedores da Eliminatória 25 e da Eliminatória 26" como se implicitamente excluísse equipes específicas da final, assim como "A Eliminatória 8 será entre Lady Margaret e o vencedor da Eliminatória 1" exclui todos, exceto três equipes, da Eliminatória 8, e isto é um equívoco. Ainda assim, não há como dizer, só de olhar para as proposições, se elas têm implicações sobre equipes específicas ou não. Só se pode descobrir isto se se examina o que significa cada proposição em termos de sua aplicação – isto é, em termos de barcos, corridas, troféus, prêmios e assim por diante.

Até certo ponto, esta explanação pode parecer satisfatória. No entanto, ao refletir, a pessoa pode se sentir ainda intranqüila, pelo menos filosoficamente, e o diálogo interior pode continuar em relação a uma questão recente:

> "É claro, se se fosse decidir de antemão quais das equipes mencionadas têm de estar na final, isto seria injusto. Mas se não se vai fazer isto, a única alternativa, ao que parece, é não dizer mais do que se disse: que a final será entre determinados dois dos participantes. Como é que se *pode* dizer, como está dito aqui, quais vencedores de eliminatórias tomarão parte, de fato, da final?"

Esta é uma situação caracteristicamente filosófica. Nós *fazemos,* sim, algo – neste caso, dizer mais do que aparentemente pode ser permitido sem injustiça – embora pareça haver excelentes razões para insistir que *não podemos* fazer. Como de praxe, deve-se procurar ambigüidades nas pequenas palavras envolvidas, embora sejam palavras-chave. O que se deve compreender aqui, por exemplo, por frases como "dizer mais"? Uma frase desse tipo pode ser uma armadilha, instigando a pessoa a fazer várias perguntas de uma vez sem notar a ambigüidade. Num aspecto, sem dúvida, "A final será entre Christ Church e Lady Margaret" *diz mais* do que "A final será entre dois dos participantes", uma vez que especifica quais equipes mencionadas serão esses dois participantes; nesse aspecto, a afirmação "A final será entre os vencedores da Eliminatória 25 e Eliminatória 26" não diz mais do que "A final será entre dois dos participantes". Mas, em outros aspectos, a primeira deste par de afirmações *diz mais* do que a segunda; é mais, mas de um tipo inteiramente diferente de coisas. Este *mais* não acrescenta nada sobre as equipes mencionadas; acrescenta traços que podem, sem preconceito, ser chamado de formais – visto que surgem das propriedades formais desse tipo de sorteio. Se a afirmação

"A final será entre os vencedores da Eliminatória 25 e a Eliminatória 26" tem implicações que a afirmação "A final será entre dois dos participantes" não tem, essas implicações adicionais estão na natureza, não das previsões sobre o eventual resultado da regata, mas, sim, mais propriamente, estão na natureza das prescrições para serem adequadamente conduzidas – elas têm a ver, resumindo, com *formalidades*. Mas formalidades que podem ser importantes. Se você é o organizador de uma regata, em vez de ser um remador, será muito mais importante para você que você planeje o número certo de corridas, na seqüência apropriada, do que o fato de as verdadeiras equipes concorrentes virem de um ou de outro clube específico.

Pode-se fazer alusão à relevância desse exemplo para as questões filosóficas, sem prejudicar nossa discussão metódica do exemplo? Recordemos o famoso problema da verdade matemática e, em particular, as questões: "O teorema de Pitágoras diz mais do que os axiomas de Euclides? Pode ele nos dizer alguma coisa que não esteja implicitamente contida naqueles axiomas? Pode a dedução ser fértil?" É muito possível que a intratabilidade dessas questões também surja de ambigüidades nas expressões "diz mais", "contida em" e "fértil". A analogia se desenvolve da seguinte maneira:

> Considerada de modo inteiramente independente, a asserção de que nenhuma das duas afirmações – "A final será entre os vencedores da Eliminatória 25 e a Eliminatória 26" e "A final será entre dois dos participantes" – *diz mais* que a outra é falsa e paradoxal. Poderia ser aceitável se já tivesse sido deixado claro que se estava falando sobre equipes mencionadas (o que acontece, por exemplo, quando se aposta em resultados da competição) em vez de sobre a condução da regata (por exemplo, planejando-se os horários, para os quais são bastante relevantes os nomes das equipes envolvidas), e pode-se proteger isso do paradoxo, agregando-se uma glosa

adequada: "no que diz respeito às específicas equipes mencionadas". Mas ao se dar o paradoxo, dá-se também o interesse da asserção.

Também no caso da verdade matemática, se se declara, como um rumor e sem a glosa apropriada, que o teorema de Pitágoras *não diz mais* que os axiomas de Euclides, ou que ele apenas repete algo já contido naqueles axiomas, pode-se esperar incitar a ira de matemáticos conscienciosos como o falecido professor Hardy. Sem glosa, a afirmação da pessoa será mais uma vez gratuitamente falsa e paradoxal, de modo que um matemático do temperamento de Hardy irá querer replicar que os matemáticos fazem *descobertas*, que o mundo das verdades matemáticas é um mundo real que está aberto à nossa exploração e sempre contém novas verdades para descobrirmos, e que essas verdades não são, com certeza, afirmadas só nos axiomas.

Mais uma vez, uma glosa apropriada protegerá a situação, mas juntos se evaporarão o paradoxo e a aparente originalidade da declaração da pessoa. Aqueles que afirmam que Pitágoras não nos diz mais do que Euclides querem dizer que seu teorema não nos diz mais, *de um tipo* que se tem de procurar para descobrir, do que os axiomas de Euclides, uma vez que é pura dedução desses axiomas; e essa afirmação é muito menos surpreendente do que a original. Mesmo assim, um homem como Hardy pode não ficar satisfeito. Ele pode protestar: "Mas os matemáticos procuram, *sim*, compreender. Eles passam a vida procurando e às vezes descobrindo coisas que ainda não sabiam." É evidente que a glosa necessita de mais elucidação; e provará que o único lugar de repouso é a conclusão evidente, "o teorema de Pitágoras não nos diz mais, de um tipo de coisas que se têm de procurar ver para estabelecer – num sentido em que elaborar relações dedutivas não se qualifica como 'procurar para ver' – do que os axiomas de Euclides". Isto por seu turno se condensa numa conseqüência do truísmo "o teorema de Pitágoras *não* é *não* uma dedução dos axiomas de Euclides" – afirmação que antes era inconteste.

Questões como "A diz mais que B?" ou "o argumento pelo qual nós chegamos de A a B é um argumento infértil ou fértil?" são portanto capazes de nos deixar em dificuldade, a menos que tomemos muito cuidado com as ambigüidades envolvidas em expressões enganadoras como *diz mais do que*.

Neste ponto, devemos estudar mais metodicamente o modo como opera uma competição eliminatória e comentar as diferentes espécies de proposições que se podem usar neste sorteio. Como veremos, pode acontecer, neste caso, de se entrelaçarem intimamente impossibilidades práticas e formais, e também impropriedades de procedimento, e, para mantê-las claramente separadas, em todos os sentidos, na mente, é preciso muito cuidado. Para simplificar, consideremos um sorteio simples para uma competição eliminatória entre oito equipes, e suponhamos que o sorteio tenha terminado da seguinte maneira:

King's   ⎫
Lady Margaret ⎭ Eliminatória 1 ⎫
                                ⎬ Primeira semifinal ⎫
Jesus   ⎫   ⎪
Christ Church ⎭ Eliminatória 2 ⎭   ⎪
                                                     ⎬ Final
Oriel   ⎫   ⎪
New College   ⎭ Eliminatória 3 ⎫   ⎪
                                ⎬ Segunda semifinal ⎭
Corpus Christi ⎫   ⎪
Pembroke   ⎭ Eliminatória 4 ⎭

Há várias coisas diferentes a dizer sobre este sorteio, e todas elas fazem uso da noção de impossibilidade. Consideremos três, para começar:

(a) King's não pode entrar na final;
(b) King's não pode entrar na segunda semifinal;
(c) King's e Lady Margaret não podem ambos entrar na final.

A primeira dessas afirmações diz respeito totalmente à questão da *habilidade* ou *capacidade*. Se fôssemos obrigados a justificá-la, recorreríamos, como indício, a algum registro do passado: "a remada deles é curta demais", "seu trabalho de remo é defeituoso" ou "as outras equipes na metade superior do sorteio são rápidas demais para eles". Pode-se acrescentar que não há, em princípio, coisa alguma que impeça o King's de chegar à final; mas só um treinador brilhante poderia melhorar seu ritmo e garantir aquele ímpeto e aquela velocidade adicionais que lhes dariam uma chance. Se, de fato, King's chegasse à final, teríamos de admitir que nos enganamos; sendo nossa asserção uma evidente previsão, este fato a refutaria irremediavelmente.

Considerações muito diferentes são relevantes para as outras duas afirmações. Não estamos tratando agora de questões de habilidade; fazer referência ao "ritmo" ou coisa semelhante seria evidente mal-entendido, visto que essas impossibilidades não são, de modo algum, práticas. Então, que tipo de impossibilidade são? Tampouco são impossibilidades lingüísticas, uma vez que não estamos tratando aqui de palavras ou definições; negar aquelas afirmações não resultaria em sentenças sem significado. Num certo sentido, as questões são de procedimento; num outro sentido são formais ou "de sistema".

Para começar, não há espaço aqui para dizer "mas poderia ser diferente"; a questão em debate foi decidida pelo sorteio. Mas poder-se-ia dizer "podia *ter sido* diferente", pois King's e Lady Margaret poderiam ter sido sorteados para algum outro momento da disputa; se o acaso do sorteio tivesse sido diferente e (digamos) King's e New College ficassem em campos opostos, tanto (*b*) como (*c*) teriam sido refutados. Onde poderíamos ter escrito

> Sendo como é a tripulação do King's, eles não podem chegar à final; se eles pudessem desenvolver um pouco mais de velocidade, as coisas poderiam ser diferentes,

devemos escrever agora

> Tendo o sorteio resultado no que resultou, King's e Lady Margaret não podem ambos chegar à final; as coisas só poderiam ter sido diferentes se o sorteio tivesse levado a outro resultado.

Devemos agora dizer que, neste caso, "não pode" também significa "não será"? A resposta instintiva pode ser "claro que sim!", mas o instinto está certo? É possível, aqui, que o instinto reflita mais o admirável hábito inglês de não duvidar de que prevalecerá a obediência às regras. O problema pode ser posto nos seguintes termos. Tendo visto o sorteio para a Copa dos Visitantes, faço as três afirmações impressas acima. Em seguida, compareço a Henley no dia das corridas e descubro que King's participou da segunda semifinal e vai encontrar Lady Margaret na final. Tenho agora de dizer "oh, quer dizer que eu estava equivocado", ou há alguma outra conclusão a tirar?

A resposta é que não *tenho* de dizer isto; se digo ou não digo, de fato, depende de certas outras coisas, e serei obrigado a investigá-las antes de saber o que dizer. Talvez eu estivesse equivocado; talvez o sorteio não tenha sido como pensei, e, em minha mente, tenha trocado King's e New College. Mas, por outro lado, posso confirmar que o sorteio foi como pensei, e que, não obstante, os eventos subseqüentes seguiram-se como foi descrito. O que digo então? Alguém pode gritar: "há uma certa inconsistência aqui!", e de fato há uma inconsistência, mas não há autocontradição. A inconsistência deve ser procurada, mais propriamente, na condução da regata; como conseqüência, me perguntarei o que os organizadores teriam "aprontado" enquanto eu estava de costas, e posso protestar contra esse extraordinário descuido, na esperança de que a competição seja anulada. O mero *acontecimento* dos últimos eventos, no modo como foi descrito, não refuta em si as afirmações (*b*) e (*c*), do mesmo modo como os eventos podem refutar a afirmação (*a*): antes, mais propriamente, o *acontecimento* fornece razões para um protesto. Assim, o fato de que uma esposa não pode ser obrigada a testemunhar contra o marido não acarreta necessariamente o fato de que ela não possa ser chamada a testemunhar; implica antes que, se ela for forçada a testemunhar, há razões para recorrer a um tribunal superior e para um protesto público contra o modo como foi conduzido o processo. O "não pode" de (*b*) e (*c*), em outras palavras, é um "não pode" de caráter procedimental; não é um "não pode" de habilidade ou força.

As afirmações (*b*) e (*c*) são, por conseguinte, híbridas. Há nelas um elemento factual que nós chamamos de acaso do sorteio, um elemento procedimental, pelo qual elas se assemelham a afirmações que invocam as regras do procedimento legal e, por fim, um elemento formal. Para poder ver o elemento formal em sua pureza, temos de dar mais dois passos: primeiro, temos de eliminar do sorteio o acaso; em seguida, temos de eliminar as implicações procedimentais.

Para começar, podem-se cortar os nomes das verdadeiras equipes. A afirmação (*b*) pode ser desdobrada na afirmação: "King's foi sorteado primeiro e a primeira equipe do sorteio não pode entrar na segunda semifinal", e (*c*) pode ser desdobrada em: "King's e Lady Margaret foram sorteados como primeiro e segundo, e as primeiras duas equipes do sorteio não podem ambas entrar na final." Suprimindo a primeira cláusula em cada caso, nós obtemos:

(*d*) a primeira equipe no sorteio não pode entrar na segunda semifinal

e

(*e*) as primeiras duas equipes do sorteio não podem ambas entrar na final.

O que há de diferente entre estas proposições e as três anteriores? Nestes casos, não se pode mais mencionar a força, a velocidade ou o ritmo, como no caso de (*b*) e (*c*); agora, porém, tampouco se pode levar em conta o acaso do sorteio. As chances do sorteio não afetam (*d*) e (*e*): elas só decidem a quais das equipes mencionadas aplicar-se-ão, de fato, as expressões "primeira equipe do sorteio" e "primeiras duas equipes do sorteio" e, desse modo, sobre quais equipes mencionadas será correto dizer "*elas* não podem entrar na segunda semifinal". O que, então, fundamenta as impossibilidades afirmadas em (*d*) e (*e*)? Se habilidade e sorte são igualmente irrelevantes, o que se pode apontar como fonte da impossibilidade? Parece que a única coisa que se pode responder é que a necessidade de (*d*) e (*e*) reside *na própria natureza* das competições eliminatórias, das quais faz parte, em geral, uma regata.

Por conseguinte, não pode surgir a questão sobre o que teria de ser diferente para (*d*) e (*e*) não serem válidos, embora possa muito propriamente surgir para (*a*), (*b*) e (*c*). A não ser mudando a própria atividade em cujo contexto os termos "sorteio", "eliminatória" e "final" adquirem seu significado, não se pode imaginar (*d*) e (*e*) diferentes; e, se alguém muda essa atividade, poder-se-ia dizer com justiça que, nesse processo, essa pessoa também mudou o significado desses termos. Além disso, se alguém dissesse "mas eu sabia que ia acontecer", poder-se-ia responder "Não em Henley! Não numa regata adequadamente conduzida!" Supondo-se que a pessoa insistisse e fosse verificado que não tinha em mente (digamos) aquele tipo de regata em que os que perdem na primeira rodada têm uma segunda chance (*repescagem*), ou um caso extraordinário em que todas as outras equipes se retiram da competição, estaríamos autorizados a suspeitar de que ela nem sequer compreendeu o que é uma competição eliminatória. Pois, com certeza, se alguém entendeu "o jeito" que tem este tipo de competição, tem de reconhecer a necessidade dessas duas afirmações.

Neste ponto, uma observação, de passagem, pode antecipar a discussão que faremos dos problemas da teoria do conhecimento. Onde acabamos de dizer, acima, "essa pessoa tem de *reconhecer* a necessidade de (*d*) e de (*e*)", podíamos ter dito, em vez daquilo, que ela tem de *ver* aquela necessidade; no que diz respeito ao idioma inglês, este é um modo de falar perfeitamente natural e próprio, que tem correspondente em outras línguas – *je dois vivre: je n'en voi pas la nécessité*[5]. Esse modo de falar é sugestivo, mas potencialmente muito enganador. É útil porque mostra como, neste ponto, a noção de "necessidade" começa a se misturar com a de "exigência": reconhecer a necessidade de (*d*) e (*e*) anda de mãos dadas com "entender que é preciso" conformar-se às regras de procedimento invocadas em (*d*) e (*e*).

Ao mesmo tempo, temos de evitar a questão-armadilha: com que Olho Interior estamos "*vendo*". Malhar na metáfora visual não ajuda a esclarecer mais, neste exemplo, do que no caso notório de apresentar problemas como "sete mais cinco é igual a doze" e "devem-se cumprir as promessas".

No caso da nossa regata, pode-se dizer que acontece, com certeza, o seguinte. A maioria das pessoas, na maioria dos lugares, que se engaja na espécie de atividade que chamamos de "disputar regatas" reconhece as mesmas regras que nós reconhecemos. Não obstante, pode-se conceber que haja um povo que se engaje regularmente em atividades muito parecidas com as nossas regatas, mas que, ainda assim, nega (*d*) e (*e*) – e não só as nega por falta de compreensão, mas porque foi preparado para agir de modo consistente com tal rejeição. Apesar de disputar toda a competição eliminatória como a disputamos, podemos imaginá-lo entregando o tro-

---

5. Em francês no original. "*Eu tenho de viver: não vejo a necessidade disto*" (não é que eu veja a "necessidade" de viver). (N. do T.)

féu para a equipe que venceu a primeira eliminatória e tratando-a como "Equipe Campeã"; se for questionado, poderá dizer que a primeira eliminatória *era* a final e assim deturparia (*e*), na prática. Sem dúvida, isto nos pareceria estranho, e não apenas um modo estranho de *falar*, principalmente porque a questão de qual equipe ganharia o prêmio e as homenagens teria passado a ser questão de acaso, em vez de questão de habilidade e velocidade. Como conseqüência, podemos muito bem negar à sua atividade os títulos de "regata" e "competição", ou dizer que, se aquilo *é* uma regata, então é uma regata muito mal conduzida. Poderíamos optar pela conclusão de que se tratava de uma regata muito estranha e de um tipo de regata diferente da nossa; poderíamos até concluir que nem fosse uma regata, de modo algum; não, com certeza, "o que *nós* chamamos de regata".

Aceitar (*d*) e (*e*), portanto, vem junto com aceitar todo o conjunto articulado de práticas incluídas na disputa de uma regata. Se reconhecemos isso como o modo próprio, sistemático e metódico de testar a habilidade e velocidade dos competidores, nós nos comprometemos, como conseqüência disso, a operar com o sistema associado de conceitos para os quais, nas condições descritas, as afirmações (*d*) e (*e*) são necessariamente verdadeiras. Trazendo à luz as implicações das duas afirmações, podemos escrevê-las da seguinte maneira:

> Sendo o que são as regatas e as competições eliminatórias, a primeira equipe do sorteio não pode entrar na segunda semifinal; permitir que aconteça esse tipo de coisa frustraria toda a idéia dessas competições.

Claro que estamos lidando aqui com algo mais do que uma questão lingüística, no sentido de questão verbal; não que tenhamos simplesmente de negar, a uma atividade suficientemente excêntrica, o nome de "regata", mas temos de recusar-lhe esse *título*. Uma atividade tem de merecer o título por satisfazer determinadas condições e cumprir certos propósitos; ela não o recebe por convenção ou livre escolha – do modo como a unidade da carga elétrica recebeu o nome de "coulomb" por convenção internacional. Uma coisa é corrigir alguém numa questão de uso, dizendo: "isto não é o que chamamos de 'regata', a palavra para isto é 'rifa'". Uma outra coisa é dizer: "isto não é uma regata; isto mal passa de uma rifa!". No primeiro caso, com certeza, se está falando de questões lingüísticas, mas a crítica implícita no segundo caso é muito mais fundamental; ali não se está fazendo objeção só a um determinado uso: a objeção atinge toda a atividade que o uso reflete.

Bem, chega de (*d*) e (*e*). Pode não haver coisa alguma factual em relação a essas afirmações, e mesmo assim elas são híbridas e combinam dois tipos diferentes de impossibilidade. Por um lado, há o modo mecânico, formal, de operar competições eliminatórias – equipes entram de duas em duas; uma delas é excluída de cada vez; os vencedores competem de dois em dois, e assim por diante. Por outro lado, há o propósito dessa atividade: o fato de este procedimento ser adotado como o modo mais justo de descobrir rapidamente qual é a mais rápida, de uma série de equipes. Afirmações como (*d*) e (*e*) têm, portanto, um duplo aspecto: refletem ao mesmo tempo as propriedades formais das competições eliminatórias e os padrões ou normas para a condução dessas competições.

Nossa tarefa final será eliminar também este último elemento procedimental de nosso exemplo e ver o que acontece quando transformamos nossas afirmações em afirmações puramente formais. Isto feito, teremos chegado a algo muito parecido com a matemática, embora bem fácil de entender; a questão a ser discutida, então, será *o quanto* se parece com a matemática – e estabelecer que, de fato, não apenas se parece, mas *é* matemática –, e este ramo da matéria, desconhecido até aqui, deve ser batizado de "cálculo de sorteios".

Para simplificar, consideremos apenas as competições eliminatórias em que não há competidores sem adversários depois de formadas as duplas e nas quais, portanto, o número de participantes é dois, quatro, oito, ou alguma outra potência de dois. Façamos um sorteio em que há 2m inscrições no sorteio de grau m – um sorteio com duas inscrições será de grau 1, um sorteio com quatro inscrições será de grau 2, e assim por diante. A fim de manter a clareza da aplicação a nosso exemplo, comecemos falando sobre um sorteio de grau 3 (que tem oito inscritos). O passo crucial para formalizar nossa discussão é introduzir um simbolismo – não porque escrever as mesmas afirmações em símbolos seja em si meritório ou mude seu sentido, mas só porque, uma vez que tenhamos feito isso, estaremos em posição de desconsiderar a aplicação original do cálculo –, esquecer de barcos, eliminatórias, prêmios e tudo mais e nos concentrar nas propriedades formais do cálculo em si mesmo. Assim sendo, designemos para cada lugar no sorteio um número n, que varia, neste caso, de 1 a 8; e, do mesmo modo, atribuamos a cada eliminatória, inclusive à final, um número h, que varia de 1 a 7. Então, teremos o esquema formal:

$$n = \left.\begin{matrix}1\\2\end{matrix}\right\} \\ \left.\begin{matrix}3\\4\end{matrix}\right\} \\ \left.\begin{matrix}5\\6\end{matrix}\right\} \\ \left.\begin{matrix}7\\8\end{matrix}\right\} \qquad h = \left.\begin{matrix}1\\ \\2\end{matrix}\right\} \\ \left.\begin{matrix}3\\ \\4\end{matrix}\right\} \qquad \left.\begin{matrix}5\\ \\6\end{matrix}\right\} \quad 7$$

Um par de números da forma (n, h) pode corresponder agora à equipe n, que está na eliminatória h. Num sorteio de grau 3, por exemplo, a expressão (3, 5) significará que a terceira equipe do sorteio está na primeira semifinal. Para alguma combinação específica que tenha de ser formalmente excluída, escreve-se um X na frente do par de números correspondente; assim, temos agora, correspondente à afirmação (*d*), a expressão

$$(f)\ X\ (1,\ 6).$$

Onde uma possibilidade exclui a outra, podemos escrever dois pares de números correspondentes com um X entre eles; desse modo, correspondendo a (*e*), temos a expressão

$$(g)\ (1,\ 7)\ X\ (2,\ 7).$$

Interpretando esta matemática: num sorteio de grau 3, $n = 1$ exclui ou é incompatível com $h = 6$, e a combinação (1, 7) exclui a combinação (2, 7) ou é incompatível com ela.

Temos aqui os primórdios de um cálculo, que pode, sem dúvida, ser desenvolvido e que (por tudo que sei) já poderia ter lugar garantido no corpo da matemática. Poder-se-ia, por exemplo, desenvolver uma teoria geral aplicável igualmente a sorteios de qualquer grau, que poderia incluir um conjunto de teoremas como o seguinte:

> Num sorteio de grau m, $(n_1, 2^m - 1)\ X\ (n_2, 2^m - 1)$, para todos n_1, n_2 menores que 2^{m-1}; onde $n_1 \neq n_2$.

Este, entretanto, não é o lugar para executar essas possíveis elaborações ou entrar em detalhes acerca dos métodos de prova, axiomatização e coisas semelhantes. O que importa para nossos propósitos é, em primeiro lugar, que todas as impossibilidades formais implícitas num sorteio de oito inscrições podem ser expressas no simbolismo proposto e, em segundo lugar, que tal sistema aqui batizado de "sorteio de grau 3" poderia ser investigado de modo puramente matemático, esquecendo-se igualmente de barcos, prêmios, regras, congratulações e tudo o mais.

O que estaria envolvido, devemos perguntar agora, ao se tratar esse esquema de modo puramente matemático e tratar o cálculo de sorteios como um *cálculo* puro? A resposta a esta pergunta pode ser dada com bastante facilidade, mas há uma dificuldade em torno dela; a saber, que se pode fazer com que a resposta pareça grotescamente simples – o ponto principal reside menos na resposta em si do que nas ilustrações que se dão de suas implicações. Como Pascal, que disse que para alguém tornar-se crente religioso basta comportar-se como se já cresse, podemos dizer aqui que, se tratamos o cálculo de sorteios, em todos os aspectos, como se já fosse "de matemática", nada faltará para que ele se torne um caso de matemática. Não há auréola sobre as expressões simbólicas sem a qual não possam tornar-se matemáticas; cabe a nós, se assim decidirmos, dar-lhes um sentido matemático e tratá-las de modo puramente matemático. Por conseguinte, nossa pergunta ganha forma nova: "Que sinal indicará que o cálculo de sorteios está sendo tratado como matemática, e suas proposições como proposições matemáticas?" A resposta é, *grosso modo*, que os critérios pelos quais se decide aceitar ou rejeitar proposições já não têm de envolver considerações procedimentais ou outras considerações extrínsecas: eles só têm de estar inteiramente dentro do cálculo. As proposições têm de ser tratadas de tal modo que suas negações sejam consideradas resultado de deslizes na formação das expressões, ou evidentes absurdos – impossibilidades absolutas ou óbvias. O mais importante é que não possam ser consideradas sinais de alguma coisa bizarra fora do próprio cálculo.

Claro que, como o cálculo de sorteios foi obtido por abstração do esquema procedimental de uma regata bem conduzida, todos os outros teoremas resultantes continuarão, de fato, sendo *interpretáveis* em termos de corridas, prêmios e assim por diante. Mas, na medida em que as pessoas comecem a tratar o cálculo como matemática pura, esta interpretação deixará de interessá-las. De fato, o estudo formal do cálculo de sorteios poderia continuar, mesmo depois de as regatas terem caído inteiramente em desuso, ou poderia acontecer de descobrissem-se outras aplicações para o cálculo e toda a humanidade esquecer completamente a origem do cálculo; é concebível que o cálculo viesse a ser aproveitável na teoria geral, como um modo de tratar questões sobre padrões hereditários – em particular, questões da forma "de qual de seus tataravós esse homem recebeu seu cabelo ruivo?". (Além de poder vir a ser usado como base de um novo sistema de composição de música atonal.) Em qualquer dos casos, mesmo que o cálculo deixe de ser aplicado na prática ou comece a ser aplicado de modos inteiramente novos, continuariam a ser discutíveis as questões sobre que conjuntos de possibilidades são admissíveis, que pares de números se excluem uns aos outros e que teoremas gerais são válidos para todos os m – além de todas as questões sobre a arte de remar –, e, daqui por diante, os critérios para julgar as respostas a essas questões residirão apenas no cálculo de sorteios.

Suponhamos, por exemplo, que alguém conteste a expressão simbólica (g) correspondente à nossa afirmação original (e):

Para $m = 3$, $(1, 7)$ X $(2, 7)$.

Teremos de justificá-lo em bases exclusivamente formais. Será absurdo negá-lo, uma vez que, num sorteio de grau 3,

$(1, 5)$ X $(2, 5)$;
$(1, 7)$ apenas se $(1, 5)$;
$(2, 7)$ apenas se $(2, 5)$ –

sendo todas essas três afirmações axiomáticas; conclui-se delas, diretamente,

(1, 7) X (2, 7).

Esta demonstração é uma prova diretamente matemática, e em momento algum ocorreria a um matemático comentar: "Permitir (1, 7) e (2, 7) é um jeito bem esquisito de organizar regata, hein?!"

Há aqui uma analogia com o estado da geometria antes e depois de Euclides. Se um topógrafo apresenta medições de um campo, pelas quais se tem a impressão de que o triângulo está com um lado mais comprido do que a soma dos comprimentos dos outros dois lados, podemos perguntar-lhe: "O que você andou aprontando com seu teodolito?" Mas na aula de matemática na escola, em que a geometria é estudada como ciência formal, a simples idéia de que um triângulo possa ter um dos lados mais comprido que a soma dos outros dois está excluída por absurda e incompatível com os axiomas de Euclides. Um geômetra matemático que deparasse com um triângulo que mostrasse ostensivamente esta característica o tomaria como piada: "Muito engraçado o levantamento topográfico que vocês fazem por aqui..." Para nós, seria tarefa dele *provar*, a partir exclusivamente dos axiomas de Euclides, que o "nosso" triângulo tem de ser excluído simplesmente por razões matemáticas. Em qualquer ramo da matemática, as proposições estudadas começam como condições, normas ou padrões a que se recorre no curso de alguma atividade prática – o remar competitivo ou o levantamento topográfico. Em qualquer dos casos, chega-se a um ponto em que elas começam a ser tratadas como verdades necessárias de um tipo puramente formal. Dessa maneira, nós passamos de (*d*) e (*e*), que são condições a serem satisfeitas por qualquer regata bem conduzida, para as correspondentes expressões simbólicas (*f*) e (*g*); e essas expressões têm tão pouco a ver com a condução de regatas quanto a geometria de nossa escola tem a ver com a *geometria* em seu sentido original de medição da Terra.

Isto não quer dizer, é claro, que nós podemos transformar *qualquer* sentença em teorema matemático, tratando-a de uma maneira puramente matemática. A grande maioria de nossas afirmações é de tal tipo que a ordem: "trate essa afirmação como matemática pura!", aplicada a elas, não teria significado algum.

O exemplo da regata é bom apenas porque ali há um conjunto sistemático de proposições que podem ser tratadas de maneira matemática, o que nunca poderíamos fazer com afirmações como "é um vento ruim que sopra e não faz bem a ninguém" e "detesto comer beterraba crua". As noções de "sorteio", "eliminatória" e o resto já estão lá articuladas de um modo quase matemático; para usá-las como fundamento de um cálculo, basta nos concentrar nos aspectos formais de suas inter-relações. Afirmações sobre sorteios, eliminatórias e equipes são – o que não é verdade para a maioria de nossas afirmações – pontos de partida em potencial para cálculos.

Pode-se dar um último toque neste exemplo já bem longo, o que ajudará a mostrar as diferenças entre um cálculo feito sob medida para se ajustar a uma aplicação específica e um cálculo aplicado em contexto diferente daquele para cujo tratamento foi desenvolvido.

Sendo as coisas o que são, toda proposição do cálculo de sorteios pode receber uma interpretação direta em termos de corridas, prêmios e assim por diante; afinal de contas, o cálculo foi obtido por simples formalização de proposições sobre regatas, que também podem ser escritas em inglês comum.

Em termos formais, no entanto, podemos imaginar um cálculo meio diferente, semelhante em quase todos os aspectos ao cálculo de sorteios, mas que inclua determinadas possibilidades excluídas em nosso presente cálculo. Desse modo, no cálculo de sorteios de grau m, os possíveis valores de h (números de eliminatórias) são 1, 2... 2^m-1: isto é, num sorteio de grau 3, sete no total. Como resultado, são excluídos todos os pares de números (n, h) para os quais o valor de h for maior do que 2^m-1. (Podemos convenientemente fazer referência a essa forma de cálculo como sendo um cálculo de "h limitado".) Só a aplicação do cálculo fornece a razão pela qual devemos impor esta limitação nos valores de h: falando em termos matemáticos, não precisa ter nenhuma significação particular e nós poderíamos desenvolver um cálculo modificado de h ilimitado, no qual não se impusesse nenhum limite aos valores de h, e se admitissem pares de números em que h assumisse os valores de 2^m, 2^m+1, ... ou tão grande quanto se desejasse. Esquecendo por um momento a aplicação às regatas, poder-se-ia argumentar que, como o cálculo era eliminatório e não era possível mais nenhuma eliminação depois que restasse apenas um n, era evidente por si mesmo que, se $(r, 2^m-1)$, então também $(r, 2)$, $(r, 2^m+1)$ e assim por diante.

Suponhamos, agora, que esse cálculo de h ilimitado existisse e se tornasse conhecido antes de começarem as competições eliminatórias. Então, teria sido bastante natural, quando chegasse o momento, aplicá-lo também aos sorteios. Entretanto, ao fazer essa nova aplicação, só consideraríamos possível dar interpretação séria àquelas expressões dentro do cálculo em que h assumisse valores menores do que ou iguais a 2^m-1. Poderíamos talvez fazer uma interpretação excêntrica das outras e dizer (por exemplo) no caso de uma competição entre oito equipes: "Lady Margaret chegou à oitava eliminatória", para dizer que "Lady Margaret é a equipe vitoriosa" – assim como se pode dizer que um jogador de golfe "está no décimo nono buraco", para dizer que ele terminou sua rodada e está no bar da sede do clube. Mas, é claro, o fato de podermos dar uma interpretação excêntrica a essas proposições sublinha a questão de que nenhuma interpretação séria está acessível a nós: pares de números para os quais h é igual ou maior do que 2^m podem ser *matematicamente* possíveis, mas não têm nenhum significado *prático*.

Tendo isso em mente, o que diremos se alguém se põe a falar sobre a "nonagésima quinta eliminatória"? Com certeza, teremos interesse em excluir, neste caso, todas as referências à "eliminatória 95", e estabeleceremos como princípio que uma competição honesta entre oito equipes não pode abranger mais do que sete eliminatórias. O problema é saber qual *status* atribuiremos a esse princípio. Em termos de nosso cálculo original, de h limitado, ainda poderíamos considerar isso a conseqüência de um teorema dentro do cálculo, mesmo que de um tipo especialmente fundamental e axiomático – o princípio afirmaria então uma impossibilidade matemática particularmente óbvia. Usando o cálculo de h ilimitado, entretanto, já não estaremos em posição de chamar a esta uma "impossibilidade matemática". Para essa aplicação, estamos usando apenas a parte do cálculo que abrange valores de h até 7 e não dando qualquer aplicação (fora aquelas excêntricas) a valores de h maiores do que 7. Mesmo assim, o resto do cálculo continuará ali, embora adormecido, no pano de fundo; expressões como (5, 95) parecerão fazer sentido em termos matemáticos, muito embora não tenham agora nenhuma aplicação na específica atividade prática em questão – terão um "significado matemático" apesar de não terem nenhum significado prático.

O princípio ao qual estamos recorrendo agora, isto é, "uma competição eliminatória entre p participantes contém apenas $p-1$ eliminatórias", evidentemente legisla contra uma impossibilidade flagrante, absoluta, tanto quanto nossas anteriores afirmações (*d*) e (*e*); mas dentro do cálculo de h ilimitado esta não será, de modo algum, uma impossibilidade *matemática*. Se alguém nos desafiar a explicar, nossa resposta, agora, pode ser dizer que, embora concebível de um ponto de vista matemático, é *teoricamente* impossível que uma competição eliminatória entre oito equipes inclua mais do que sete eliminatórias. Para deixar clara a fonte dessa impossibilidade específica, temos de estudar não apenas as propriedades formais do cálculo, mas, também, a maneira em que cálculo e aplicação prática são postos em conexão. O cálculo de *i* ilimitado possui um grau de complexidade maior do que a que será usada nesta específica aplicação; se, agora, excluirmos expressões como (5, 95), isto acontecerá porque, ao conectar os princípios do procedimento de regata ao cálculo de *h* ilimitado, não haverá significado algum a atribuir a expressões para as quais o valor de *h* seja 2^m ou maior. E a situação é semelhante em muitos casos em que dizemos de uma impossibilidade que é *teórica*, em vez de *prática*.

Eis, agora, como surge a relevância filosófica desta última questão. Ao pensar sobre necessidades e impossibilidades em que se misturam considerações formais com outros tipos de considerações, nós tendemos, com muita freqüência, a restringir nossa atenção aos cálculos feitos sob medida, isto é, àqueles cálculos que, como nossos cálculos originais de sorteios, foram "criados" mediante a abstração de suas aplicações mais familiares e naturais: dois exemplos naturais a serem citados são a geometria euclidiana e a aritmética dos números naturais. No caso dos cálculos feitos sob medida, é especialmente difícil separar as impossibilidades e necessidades puramente formais das impossibilidades e necessidades com as quais estão associadas, visto que a origem do cálculo conspira para ocultar as diferenças entre elas. Nós tendemos, portanto, a esquecer que é necessário criar uma conexão entre um cálculo e sua aplicação, e a interpretar as propriedades puramente formais do cálculo como possuidoras, elas mesmas, da espécie de força que só pertence, propriamente, às outras considerações com as quais, aqui, andam de mãos dadas.

Isto leva a dificuldade sempre que uma nova aplicação de um cálculo previamente existente não explora seu pleno escopo possível; por exemplo, quando introduzimos a noção de um "zero absoluto" de temperatura, ou especulamos sobre o começo do próprio tempo – deixando, desse modo, sem interpretar todos os números que, falando matematicamente, estão por trás de nossa origem. Também pode levar a dificuldade na interpretação da lógica formal; ali, também, as relações entre impossibilidades e necessidades formais, sistemáticas, de nossos cálculos lógicos e necessidades e impossibilidades de outros tipos podem, com facilidade, tornar-se obscuras. Temos agora de voltar a este problema.

A lição que se pode tirar de todo este exemplo reforça os exemplos que demos antes. Após examinar as noções do filósofo, de necessidade, possibilidade e impossibilidade "lógicas", concluímos que o escopo e a relevância das noções eram freqüentemente exagerados. Argumentos analíticos à parte – e eles formam uma classe muito pequena, na prática –, a ausência de algum argumento de contradições positivas é algo que deveríamos examinar simplesmente como uma questão preliminar, a fim de assegurar, para começar, a significação do argumento, antes de nos voltarmos para a questão substancial de se o argumento é sólido ou aceitável.

"Considerações lógicas", assim entendidas, dizem respeito apenas a formalidades preliminares, não aos verdadeiros méritos de algum argumento, proposição ou caso; uma vez que nos voltemos para discutir os méritos genuínos de um argumento, questões sobre possibilidade, impossibilidade e necessidade "lógica" não são mais pertinentes; e sugerir que "necessidade lógica" e "impossibilidade lógica" sejam, de certo modo, mais inflexíveis ou mais inelutáveis do que a "mera necessidade física" ou a "chamada impossibilidade moral", é fruto de mal-entendido.

Se um cálculo formal está envolvido, aumenta o risco de surgirem estes mal-entendidos. Já é bastante ruim que se diga que permitir que a primeira equipe do sorteio corra na segunda semifinal seja erro procedimental; mas se, ao apresentar o cálculo de sorteios, nos dizem, além disto, que é flagrante impossibilidade matemática... não há como deixar de pensar que aí erigiu-se uma nova e inelutável barreira.

Afinal, o que, de fato, este comentário acrescenta? As necessidades e impossibilidades sistemáticas dos cálculos formais só podem, com certeza, reexpressar – num simbolismo formal – necessidades e impossibilidades de outros tipos. Se todas as expressões formalmente admissíveis num cálculo correspondem a possibilidades genuínas, e todas as expressões formalmente inconsistentes correspondem a impossibilidades genuínas, isto indica, apenas, que estamos empregando um cálculo *apropriado* – isto é, um cálculo em que as regras para a formação de expressões simbólicas correspondem à exatidão aos critérios para reconhecer afirmações verdadeiras, quando se aplica o cálculo.

Por que somos tentados, então, a pensar que necessidades formais podem, de certa forma, ser mais fortes do que necessidades de outros tipos e que, na verdade, podem até reforçá-las? É provável que isto aconteça porque, dentro de um cálculo, as expressões formadas de modo impróprio são tratadas como completo absurdo. Num sorteio de grau 3, por exemplo, a proposta para que se aceitassem tanto as expressões (1, 7) como (2, 7) seria simplesmente ininteligível; há um notável contraste com a correspondente afirmação aplicada – "ambas as primeiras duas equipes entraram na final" – que poderia provocar gritos e indignação, mas que, com certeza, não é ininteligível. Porém, nem este traço das necessidades e impossibilidades formais pode ser transportado para sua aplicação e, portanto, não pode genuinamente reforçar as necessidades e impossibilidades da vida prática. Nós temos liberdade, por exemplo, para mudar nossas idéias e práticas sobre esportes competitivos, e a matemática não nos pode deter. Suponhamos que façamos precisamente isto; as necessidades e impossibilidades sistemáticas do cálculo de sorteios continuarão sendo o que são; o que era ininteligível antes, não se tornará inteligível agora. O que acontecerá, mais propriamente, é que o cálculo deixará de ser aplicável, como era originalmente: uma regata bastante excêntrica deixará de ser ocasião para que se aplique o cálculo honesto de sorteios. Pondo-se a "lição" numa sentença: as necessidades sistemáticas não impõem nada; só servem para *expressar* verdades conceituais e só "conseguem" fazê-lo se nós não modificamos nossos conceitos práticos em determinado aspecto vital.

Como conclusão, deixe-me apresentar, com poucas palavras, três pontos em que essa lição se relaciona com nossa discussão anterior da natureza e função da teoria lógica. Para começar, sugeri que um motivo para tentar moldar os princípios da lógica na forma de um sistema matemático era a esperança de que, assim procedendo, se poderia pôr em jogo, no campo lógico, variedades mais potentes de necessidade e impossibilidade. Uma vez que a necessidade e a impossibilidade lógicas foram entronizadas como as variedades mais rigorosas e inescapáveis de suas espécies, os lógicos passaram a tomar como descuido conformar-se com menos. Frases como "necessidade causal" tinham, eles admitiram, um certo uso corrente, mas nada que pudesse enganá-los; quando viram a facilidade com que nossas opiniões sobre necessidade causal podiam ser arrasadas por qualquer mudança perfeitamente concebível nos fatos do mundo, decidiram que filósofos em perfeito juízo deveriam preferir a única garantia de primeira classe, inoxidável, e só insistir na necessidade lógica.

Esta concepção, como podemos ver agora, não resiste à crítica. As necessidades e impossibilidades que estão à vontade dentro do sistema formal de um cálculo podem não ser mais fortes ou mais inelutáveis do que as necessidades e impossibilidades cotidianas que elas reexpressam em símbolos. Claro que necessidades causais não são o mesmo que necessidades lógicas, mas nem por isto são mais fracas. De fato, poder-se-ia perguntar que espaço havia nesse contexto para comparações de força – e, quanto a isto, que sentido fazia perguntar, de algum modo, sobre a "força" de uma necessidade lógica ou sistemática. No caso de genuínas necessidades e impossibilidades práticas, quer sejam físicas, morais ou quaisquer que sejam, há espaço para se falar sobre "mais forte" e "mais fraca". A ação de algumas causas pode ser desviada com mais facilidade do que de outras; o rigor de algumas leis pode ser evitado com mais facilidade; a força de algumas obrigações morais cede mais prontamente a contra-alegações; e assim por diante. Mas "necessidades lógicas" e "impossibilidades lógicas" não são, absolutamente, assim; não dizem respeito a obstáculos externos que temos de tomar em maior ou menor consideração ao planejar nossas vidas e nossas ações; são, sim, as preliminares formais envolvidas ao expor nossos argumentos e afirmações em linguagem consistente, inteligível. Na medida em que nos constrangem, estão dentro de nosso poder; como são auto-impostas, devemos ou respeitá-las ou então tomar a decisão de removê-las. Só enquanto mantemos nossos conceitos ou cálculos não modificados é que nos comprometemos a reconhecer algum conjunto específico de necessidades e impossibilidades lógicas, e alguma mudança em algum dos dois alterará, além disso, as condições de consistência e inteligibilidade. Força e fraqueza, por outro lado, são características de constrangimentos *externos*; será fora de propósito falar de um ou de outro no campo lógico.

Com certeza, para ir ao extremo, seria fora de propósito *lamentar* a respeito de questões lógicas; imagine se encontrássemos o capitão do barco de King's College e ele explicasse a razão por estar com a aparência abatida: "é uma grande lástima, nós fomos sorteados primeiro, de modo que não podemos competir na segunda semifinal". Isto poderia, de fato, ter importância se o acaso do sorteio fosse privar a pessoa por completo até mesmo da chance *procedimental* de passar para a final; ou se a competição fosse organizada de tal modo que o prêmio fosse automaticamente para o vencedor da segunda semifinal em vez de para o vencedor da final. Então, o abatimento poderia ser justificável. Ou imagine, por outro lado, um matemático lançado às profundezas da depressão porque descobriu que (1, 6) não era uma possibilidade em sorteios de grau 3. Não é como se o fato de descobrir uma impossibilidade matemática fosse o mesmo que ouvir do médico que não se deve esperar viver mais seis meses. Em outro tipo de sorteio, esta será uma possibilidade matemática perfeitamente boa; que ele então estude o novo cálculo, em vez do velho.

Claro que o caso "muda de figura" se o matemático apostou sua reputação profissional no fato de esse par de números ser uma possibilidade; isto é, se a impossibilidade matemática tornou-se para ele adventiciamente vinculada a alguma outra impossibilidade, como a impossibilidade de conservar sua atual reputação profissional. Do mesmo modo, as necessidades matemáticas na teoria física podem adquirir uma força prática a partir das necessidades casuais observadas com que estão associadas na aplicação. Mas esta é a maneira como se dá a relação; são as necessidades práticas que emprestam sua força às necessidades sistemáticas que elas fundamentam; não as necessidades sistemáticas que reforçam as práticas.

Não faz sentido algum chamar de ineslutáveis as necessidades lógicas e sistemáticas, ou de insuperáveis as impossibilidades lógicas e sistemáticas; tal linguagem só é apropriada no caso de obstáculos físicos os mais extremos, das leis mais rigorosas ou das obrigações mais obrigatórias. Se, em alguns casos, a conexão entre (digamos) necessidade causal e sistemática parece mais forte do que é, isto é porque o ramo da matemática em questão foi feito sob medida para se ajustar a essa aplicação específica e, portanto, encaixa-se à perfeição, sem precisar de ajustes; mas o resultado é que negligenciamos o elemento de escolha pelo qual associamos precisamente este cálculo com precisamente esta aplicação. Na maioria dos casos, acontece de a articulação embutida de nossa própria construção sistemática apresentar-se a nós sob a máscara de uma imposição arbitrária, de fora para dentro.

As duas últimas observações podem ser mais rápidas. A primeira é esta: no momento em que um cálculo se estabelece por conta própria e começa a ser tratado como matemática pura, sem levar em consideração sua aplicação original, é hora de reconsiderar o seu direito ao título que originalmente sem nenhuma dúvida lhe pertencia. Para um inglês, a palavra "geometria" é um termo da arte matemática, e não mais carrega consigo a sugestão, que está implícita no original grego, de que é a ciência do levantamento topográfico. Por outro lado, embora as frações racionais possam ter sido de interesse primeiro por causa de seu uso na explicação das vibrações das cordas musicais, chamar a aritmética de frações por seu nome medieval de "música" tanto seria enganador como desconcertante; e conservar o nome de "cálculo de probabilidade" para a teoria matemática não das probabilidades práticas mas, sim, das implicações parciais, é, realmente, comprovadamente, enganador.

Advertidos por esses exemplos, temos de ter cuidado antes de permitir que qualquer cálculo formal assuma o título de "lógico". Pode haver espaço suficiente para tratar um âmbito limitado de problemas de maneira matemática em lógica, como na física; e tratar esse lado matemático provou ser, com certeza, uma questão tão técnica e elaborada em ambos os campos, a ponto de se ter tornado profissão. Por conseguinte, a lógica simbólica pode alegar que é parte da lógica – embora não uma parte assim tão grande – como a física matemática é parte da física. Mas o que mais pode alegar ser, além disto?

Não é nenhuma censura à física matemática salientar que alguns problemas físicos são questão mais para o ciclotron do que para a calculadora e que, divorciados de toda aplicação possível ao experimento, os cálculos matemáticos deixariam absolutamente de ser uma parte da física. Suponhamos, por exemplo, que os físicos matemáticos se absorvessem inteiramente em axiomatizar suas teorias; que deixassem de ter contato com seus colegas no laboratório; que adquirissem o hábito de falar a respeito de todos os vários sistemas axiomáticos que desenvolveram como "físicas" diferentes (com o substantivo no plural), à maneira como os matemáticos falam agora sobre diferentes "geometrias"; e que terminassem zombando dos experimentadores por continuar falando de sua humilde ocupação, ainda no singular, como "física". Se isto acontecesse, não se acharia que os físicos matemáticos descuidaram, de alguma forma, de um aspecto vitalmente importante de seu trabalho – que, quase por inadvertência, tornaram-se matemáticos puros e deixaram de ser físicos?

E pode a lógica esperar, mais do que a física, estabelecer-se como uma disciplina completamente pura e formal, sem, do mesmo modo, perder seu caráter de especialidade? O objetivo principal do presente ensaio foi dar, como resposta, um "obviamente, não".

Podemos encerrar num ponto que olha adiante, para o próximo ensaio, e para trás, para este. Estudados por sua própria causa, como matemática pura, os argumentos dentro de nossos cálculos sistemáticos são analíticos; tudo o que o matemático pede deles é que evitem autocontradições e estejam à altura de seus padrões de consistência e prova em todas as suas relações internas. Mas, tão logo os cálculos são postos em atividade no serviço de argumento prático, nossas exigências mudam. Os argumentos na matemática aplicada, embora formalmente idênticos aos argumentos na matemática pura, são, não obstante, substanciais em vez de analíticos, com o passo dos dados para a conclusão envolvendo, com freqüência, um autêntico salto-tipo. Podemos assegurar a adequação *formal* de nossos argumentos expressando-os ou na forma (D; W; logo C) – sendo uma garantia em efeito uma regra de substituição, autorizando os mais simples de todos os passos matemáticos – ou, por outro lado, na forma de um argumento matemático tirado do cálculo apropriado. Em qualquer dos dois casos, podemos chamar, adequadamente, de *dedutivo* o argumento resultante, como os físicos e astrônomos estão acostumados a fazer há muito tempo – apesar do fato de que a conclusão difere, de modo substancial, em força dos dados e do apoio juntos, e que o passo de um para o outro envolve mais do que transformação verbal. Desse modo, microfisiologicamente, nossos argumentos podem continuar matemáticos na estrutura. Mas ao nível anatômico maior, podem ainda ser argumentos substanciais, pelos quais damos passos genuínos e até de longo alcance, passando de dados originais e apoio de garantia para conclusões, ao mesmo tempo novas e de tipos bastante diferentes.

V. As origens da teoria epistemológica

O *status* da epistemologia sempre foi um tanto ambíguo. As questões dos filósofos sobre nossas alegações de conhecimento quase sempre pareceram ser de um tipo, ao passo que os métodos empregados para responder a elas eram de outro tipo. Sobre as questões, tem havido um forte tempero de psicologia, sendo o objeto de estudo do epistemologista descrito como o "entendimento", o "intelecto" ou a "razão humana"; por outro lado, se consideramos que a psicologia é uma ciência experimental, os métodos usados pelos filósofos para atacar essas questões só raramente têm sido psicológicos – até anos recentes, quando Piaget começou a estudar metodicamente o modo e a ordem em que as crianças adquirem suas capacidades intelectuais, o desenvolvimento do entendimento humano era objeto de pouca investigação experimental deliberada. Em vez de conduzir elaboradas investigações científicas e desenvolver seu quadro do entendimento humano *a posteriori*, os filósofos procederam de outro modo bem diferente; a saber, considerando os argumentos sobre os quais se podem basear as alegações de conhecimento e julgando-os em comparação com padrões *a priori*. A epistemologia, resumindo, abrangeu um conjunto de respostas que parecem lógicas a questões que parecem psicológicas.

Dizer isto não é condenar o modo como os filósofos têm atacado o assunto. Há, é verdade, algumas pessoas que falam como se nenhuma questão séria, em absoluto, pudesse ser respondida *a priori*; e que advogariam que se colecionassem, em massa, observações factuais e interpretações experimentais como preliminar necessária para qualquer investigação intelectual. Se os problemas da epistemologia fossem claramente de caráter psicológico, poder-se-ia ter o que dizer deste ponto de vista também no presente caso; então, poder-se-ia de fato argumentar que as soluções dos problemas epistemológicos têm de aguardar que se acumulem descobertas de material factual relevante. Mas nossa própria dificuldade reside no fato de que os problemas da epistemologia, se psicológicos de algum modo, não correspondem claramente a um único grupo de questões psicológicas.

Por outro lado, se a epistemologia – ou a teoria do conhecimento – é pensada mais propriamente como um ramo da lógica comparativa aplicada, então o método geral pelo qual os filósofos os atacam tornar-se-á não apenas compreensível, mas também aceitável. Neste caso também, os resultados de nossos ensaios anteriores, em que examinamos as categorias da lógica aplicada, terão uma relação com a natureza e a solução dos problemas epistemológicos que, de outro modo, não teriam. Por conseguinte, como primeira tarefa, temos de tentar esclarecer essa ambigüidade inicial, de modo que, no corpo do ensaio, possa tornar-se inteiramente clara a relevância de nossas descobertas anteriores para a epistemologia.

Até certo ponto, como veremos, é inevitável a ambigüidade sobre o *status* da epistemologia. Considerado como psicologia, o tema diz respeito a *processos* intelectuais ou "cognitivos", diz respeito a nossos dotes e equipamentos intelectuais, a "cognição" e seu mecanismo; considerado como ramo da lógica geral, diz respeito a *procedimentos* intelectuais ou racionais, a métodos de argumento e à justificação racional de alegações de conhecimento. No plano abstrato, estes tópicos podem parecer inteiramente separados, mas, na prática, estão longe de ser separáveis. Mais propriamente, nas duas espécies de discussão são consideradas as mesmas atividades, primeiro de um ponto de vista empírico, depois de um ponto de vista crítico. Uma criança que faz uma soma, um advogado que apresenta uma causa, um astrônomo que prevê um eclipse; todas as suas atividades podem ser vistas de modo psicológico, envolvendo "processos cognitivos", ou em vez disso de modo crítico, envolvendo o emprego ou o mau emprego de procedimentos racionais. Métodos e procedimentos racionais não existem no ar, fora de seus verdadeiros raciocinadores; são coisas que são aprendidas, empregadas, às vezes modificadas, em algumas ocasiões até mesmo abandonadas, pelas pessoas que estão fazendo o raciocínio, e até esse ponto o campo da lógica está aberto, inevitavelmente, num lado, para o campo da psicologia. Por outro lado, os psicólogos não se podem permitir falar como se "processos cognitivos" fossem fenômenos puramente naturais, que surgem para a existência nos seres humanos individuais por razões que só Deus conhece (ou a seleção natural) e que, por conseguinte, podem ser estudados de modo puramente empírico, *a posteriori*. A fronteira entre a psicologia e a lógica é aberta em ambas as direções, e os psicólogos têm de reconhecer até que ponto os procedimentos racionais são artefatos humanos, em vez de fenômenos naturais.

No século XVII, quando se desenvolveu a imagem da epistemologia como estudo do "entendimento humano", havia uma razão especial para essa ambigüidade em torno do tema. Pois uma das questões com que estavam preocupados os filósofos dessa época, ainda mais que de praxe, parecia ser questão de psicologia. Era o problema das "idéias inatas". A pergunta que os filósofos faziam era, pelo menos em parte, se todo conceito com que um adulto inteligente opera é adquirido em algum período especificável durante sua criação, e se toda verdade na qual temos razão em confiar deve ter vindo ao nosso conhecimento em algum momento no decorrer de nossa vida. Alguns filósofos desejavam responder a ambas essas perguntas com uma rigorosa afirmativa. Nada, eles argumentavam, poderia ser apontado "em nossos intelectos" que não houvesse chegado a eles durante nosso tempo de vida "por meio dos sentidos". (*Nihil est in intellectu quod non prius fuerit in sensu.*) Mas outros filósofos não conseguiam imaginar um modo pelo qual certos de nossos conceitos fundamentais pudessem ser desenvolvidos dentro de nosso tempo de vida, por processos de aprendizado cuja autenticidade pudessem reconhecer; por conseguinte, eles concluíam, algumas idéias eram inatas. Como algumas habilidades e hábitos não-intelectuais, determinadas habilidades e hábitos intelectuais tinham de ser pensados como instintivos; a criança, sugeria-se, não tinha de aprender a sugar o peito nem (talvez) a desenvolver a partir do nada uma idéia de Deus.

Pode-se argumentar, no entanto, que a controvérsia sobre idéias inatas nunca foi uma parte essencial da epistemologia. Enquanto os filósofos operavam com uma imagem simples demais dos sentidos e do intelecto, parecia impossível (sem dúvida) para eles evitar o problema. Tratando os sentidos como uma espécie de antecâmara do intelecto – pela qual todos os conceitos e verdades tinham de passar a fim de alcançar a sede de nossa razão – ou, por outro lado, como um tipo de tubo pelo qual o material sensorial tinha de ser canalizado a fim de encontrar e imprimir-se no alvo intelectual situado na extremidade oposta, eles eram acossados por dificuldades que poderiam ter sido evitadas, se tivessem aceitado uma imagem mais ativa de nosso equipamento intelectual, e uma imagem copiada menos exata da psicologia dos órgãos dos sentidos.

De qualquer modo, nada nos obriga a fazer o mesmo; em tudo o que se segue, ao mesmo tempo em que reconheço que, em última instância, não se pode pôr completa e absolutamente à parte aspectos psicológicos e lógicos da epistemologia, concentrar-me-ei nos aspectos lógicos. Pode não ser realista em alguma situação verdadeira tentar manter questões epistemológicas completamente à parte das questões psicológicas, mas, para nossos presentes propósitos, podemos concentrar-nos nas questões lógicas às quais tais "situações epistemológicas" dão origem. Devemos agora tentar caracterizar e compreender essas situações.

Lembremos as observações feitas no segundo ensaio sobre a natureza das alegações de conhecimento; em particular, sobre a verdadeira força da pergunta "como você sabe que *p*?". Se um homem alega conhecer uma coisa ou outra, dizendo "sei os horários dos trens para Oxford (o nome do presidente do Equador, que a rainha Ana está morta, como se faz caramelo de açúcar queimado)", ele não diz necessariamente algo autobiográfico sobre o processo pelo qual chegou a ficar em posição de falar a respeito dessas coisas ou de fazê-las, tampouco alguma coisa sobre sua atual atividade psicológica ou estado de espírito. Mais propriamente, como o professor J. L. Austin deixou claro para nós, ele apresenta em cada caso uma alegação de falar com autoridade, uma garantia de que nesse caso sua palavra é especialmente confiável. Ao passo que as formas de palavras "eu acredito...", "estou confiante..." e "tenho certeza..." apresentam asserções externadas pela própria pessoa, com um implícito "é pegar ou largar", dizer "eu sei isso e isso" é, por assim dizer, emitir a asserção da pessoa *sob selo*. É comprometer-nos, tornar-nos responsáveis de determinadas maneiras pela confiabilidade da asserção. De modo semelhante, quando dizemos de uma outra pessoa "ele sabe", reivindicamos para essa pessoa uma posição de autoridade, ou endossamos uma reivindicação que a própria pessoa pode ter feito. Isto não quer dizer, é claro, que *nós* podemos ser considerados como tendo garantido o crédito *dela*, pois às vezes podemos dizer "ele sabe" em casos em que *ele* mesmo hesitaria em dizer "eu sei"; nós não podemos fazer valer o direito de outra pessoa ser uma autoridade, assim como não podemos fazer as promessas por outro ou espirrar seus espirros. Mas, desse modo, apostamos nossa própria reputação em que a opinião dele se provará confiável; e, se não estivermos preparados para nos comprometermos quanto à sua confiabilidade, mais ainda se tivermos alguma razão para duvidar dela nesse caso, fazemos bem em dizer apenas "ele acredita (está confiante, tem certeza)..., por exemplo, que os *Tories* ganharão as próximas eleições gerais", e isto muito embora ele mesmo possa atrever-se a alegar que sabe.

Essas coisas deverão ser lembradas quando nos voltarmos para questões tais como "como você sabe?" e "como ele sabe?"; pois o propósito dessas questões é trazer à luz as razões, qualificações ou credenciais de um homem em nome de quem foi feita uma alegação de conhecimento – não é trazer à luz o mecanismo oculto de uma atividade mental chamada "conhecer". Tendo isso em mente, podemos explicar tanto o motivo pelo qual essas questões, tal como empregadas em geral, requerem os tipos de respostas que requerem, e o motivo pelo qual não são confrontadas com perguntas diretas em primeira pessoa, "como *eu* sei?".

Sobre a pergunta "como eu sei?": é verdade que às vezes a usamos para ecoar a contestação "como você sabe?", quando nos pomos a estabelecer nossas credenciais – "como eu sei?! É *assim* que eu sei:...". Porém, são comparativamente poucas e específicas as ocasiões em que achamos necessário estabelecer para nós mesmos as nossas próprias credenciais ou a confiabilidade de alguma coisa a respeito da qual já temos inteira certeza. Não é, portanto, nenhuma surpresa que tenhamos menos costume de perguntar "como eu sei?" do que de perguntar "como você sabe?" e "como ele sabe?" – e se essas perguntas fossem sobre processos mentais observáveis do conhecer, deviam, todas, estar no mesmo nível.

No que concerne à pergunta "como você sabe?": ela pede tipos diferentes de resposta em diferentes ocasiões. Às vezes, se a pergunta é sobre como sabemos que alguma coisa – é o caso, por exemplo, que não há trens para Dingwall nas tardes de domingo, que não existem números primos entre 320 e 330, ou que o alumínio é um supercondutor em 1º A –, a pergunta pode ser *lógica*. Nesses casos, temos de apresentar razões (indícios, prova, justificação) para o que quer que afirmemos. Mas, em outras ocasiões, quando a pergunta é equivalente à questão "como você chegou a ficar em posição de falar sobre isso?", a resposta apropriada é *biográfica*: "sei que não há trens para Dingwall nas tardes de domingo porque verifiquei no *Bradshaw*, hoje de manhã", "sei como fazer puxa-puxa porque minha mãe me ensinou".

O tipo apropriado de resposta depende do contexto, e nem sempre está claro em que sentido se tem de considerar a questão; de fato, às vezes, não tem nenhuma conseqüência prática o modo como a consideremos. Quando um cientista publica um relato de experiências que o levaram a uma conclusão nova – por exemplo, que o alumínio é um supercondutor em 1º A –, seu relatório dá ambos os tipos de resposta, numa só. Pede-se que, nele, o cientista justifique sua conclusão expondo por completo suas razões experimentais para ter afirmado o que afirmou; mas, com freqüência, seu relatório pode ser lido também como um relato autobiográfico da seqüência de eventos que o levaram à posição de fazer essa asserção, e de fato será expressado em geral em verbos nos tempos pretéritos do indicativo: "peguei um crisol de criolita de corte transversal cilíndrico etc.". Para propósitos filosóficos, entretanto, a ambigüidade da pergunta "como você sabe?" é crucial, e nosso interesse será lógico e não biográfico. Embora essa forma de pergunta pergunte às vezes pelas razões do suporte e às vezes pela história pessoal passada, de acordo com o que a questão em debate é a *justificação* de nossas opiniões ou a *história* de como chegamos a tê-las, nós nos concentraremos aqui no uso justificatório.

Sobre a pergunta "como ele sabe?", só temos de salientar aqui que, quase sempre, a pergunta pede resposta do tipo biográfico. Não é difícil entender a razão. Assim como compete a cada um de nós fazer nossas próprias promessas, uma vez que *minha* palavra só será considerada como obrigando *você* se você me deu poder de advogado ou se me nomeou seu procurador-delegado para determinados propósitos, também compete a cada um de nós justificar nossas próprias asserções. Se eu mesmo afirmo por minha própria conta que o alumínio é um supercondutor em 1º A, tenho a liberdade de citar o ensaio de um cientista entre minhas razões; do mesmo modo, ele pode citar os resultados de suas experiências como início de sua própria asserção. Mas se estou falando sobre o cientista, qualquer coisa que eu citar de seu ensaio será compreendida como biografia. Só se "como ele sabe?" fosse tomado como elipse de "se ele tivesse de se pôr a justificar sua asserção, como ele faria?", poderíamos falar de apresentar razões, em resposta – e estas não seriam "nossas razões" para a asserção "dele", mas sim nossa conjectura quanto às razões dele para dizer o que diz. Mesmo assim, esta questão parece ser mais bem expressa nas palavras "por que ele acredita que...?", em vez de "como ele sabe que...?"; pois se podemos citar todas as suas razões e realmente pensar que ele *sabe* (isto é, se de fato acreditamos que sua conclusão é fidedigna), estamos em posição de fazer e justificar a asserção por nossa própria conta.

Por conseguinte, situações epistemológicas dão origem a questões que se devem classificar em tipos diferentes.

Sempre que um homem faz uma alegação de conhecimento, ele se expõe ao desafio de ter de provar sua alegação, de justificá-la. Nesse aspecto, uma alegação de conhecimento funciona simplesmente como uma asserção que contém ênfase especial e é expressa com autoridade especial. Para responder a esse desafio, ele tem de apresentar quaisquer razões ou argumentos que considere suficientes para estabelecer a justeza de sua alegação. Isto feito, nós podemos dedicar-nos a criticar seu argumento, usando quaisquer categorias da lógica aplicada que sejam necessárias, dada a natureza específica da situação. Os encadeamentos de questionamento e crítica ao qual somos levados não têm de ter em torno de si nada nem de psicológico nem de sociológico em torno deles. A questão agora não será se as pessoas em geral pensam dessa maneira, ou o que em sua infância ou educação resulta no fato de pensarem assim; a questão agora será unicamente se esse argumento específico está à altura do padrão, se merece nossa aceitação respeitosa ou nossa rejeição raciocinada.

Neste ponto, assume alta relevância a questão acerca de que espécies de padrões temos de aplicar na crítica prática de argumentos em diferentes campos e, a partir de agora, este será de novo nosso principal tópico. Mas não devemos enfim nos voltar para a consideração dessa questão sem observar, mais uma vez, que questões desse tipo surgem das mesmas situações em que surgem as questões de psicologia infantil e de sociologia da educação. "Como sabemos as coisas que sabemos?"; se se pergunta como, no decorrer da vida da criança, ela chega a adquirir os conceitos e fatos que adquire, ou mediante que mecanismos educacionais lhe são inculcados procedimentos e técnicas racionais específicas, ter-se-á, é claro, de proceder *a posteriori*, usando métodos tirados da psicologia e da sociologia, e a resposta final pode ser, com muita probabilidade, que diferentes crianças e diferentes sistemas educacionais procedem de modos diferentes. Por outro lado, se perguntam se as espécies de razões que temos para acreditar nas coisas em que acreditamos em determinado campo de estudo estão à altura do padrão, a questão deixa de ser psicológica e passa a ser questão crítica; procedimentos indutivos *a posteriori* já não são mais oportunos, e a questão passa a ser problema para o filósofo ou para o especialista em lógica aplicada.

Conseqüências adicionais de nossa hipótese

A partir deste ponto, portanto, temos de interpretar as perguntas "como sabemos que...?" e "nós realmente sabemos que..." num sentido lógico. Não estaremos perguntando diretamente "como funciona nosso mecanismo cognitivo?" e "o funcionamento de nosso mecanismo cognitivo é sempre, realmente, bem-sucedido?", visto que estas perguntas poderiam nos levar a irrelevantes investigações psicológicas; em vez disso, nossas perguntas serão "que razões adequadas temos para as alegações de conhecimento que fazemos?" e "estão as razões em que baseamos nossas alegações de conhecimento sempre de fato à altura do padrão?". (Poder-se-ia aqui argumentar que falar sobre "mecanismo cognitivo" e sua efetividade já foi falar, de fato, embora disfarçadamente, sobre nossos argumentos e seus méritos; mas não temos de nos deter nisto; se houver alguma verdade neste argumento, ela só confirmará a justeza de nosso propósito, pois confirmará que as questões lógicas são as mais imparciais e têm de ser consideradas primeiro.)

A crítica lógica das alegações de conhecimento é, como vimos, um caso especial de crítica prática de argumento – a saber, sua forma mais estrita. Um homem que apresenta alguma proposição, com uma alegação de *saber* que ela é verdadeira, dá a entender que as razões que teria a apresentar em apoio à proposição são da mais alta relevância e do maior poder de convicção; sem a garantia de tais razões, ele não tem nenhum direito de fazer uma alegação de conhecimento. Por conseguinte, a questão de quando – se é que em algum momento – as razões em que baseamos nossas alegações de conhecimento são realmente adequadas tem de ser interpretada como tendo o seguinte significado: "podem os argumentos pelos quais apoiaríamos nossas asserções alcançar em algum momento os mais elevados padrões relevantes?"; e o problema geral para a lógica comparativa aplicada será decidir o que, em algum campo específico de argumento, serão os mais elevados padrões relevantes.

Agora temos aqui duas questões. Há a questão de quais padrões são os mais rigorosos, estritos e precisos; e há a questão de quais padrões podemos considerar relevantes quando julgarmos argumentos em algum campo específico. Vimos, no último ensaio, com que freqüência os lógicos formais se concentraram na primeira questão, à custa da segunda. Em vez de desenvolver um conjunto de categorias lógicas destinadas a se ajustar aos problemas especiais em cada campo – categorias para as quais os critérios de aplicação são, em teoria, assim como são na prática, *campo-dependentes* –, eles viram no tipo analítico de argumento um ideal, o único que admitem válido por teoria, e trataram os critérios de possibilidade, necessidade e validade analítica como padrões universais, *campo-invariáveis*, de validade, necessidade e possibilidade.

Veremos agora que a mesma idealização dos argumentos analíticos está no fundo de muita teoria epistemológica, tal como ela se desenvolveu de Descartes até hoje. Os aspectos em que os argumentos substanciais diferem – e têm de diferir, dependendo da natureza do caso – dos analíticos têm sido interpretados como deficiências a serem remediadas, abismos a serem transpostos. Como resultado, a questão central da epistemologia tornou-se, não "quais são os mais elevados padrões relevantes a que podem aspirar nossas alegações de conhecimento substancialmente apoiadas?", mas em vez disso "podemos 'empurrar' os argumentos substanciais para o nível dos analíticos?".

Por enquanto, portanto, não vamos insistir na questão da relevância. Em vez disso, vamos supor mais uma vez que todos os argumentos podem ser julgados pelos mesmos padrões analíticos, e passar um pouco de tempo tecendo as conseqüências adicionais de nossa hipótese. Claro que se os filósofos têm a mais leve tendência a considerar os padrões de julgamento apropriados aos argumentos analíticos como superiores aos padrões que empregamos na prática para julgar argumentos de outros campos – sob o pretexto de que eles são mais rigorosos –, então, quando esses mesmos filósofos se voltam para considerar questões na teoria do conhecimento, eles têm um motivo óbvio para insistir na analiticidade do argumento como condição primária do verdadeiro conhecimento. Pois alegações de conhecimento envolvem alegações de alcançar os padrões mais elevados; e que padrões, eles podem perguntar, poderiam ser mais elevados do que os padrões em que insistimos no caso dos argumentos analíticos? Nessa visão, alegações de conhecimento só serão seriamente justificáveis quando se puder apresentar informação de suporte, acarretando necessariamente a verdade da proposição alegada como conhecida; a tarefa dos epistemologistas será então descobrir em que circunstâncias nossas alegações podem ser apropriadamente apoiadas.

Assim que passamos aos exemplos, sérias dificuldades se tornam evidentes, em especial nos casos em que nosso argumento envolve um salto de tipo lógico. Em muitas situações, as proposições que apresentamos como conhecidas são de tipo lógico, mas os dados e o apoio da garantia que apresentamos em seu suporte são de outros tipos. Fazemos asserções sobre o futuro, e as apoiamos com referência a dados do presente e do passado; fazemos asserções sobre o passado remoto, e as apoiamos com dados do presente e do passado recente; fazemos asserções gerais sobre a natureza, e as apoiamos com os resultados de experiências e observações específicas; afirmamos saber o que outras pessoas pensam e sentem, e justificamos essas alegações com citações do que escreveram, disseram e fizeram; e apresentamos alegações éticas confiantes, e as apoiamos com afirmações sobre nossa situação, sobre conseqüências previsíveis e sobre os sentimentos e escrúpulos das outras pessoas em questão. Muitas vezes, nos encontramos em situações das quais essas são amostras – e a dificuldade central já deveria ser evidente. Pois, se só vamos aceitar alegações de conhecimento como "justificáveis" quando os dados e o apoio entre eles puderem implicar a proposição alegada como conhecida, está aberta a questão de se alguma dessas amostras de alegações de conhecimento se provará "justificável".

Consideremos as previsões confiantes dos astrônomos. Que razões eles têm para fazê-las? Uma vasta coleção de registros de observações telescópicas e teorias dinâmicas testadas, refinadas e julgadas confiáveis durante os últimos 250 anos. Essa resposta pode parecer impressionante e, de fato, do ponto de vista prático, é mesmo impressionante; mas no momento em que um filósofo começa a pedir implicações, a situação muda. Pois, dependendo da natureza do caso, os registros dos astrônomos não podem ser mais atualizados do que a hora presente; e, quanto às teorias, estas não terão mais valor para o epistemologista do que as experiências e observações usadas para testar sua adequação – experiências e observações que, desnecessário dizer, também só podem ter sido feitas no passado.

Podemos, portanto, apresentar os cálculos dos astrônomos, chamando atenção para o modo como, por meio de argumentos aparentemente rigorosos, eles usavam essas teorias para passar *de* dados sobre as antigas posições dos corpos celestes em questão *para* previsões sobre as posições que eles ocuparão em tempos futuros. Isto, contudo, não nos poupará da severidade do filósofo; se podemos aceitar as teorias, ele deduzirá, sem dúvida podemos elaborar argumentos do passado para o futuro que são, por padrões *formais*, bastante satisfatórios, mas o problema é se nossa confiança nas teorias é, em si, justificável.

Uma teoria, uma vez aceita, pode fornecer-nos uma garantia para argumentar do passado para o futuro, mas o filósofo indagará então sobre o apoio para as garantias que a teoria nos dá e, uma vez que os argumentos analíticos sejam deixados para trás, não há mais dúvida quanto ao fato de que dados e apoio de garantia, juntos, implicam conclusões. Toda informação que o astrônomo pode esperar multiplicar continuará sendo informação sobre o presente e o passado. Isto pode ser muito útil para ele, para propósitos práticos; mas, aos olhos do epistemologista consistente, não serve para rigorosamente nada. O astrônomo fala sobre o futuro; seus dados e apoio são sobre o presente e o passado; e pronto! A fonte da dificuldade é o próprio salto-tipo e, enquanto nada for feito para superar esta dificuldade, todas as alegações de conhecimento sobre o futuro têm de continuar sob suspeita.

Problemas semelhantes afligem-nos em outros casos, a partir do instante em que libertemos o filósofo para que critique nossos argumentos. Suponhamos que um arqueólogo nos conte sobre a vida na Inglaterra em 100 a.C., e que um historiador discuta, por seu turno, a política externa de Carlos II ou apresente asserções confiantes a respeito de acontecimentos em Londres no ano de 1850. Enquanto permanecermos dentro do campo de visão da mesa de gamão de Hume, poderemos estar preparados para aceitar seus argumentos como suficientemente convincentes e conclusivos para propósitos práticos. "Mas eles são de fato convincentes, de fato conclusivos?" – o filósofo pode, agora, perguntar. Com certeza, tudo o que o arqueólogo tem para seguir em frente são uns montes de terra e uns buracos no chão, uns cacos de louça velha e uns pedaços de metal enferrujado; ao passo que as conclusões do historiador – embora digam respeito ao ano de 1850 – baseiam-se, em última instância, numa massa de documentos escritos e impressos de cuja autenticidade já não há quem duvide e que se prova sem nenhuma possibilidade de contradição. Mas mesmo aqui, quando recorremos a dados do presente e do passado imediato para apoiar alegações sobre o passado mais remoto, a implicação nos engana. A cautela com que muito apropriadamente recebemos as alegações mais empíricas do arqueólogo tem de ser estendida, nos diz o filósofo, a questões a respeito das quais não sentimos antes nenhuma dúvida séria – por exemplo, até à crença de que em 1850 Palmerston era o Secretário do Exterior. O poder de convicção aparentemente superior dos argumentos do historiador sobre o ano de 1850, em relação ao poder de convicção dos argumentos do arqueólogo sobre 100 a.C., parece ao filósofo ser mera questão de grau, já que, por mais indícios documentais sobre o século XIX que o historiador possa ter acumulado, ainda assim haverá muito mais documentos do presente, e a ambição de concluir verdades sobre o passado continuará tão distante como sempre.

Alegações gerais, alegações psicológicas, alegações morais caem sucessivamente sob os golpes do mesmo martelo. As alegações gerais têm os defeitos das alegações sobre o futuro e das alegações sobre o passado, além de alguns defeitos adicionais próprios; mesmo no presente, elas nos envolvem implicitamente em asserções sobre objetos que jamais inspecionamos, sobretudo sobre objetos observados enquanto reuníamos nossos dados e apoio de garantia – desse modo, neste caso a implicação é três vezes mais difícil de atingir. Dificilmente será melhor a situação das alegações de saber o que outras pessoas pensam e sentem. Um atleta que acabou de vencer uma corrida sorri, mostra todos os sinais de contentamento e externa palavras de felicidade; com certeza, poder-se-ia pensar, temos o direito de dizer com confiança que sabemos que ele está feliz. Não, replica o filósofo; por mais difícil que lhe seja acreditar, o atleta, na verdade, está ocultando seu desapontamento, escondendo o coração partido, interpretando um papel; mas não há nenhuma contradição em supor que as coisas sejam assim, por mais gestos, caretas ou entonações de voz que possamos apontar. O que quer que apontemos como indício da genuinidade dos sentimentos do atleta pode igualmente, sem contradição, ser apontado como indício claro da mais consumada capacidade de fingir.

Ao que parece, insistir em padrões analíticos nos levará, aqui também, à mesma dificuldade. Do mesmo modo com as alegações éticas, estéticas e teológicas; os fatos que apontamos, quer como razões particulares de nossa presente conclusão ou como apoio para garantias invocadas em nosso argumento, serão (pelo menos ostensivamente) de um tipo lógico diferente da própria conclusão. Em cada caso, portanto, o filósofo poderá repetir sempre a mesma dificuldade central – a de que, por maior que possa ser nossa coleção de dados e apoio, nenhuma contradição aparecerá se nós a deslocarmos para o lado da negativa da conclusão. Não se terá alcançado a analiticidade.

Uma vez que tenhamos iniciado com segurança essa investigação, não há como nos deter. Pois a dificuldade que surge para o filósofo, do modo mais agudo, no caso das previsões, pode surgir igualmente em qualquer argumento substancial, seja qual for; e nós já vimos nos ensaios anteriores como são raros os argumentos completamente analíticos. Nossas dúvidas foram despertadas primeiro em relação às previsões remotas do astrônomo e às retrovisões remotas do arqueólogo, mas agora elas estão se espalhando, quase sem limite. Nenhuma coleção de afirmações, por maior que seja, sobre a condição presente e o conteúdo de documentos ostensivamente do século XIX pode implicar alguma afirmação sobre Palmerston e o ano de 1850; nenhuma coleção de afirmações sobre nossa situação presente, sobre as conseqüências de nossas ações, ou sobre os escrúpulos morais de nossos contemporâneos e concidadãos pode implicar alguma conclusão a respeito de nossas obrigações; nenhuma quantidade de informação sobre gestos, caretas, declarações e reações de um homem pode implicar alguma conclusão a respeito de seus sentimentos; nenhuma análise, por mais exaustiva, da distribuição de pigmento e verniz em cima de diferentes partes de uma peça de linho pode implicar alguma conclusão a respeito da beleza do quadro que compõem; assim como nossas observações astronômicas e experiências físicas no presente e no passado não podem colocar-nos em posição de prever – sem que a possibilidade de erro seja expressiva – a posição de algum objeto celeste, em qualquer tempo do futuro.

Mas o pior está por vir. As dificuldades que afligem as alegações de conhecimento sobre o passado ou sobre o futuro podem ser listadas também para o presente, quando os objetos de que falamos estejam fora do alcance da vista ou dos ouvidos. Já vimos que o argumento:

Anne é irmã de Jack;
todas as irmãs de Jack têm cabelo ruivo;
logo, Anne tem cabelo ruivo,

só será um argumento genuinamente analítico se Anne estiver, no momento presente, visível para nós, visto que só neste caso a segunda premissa será interpretável como "cada uma das irmãs de Jack (estamos vendo!) tem cabelo ruivo, neste momento" – proporcionando assim apoio analítico para uma garantia que permite ir à conclusão "logo, Anne tem cabelo ruivo neste momento". Se esta condição não for preenchida e, nesse momento, Anne estiver fora do campo de visão, a sugestão de que ela pode ter perdido o cabelo ou tingido o cabelo desde a última vez que a vimos não pode ser excluída para além de qualquer possibilidade de contradição.

A seguir, podemos começar a nos sentir um pouco incertos até sobre coisas que, no presente momento, estão no campo de visão ou ao alcance dos ouvidos. Afinal de contas, se realmente perguntamos o que temos para seguir em frente quando fazemos alegações de conhecimento acerca dessas coisas, outra vez só podemos apontar para o que as coisas nos *parecem ser* ou *soam* para nós nesse momento, e todos os argumentos tradicionais que levam a ceticismo em relação aos sentidos podem, de imediato, ser apontados contra nós: nenhuma coleção de dados, por maior que seja, sobre como as coisas *parecem ser*, agora, pode implicar a verdade de uma conclusão sobre o que elas de fato *são*. Afirmações sobre a aparência das coisas são de um tipo lógico; afirmações sobre o verdadeiro estado das coisas no mundo à nossa volta são de um outro tipo; e não se pode esperar mais que haja implicações entre afirmações desses dois tipos do que se pode esperar que haja em qualquer outro caso em que um argumento envolva um salto-tipo – ou um salto entre tipos lógicos diferentes.

Portanto, para defender a analiticidade, temos de descobrir um problema geral que apareça em todos os campos de argumento, menos nos campos analíticos. Alegações de conhecimento, por mais bem-fundamentadas que possam parecer na prática, jamais estarão à altura do padrão ideal do filósofo. Uma vez que tenhamos aceito esse ideal, já não haverá nenhuma esperança de salvar nossas alegações cotidianas de conhecimento – fora da matemática pura –, a menos que recorramos a uma drástica operação filosófica de resgate. No próximo capítulo, nos ocuparemos do que pode uma operação deste tipo.

Podem os argumentos substanciais ser redimidos?

I – Transcendentalismo

Quando passamos a considerar como se podem justificar as alegações de conhecimento fora do campo analítico, três espécies de teoria se apresentam como possibilidades. Essas três possibilidades surgem, de imediato, da forma do problema geral que enfrentamos aqui. Em cada exemplo, nossa alegação de conhecimento envolveu apresentar alguma proposição como asserção confiante e autorizada; isto corresponde, em nossa análise, à conclusão C. Quando nos pedem para fornecer o resto do argumento do qual esta é a conclusão, nós apresentamos primeiro os dados D de um tipo lógico diferente da conclusão C, e uma garantia W que nos autoriza a passar de D para C; mas, sob pressão, somos forçados a admitir que a própria garantia se baseia no apoio B que também é de um tipo lógico diferente de C. Nossa incerteza quanto a alegações de conhecimento surge diretamente do fato de que, por mais exaustivos que sejam os indícios fornecidos por D e B juntos, o passo desses para a conclusão C não é um passo analítico.

A transição de tipo lógico envolvida no passar, por um lado de D e B, e pelo outro lado para C, apresenta-se para nós como um *abismo lógico*. A questão epistemológica é o que fazer quanto a este abismo. Podemos construir uma ponte sobre ele? Temos de construir uma ponte? Ou temos de aprender a nos arranjar sem ponte?

Essas três perguntas são os pontos de partida de três linhas de exploração que aqui se abrem para nós. É possível construir uma ponte sobre o abismo lógico? Suponhamos que nossas informações de suporte (D e B) não sejam tão completas quanto parecem; a ponte ainda pareceria possível: se todos os argumentos substanciais realmente envolvem premissas suprimidas e cabe a nós tornar explícitos os dados adicionais que eles expressam (ou tomamos como certos), não poderemos, afinal de contas, julgar os argumentos resultantes por padrões analíticos?

Por outro lado, há de fato um abismo a ser transposto? Supondo-se que as conclusões (C) de nosso argumento não fossem tão diferentes da informação de suporte quanto parecem, poder-se-ia até duvidar de que haja abismo. Poderíamos agora estabelecer que o salto entre tipos lógicos envolvido na passagem de D e B para C é apenas aparente; tendo provado que é ilusório e aparente o salto entre tipos, ainda poderíamos esperar que um conjunto de dados e apoio suficientemente exaustivo ainda pudesse implicar a conclusão necessária.

Enfim – o último recurso, para o caso de o salto entre tipos provar-se obstinadamente real e não puderem ser encontrados dados extras que formem uma ponte sobre o abismo –, ficaremos em pior situação se o abismo tiver de permanecer sem ponte? É possível que nossas alegações de conhecimento tenham sido sempre prematuras, e o abismo lógico nos argumentos substanciais seja algo que possamos e devamos aprender a reconhecer e tolerar.

Essas são as três rotas mais atraentes pelas quais podemos tentar fugir do dilema em que nos encontramos. Mas só podemos fazê-lo, em cada caso, à custa de um paradoxo indesejável. Consideremos cada teoria, uma por vez; vamos desenvolvê-la e ver a que dificuldade cada uma leva.

Suponhamos, para começar, que, para sair de nosso dilema, invoquemos premissas extras, de uma nova espécie que transpõe abismo; não se pode ter nenhuma dúvida de que haverá perguntas incômodas, tanto sobre a genuinidade dos dados que essas premissas expressam, como sobre seu exato *status* lógico. Uma coisa é acenar alegremente na direção geral de "dados extras"; outra coisa, bem diferente, é estabelecer que eles de fato existem e que farão, mesmo, o trabalho que se lhes pede. Podemos, mais uma vez, tomar o exemplo dos argumentos proféticos; em algumas ocasiões, digo agora, temos tamanha familiaridade com os processos que levam em direção a determinado evento futuro, familiaridade tão exaustiva e íntima, que é como se estivéssemos "vendo o futuro, com antecipação". Essa nova experiência proporciona a garantia analítica de que carecíamos. Ou, se pode dizer, mergulhando nos processos naturais que estão acontecendo no mundo à nossa volta e nos familiarizando com eles, podemos chegar a um ponto em que compreendemos diretamente – para além do alcance da refutação subseqüente – algum caráter geral de coisas que, por seu turno, implicam a verdade de nossa previsão.

Quando as afirmações do historiador sobre o passado são postas em dúvida, pode acontecer de outra vez sermos atraídos em direção à idéia dos dados extras, ou na forma de verdades gerais compreendidas diretamente, ou, mais simplesmente, como experiências *ad hoc*. Um historiador que estuda as relíquias materiais e os registros de uma época com suficiente profundidade e durante tempo suficiente pode, num dado momento, (nessa visão) entrar na pele do povo em que está interessado e, desse modo, "ler os pensamentos" de William, o Calado, ou de quem quer que seja. Uma faculdade de "empatia" será então parte importante do equipamento de qualquer historiador, pois, sem empatia, o historiador não acreditará que pode "voltar ao passado", e passará a depender dela para qualquer conhecimento histórico autêntico.

Uma faculdade semelhante pode ser convocada para superar nossas dificuldades em relação ao "conhecimento de opiniões de outros". Afinal de contas, quando fazemos alegações sobre sentimentos, pensamentos e estados de espírito de nossos amigos e conhecidos, talvez possamos contar, de fato, para seguir em frente, com mais do que seu comportamento e declarações; às vezes, talvez consigamos "pôr-nos em seu lugar" num sentido mais do que só figurativo e, por conseguinte, "sentir seus sentimentos como se fossem nossos". Se às vezes fôssemos capazes não apenas de simpatizar com seus sentimentos, mas de compartilhar ("sentir empatia") positivamente deles, então novamente seria como se houvéssemos transposto nosso abismo lógico e resolvido nosso dilema epistemológico.

Do mesmo modo em outros campos: bastará – se essa linha de argumento for aceitável – invocar um âmbito suficiente de habilidades e faculdades especiais, para obter todos os dados extras de que necessitamos para com eles construir pontes sobre abismos. Dados os indícios de nossos sensos morais, intelectuais ou religiosos, as alegações de conhecimento sobre objetos materiais no mundo externo, sobre beleza ou bondade ou a existência de Deus, todas parecerão ter sido salvas da ameaça do ceticismo.

Não há dúvida de que teorias desse tipo geral têm uma certa plausibilidade. Em muitos casos, falamos de pessoas que têm faculdades ou habilidades excepcionais, porque fazem, regularmente, asserções – sobre o estado de espírito de outras pessoas, sobre o futuro, sobre o passado, sobre o que for – que se provam bem fundamentadas, apesar de terem partido de indícios que, originalmente, pareciam muito fracos. Algumas pessoas possuem excepcional sensibilidade para com os sentimentos de outras, algumas têm um olho fora do comum para os méritos de pinturas, algumas possuem um misterioso talento para localizar falhas em máquinas defeituosas, algumas possuem um dom além do comum para reconstruir uma era passada e entender os motivos das figuras históricas envolvidas. Em cada caso, onde a maioria de nós só cambaleia e supõe, elas chegam a conclusões confiantes e não ambíguas – dizem, por exemplo, "deve haver um bloqueio no tubo de admissão", ou "a intenção de William, o Calado, deve ter sido acalmar os espanhóis para que confiassem nele". E uma vez que tais pessoas provam, à luz de descobertas posteriores, regularmente, que tinham razão em suas asserções, pode-se achar que elas tenham direito de ter a confiança que demonstram.

A questão para nós, entretanto, é se há alguma diferença *lógica* entre essas pessoas fora do comum e os outros mortais. Quando elas dizem com tanta confiança "deve ser o caso que p", significa isso que uma alegação de conhecimento que nós só poderíamos apoiar com um argumento substancial é uma alegação de conhecimento que *elas* podem estabelecer de modo analítico? Será que o talento, a presciência, o senso estético, a intuição ou a simpatia em que elas nos superam lhes fornecem a ponte lógica sobre o abismo cuja falta aflige o resto de nós, ou será que, simplesmente, elas são muito melhores do que o resto de nós e não precisam de pontes para atravessar abismos?

Não é difícil mostrar que, por mais que habilidades extraordinárias como essas sejam de grande vantagem para quem as possui, não podem fazer coisa alguma para nos tirar, a todos, de nosso comum dilema epistemológico. Afinal de contas, esse dilema é inerente à situação em que todos nós nos encontramos, e que define, em cada caso, a natureza do problema que nos interessa. É Jones que é ressentido, e Smith quem, com suas observações, mostra seu simpático reconhecimento deste fato; por mais infalível que a simpatia de Smith se prove, na prática, o dado extra "Smith está convencido de que Jones está ressentido" não nos aproxima nem um pouco de uma prova analítica para o fato em questão. Mesmo se os feitos da simpática intuição de Smith forem tão notáveis a ponto de serem positivamente "telepáticos", os dados que eles nos rendem em nada colaboram para *implicar* conclusões acerca dos verdadeiros sentimentos de Jones, embora possam, eventualmente, nos encorajar a dar o passo substancial que vai dos sinais e sintomas para os sentimentos, com menos timidez do que sem eles.

O mesmo acontece no caso do astrônomo ou do historiador: capacidade profética ou empatia histórica, mesmo que cheguem à quase clarividência, nada acrescentam às suas previsões e retrovisões que as faça *implicar* mais ou melhor. As capacidades de algumas pessoas podem ser tão marcantes que somos tentados a dizer que, para elas, é *como se* o passado (ou o futuro) *fosse* o presente; mas não há como escapar do crucial "como se"; e nada, até aqui, nos impede de tratar frases como "ver o futuro com antecipação" ou "meter-se na pele de William, o Calado" como outra coisa que não *façons de parler*[1].

As mesmas conclusões nos esperam se tentamos construir uma ponte sobre o "abismo lógico" entre dados e conclusão num argumento substancial, não pela introdução *ad hoc* de específicos dados extras, mas, sim, pela invocação de princípios lógicos (ou epistemológicos) gerais. Poder-se-ia, por exemplo, argumentar que se pode analiticamente estabelecer uma previsão como:

"Amanhã à meia-noite a posição de Júpiter *será* (tal)"

recorrendo a uma combinação de fatos já disponíveis para nós:

"As posições planetárias até o presente momento *foram* (tais)" e "a posição prevista para Júpiter amanhã à meia-noite, calculada de acordo com as teorias confiáveis até agora, *é* (tal)"

---

1. Em francês, no original. "Modos de falar." (N. do T.)

junto com um outro princípio geral, cuja solidez temos de supor para os propósitos de qualquer argumento astronômico, no sentido de que:

> "As teorias da dinâmica planetária que se provaram confiáveis no passado continuarão a se provar confiáveis neste caso."

Como exercício puramente formal, fazer esta última suposição pode ser ótimo, mas nada faz para nos livrar de nosso dilema, uma vez que fazer essa suposição não é o mesmo que supor a verdade de alguma questão de fato corrente da qual não temos nenhum indício direto. Este princípio geral é algo de cuja verdade só pode haver garantia positiva depois de o momento de prever já ser passado. Depois do evento, podemos, claro, apresentar um argumento analítico da forma:

> "As posições planetárias até três dias atrás *eram* (...)";
> "A posição de Júpiter à meia-noite de ontem, calculada a partir de dados disponíveis há três dias, de acordo com as teorias-padrão, *era* (...)";
> "Naquele evento, nossas teorias *se provaram* confiáveis";
> *Assim* "a posição de Júpiter à meia-noite de ontem *era* (...)."

Este argumento é, com certeza, analítico. Nós não poderíamos afirmar, de modo coerente, que nossas teorias se provaram confiáveis no caso, como a terceira premissa diz aqui, a menos que a conclusão à qual essas teorias nos levavam fosse confirmada pelos acontecimentos. Um homem que aceitasse essas três premissas após o evento e ainda assim negasse a conclusão estaria, portanto, contradizendo-se.

Mas este já não é mais nosso argumento original, profético. Só pelos padrões formais é que ele pode parecer ser o mesmo; os três "fatos" afirmados pelas três "premissas" são – do ponto de vista do lógico formal – os mesmos, em cada um dos dois argumentos. Mas permanece esta diferença crucial: a de que, no primeiro caso, as premissas foram declaradas antes do evento e, no segundo caso, depois dele; de modo que o segundo argumento é, não uma repetição do primeiro, mas, mais, sua autópsia. Nosso dilema epistemológico surge diretamente do fato de que, na primeira ocasião em que é enunciado, o argumento é profético e permanece intacto; nenhuma premissa adicional que só possa ser estabelecida depois de o argumento ter deixado de ser profético pode ajudar-nos a escapar das conseqüências deste fato.

E basta de tentar escapar por esta via – que pode ser chamada, seguindo o exemplo do professor John Wisdom, de tipo de teoria "transcendentalista" ou "intuicionista". A situação será sempre a mesma, se dependermos de argumentos genuinamente substanciais para estabelecer nossas conclusões: nem a descoberta de "dados extras" nem a suposição de verdades gerais adicionais pode servir para tornar analíticos os nossos argumentos. Mesmo que a intuição pudesse ser pensada como fonte de dados extras – e argumentarei adiante que essa opinião baseia-se num mal-entendido –, tais dados adicionais deixariam nossos argumentos tão substanciais quanto antes; e embora, ao supor verdades gerais adicionais, possamos ser capazes de transformar nossos argumentos substanciais, formalmente, em argumentos analíticos, não estaremos, epistemologicamente, em melhor situação, visto que, na prática, essas suposições não só não têm, como – sem mudar a natureza de nosso problema – elas *não podem ter* o apoio de que precisam.

Podem os argumentos substanciais ser redimidos?

II – Fenomenismo e ceticismo

Neste ponto, fica atraente a segunda linha de argumento: pode ser chamada de tipo de teoria "fenomenista" ou "reducionista".

Uma vez que se reconheça que as premissas extras, que expressam dados intuitivos ou suposições gerais, são inúteis como recurso para construir pontes sobre o abismo lógico nos argumentos substanciais, é difícil ver como as conclusões substanciais podem ser justificadas (de maneira analítica), ou alegações de conhecimento ser confirmadas (por padrões analíticos).

Para não sermos impelidos à conclusão céptica de que quase todas as alegações de conhecimento estão sem justificação apropriada, parece que só temos, de acessível, uma possibilidade – argumentar que a aparência substancial dos argumentos em questão é enganadora, já que (no fundo) as conclusões dos argumentos substanciais são, apesar das aparências, do mesmo tipo lógico que os dados e o apoio em que se baseiam.

Se podemos destrinçar o aparente salto entre tipos lógicos envolvido em tantos argumentos substanciais, talvez consigamos destrinçar também o nosso dilema; por enquanto, pode-se argumentar, uma acumulação suficiente de dados e apoio ainda pode ser capaz de, afinal de contas, implicar nossa conclusão.

Vejamos aonde nos leva essa nova sugestão. Para começar, temos de argumentar que alegações sobre o futuro, ou sobre os sentimentos de outros, ou sobre os méritos de ações, ou sobre objetos do mundo externo, não são realmente tão diferentes (quanto os homens comuns pensam que sejam) dos dados sobre o presente e o passado, ou gestos e declarações, ou escrúpulos e conseqüências, ou de como as coisas nos parecem ser. Enquanto se considerar que afirmações sobre a mesa da sala contígua são radicalmente diferentes em tipo de afirmações sobre sensações visuais ou táteis, naturalmente não haverá nenhuma esperança de os dados e apoio da última espécie implicarem as conclusões da primeira.

Mas e se essa diferença de tipo fosse ilusória? Se afirmações a respeito de mesas forem, fundamentalmente, do mesmo tipo lógico que afirmações sobre sensações, então a meta da implicação já não será tão completamente inalcançável.

Multipliquem-se as experiências sensoriais que compõem nosso indício – passado, presente e futuro, nosso e de outras pessoas – e nosso argumento ostensivamente substancial pode, não obstante, virar analítico. Com a diferença de tipo fora do caminho, podemos argumentar que uma conclusão a respeito de mesas "pode ser logicamente construída", mediante transformações analíticas, de dados sobre sensações; e foi sempre assim que o fenomenista respondeu ao problema dos objetos materiais.

Propostas semelhantes, de plausibilidade variável, têm sido feitas para salvar outros argumentos substanciais. Em alguns campos, o tipo de solução reducionista tem sido aceito quase universalmente pelos filósofos. Por exemplo, a doutrina de que afirmações sobre impossibilidade ou possibilidade lógica são do mesmo tipo que as afirmações sobre a presença ou ausência de contradições. Em outros casos, o reducionismo teve ilustres advogados, mas não conseguiu limpar o campo: poder-se-ia citar a doutrina behaviorista de que as alegações sobre sentimentos e estados de espírito estão de fato no mesmo plano que as alegações sobre verdadeiros ou possíveis gestos, movimentos e declarações; ou, por outro lado, as teorias éticas que tratam as afirmações sobre mérito ou valor como do mesmo tipo que as afirmações sobre conseqüências, escrúpulos ou interesses. Por fim, em certos campos, a posição sempre exigiu uma boa quantidade de audácia: é preciso um paradoxista profissional para declarar que as afirmações do astrônomo sobre o futuro são, de fato, afirmações disfarçadas sobre o presente e o passado (e que, desse modo, podem ser implicadas por nossos dados existentes), ou que as afirmações do historiador sobre o passado são, na realidade, afirmações sobre experiências comprobatórias ainda por vir.

As fraquezas da abordagem reducionista são mais óbvias no caso da astronomia e da história, mas são de fato gerais. Para deixar-se seduzir por ela é preciso, de fato, ser decididamente sofisticado e se fechar no gabinete – bem longe das mesas de jantar e de gamão de Hume. Pois quando fazemos asserções acerca do futuro, ou do passado, ou dos sentimentos de outros, ou dos méritos de ações ou quadros, as diferenças de tipo entre nossas asserções e a informação com que as apoiamos se originam da própria natureza de nossos problemas e não podem ser destrinçadas umas das outras. Suponhamos que demos a um astrônomo uma coleção de dados sobre o presente e o passado e lhe façamos uma pergunta sobre o futuro; se sua resposta – mesmo que venha escrita no tempo verbal futuro – tiver características iguais às de qualquer de suas afirmações sobre o presente ou o passado, então ele simplesmente deixou de responder a nossa pergunta: pedimos uma previsão genuína, não uma retrovisão disfarçada.

Essa plausibilidade extra que é ligada à explicação fenomenista de objetos materiais e à explicação behaviorista dos sentimentos e estados de espírito deriva das referências que incluem sensações e ações futuras e possíveis, além das referências a sensações e ações verdadeiras passadas e presentes, dado que essas referências reintroduzem, veladamente, pelo menos em parte, o salto entre tipos lógicos que o fenomenista alegou antes estar destrinçando. Cada vez que uma teoria reducionista nega genuinamente o salto entre tipos lógicos, que vai de nossos dados e apoio para nossas conclusões, ela deixa sem resolver nossos problemas epistemológicos: ela escapa deles.

Tendo chegado até aqui, descobriremos que só nos resta um caminho – isto é, só um caminho a tentar, antes de ter de abandonar o ideal do argumento analítico. Umas após outras, as alegações de conhecimento sobre questões de astronomia ou de história, sobre as opiniões de outros, sobre os méritos e valores de ações, pessoas e obras de arte, até sobre os objetos materiais que nos cercam, mostraram, sempre, que se baseavam em dados e apoio de tipos lógicos diferentes dos tipos lógicos das conclusões apresentadas como "conhecidas". A solução transcedentalista falhou: não se encontrou nem sequer um dado extra ou uma suposição capaz de emprestar às nossas conclusões uma autoridade genuinamente analítica. A solução fenomenista falhou: diferenças de tipo entre dados e apoio, por um lado, e conclusões, pelo outro, são as conseqüências incontestáveis das naturezas dos problemas em questão. Há um abismo lógico e não temos meios para construir uma ponte sobre ele; a única conclusão, ao que parece, é que o abismo não pode ser transposto. Em todos esses casos, os argumentos em que se baseiam nossas alegações de conhecimento se demonstram radicalmente imperfeitos quando comparados com o ideal analítico. Se a alegação de conhecimento genuína tem de ser apoiada por um argumento analítico, então não pode haver nenhuma alegação de conhecimento autêntica em campos como esses. O futuro, o passado, opiniões de outros, a ética, até mesmo objetos materiais: sobre tudo isso nós teríamos de, em termos estritamente rigorosos, admitir que não *sabemos* coisa alguma. Só resta o ceticismo como solução para nós. Além do problema de saber como nos reconciliaremos com a existência desses abismos lógicos sobre os quais não se podem construir pontes. Talvez possamos seguir o exemplo de Hume e argumentar que, embora em princípio o ceticismo seja inatacável e inevitável, a natureza nos protegerá onde a razão não nos puder ajudar, de modo que, do lado de fora do gabinete, acharemos *naturais* todas as espécies de formações mentais que, por estritos padrões racionais, são completamente injustificáveis. Por outro lado, podemos argumentar então que, fora do campo analítico, as alegações de conhecimento sempre foram presunçosas e dispensáveis. Desde que nossos métodos de argumento sejam suficientemente bons para propósitos práticos, nossa situação na vida comum não piorará por deixarmos sem ponte um abismo puramente lógico; não há nenhuma necessidade de alegar verdadeiro conhecimento em qualquer desses campos, desde que tenhamos os meios para, na prática, evitar a verdadeira catástrofe. Em outras palavras, depois do ceticismo só falta um pequeno passo para o pragmatismo.

Argumentos substanciais não precisam de redenção

Toda a série de argumento levada a cabo nas últimas três seções foi, entretanto, hipotética. Nós perguntamos o que aconteceria com alegações de conhecimento em campos nos quais dependemos de argumentos substanciais, supondo que insistimos em comparar esses argumentos só com padrões analíticos e rejeitamos alegações de conhecimento sempre que nossos argumentos não alcançaram o objetivo de implicar suas conclusões. Algumas das teorias para as quais fomos impelidos consideram que há óbvias semelhanças com as teorias de verdadeiros filósofos, mas não fiz nenhuma tentativa de compará-las em detalhe com quaisquer teorias específicas da história filosófica recente. No entanto, com certeza, não é acidental que, em tantos campos da filosofia, nós encontremos uma seqüência tripla de teorias sendo apresentada: em primeiro lugar a transcendentalista, depois a fenomenista e, por fim, a teoria céptica. Ao transcendentalista Locke responde o fenomenista Berkeley, só para as conclusões de ambos serem postas de lado pelo céptico Hume. Para todos os três, o abismo lógico entre "impressões" ou "idéias" e objetos materiais é fonte de dificuldade. Berkeley não terá coisa alguma a ver com o "substrato" não-observável de Locke, e oferece o fenomenismo como um modo de passar sem ele, mas Hume se opõe com a opinião céptica – em todo caso, no plano da teoria. Por outro lado, em filosofia moral, G. E. Moore resgata as conclusões éticas que são baseadas, à primeira vista, em dados inteiramente não-éticos, tratando-os como subscritos por intuições de qualidade éticas "não-naturais"; I. A. Richards e C. L. Stevenson oferecem uma resposta fenomenista, analisando as afirmações éticas em termos só de idéias não-éticas, de modo que o abismo entre sentimentos e valores não é considerado; ao passo que A. J. Ayer, por seu turno, interpreta Hume para o Berkeley de Stevenson e o Locke de Moore e, deste modo, evita o problema que seus predecessores enfrentaram.

Assim se poderia seguir em frente, ilustrando em cada campo não-analítico de argumento as três diferentes espécies de mecanismo pelos quais os filósofos tentam remediar (ou se reconciliar com) as aparentes deficiências nos argumentos substanciais.

No entanto, os três expedientes são igualmente ineficazes e todos os três são igualmente desnecessários – desde que estejamos preparados, no mínimo, para abandonar o ideal analítico. Dados extras não nos ajudarão, o salto entre tipos lógicos é inegável, e nem só em teoria podemos ficar satisfeitos de negar qualquer alegação de conhecimento em todo campo não-analítico. Tampouco podemos, no que diz respeito a isso, ficar satisfeitos de dizer, como pragmatistas modestos e despretensiosos, que alegações de conhecimento eram em todo caso mais do que precisávamos fazer, visto que na prática podemos prosseguir perfeitamente bem com menos; pois, como vimos no ensaio anterior, se deixamos sem crítica o próprio ideal analítico, não são apenas as alegações de conhecimento que seremos forçados a abandonar. Nós nem seremos capazes, se formos coerentes, de alegar alguma "probabilidade" para nossas crenças, ou dizer que temos algumas "razões" adequadas para elas, menos ainda que os argumentos em seu suporte são ou poderiam ser "conclusivos"... Todas as nossas palavras lógicas, da mesma maneira, só serão (falando em termos estritos) aplicáveis aos argumentos analíticos – isto é, desde que aceitemos o ideal analítico. Só uma coisa tende a ocultar de nós o destino para o qual os argumentos epistemológicos estão levando. É nosso hábito eterno de pensar que, se se acerta com uma palavra feliz, que seja, os resultados de uma discussão epistemológica prolongada poderiam ser resumidos numa única sentença lúcida. Na verdade, esta esperança é ilusória: a ambigüidade consistente de todos os nossos termos lógicos frustrará igualmente toda e qualquer palavra que escolhamos.

Toda palavra lógica tem, por um lado, seu uso extrafilosófico no qual é aplicada com um olho para critérios campo-dependentes; e, por outro lado, seu uso intrafilosófico em que os critérios para sua aplicação referem-se unicamente a implicações, contradições e consistência. Estive argumentando aqui que argumentos dedutivos e argumentos indutivos têm de ser julgados com referência a padrões diferentes? Sim, e também não; só no senso do técnico é que os argumentos "dedutivo" e "indutivo" são necessariamente opostos. Estive argumentando que apenas os argumentos analíticos podem ser conclusivos? Sem dúvida, só os argumentos analíticos são analíticos – e, desse modo, no senso do lógico profissional, "conclusivos"; mas também em outros campos chega um momento em que apresentamos, em suporte às nossas conclusões, dados e garantias plenos e sólidos o bastante, no contexto, para ser desnecessária qualquer investigação adicional – assim, neste sentido, os argumentos não-analíticos também podem ser conclusivos. Então, em todo caso, não estive argumentando que *prova* positiva só pode e deve ser pedida no reino da matemática? Mesmo agora se deve replicar: "o que é prova?" – e responder da mesma maneira seja qual for o termo lógico novo que for introduzido, mesmo que isto signifique parecer Pilatos.

Após vários séculos de uso, esse duplo conjunto de padrões para crítica lógica tornou-se tão encaixado em nossa terminologia filosófica que nós fomos forçados nesses ensaios, como um primeiro passo essencial em direção à clareza, a pôr de lado os termos existentes e a introduzir novos termos nossos. É por isso que nossa distinção-chave não foi a distinção entre indução e dedução; tampouco a distinção entre prova e indício; entre argumentos demonstrativos e não-demonstrativos; entre inferência necessária e provável, ou entre raciocínio conclusivo e inconclusivo. Nossa distinção-chave foi a distinção entre argumentos *analíticos* e *substanciais*; esta distinção tem de ser feita e é preciso insistir nela antes de poder desembaraçar as habituais ambigüidades que estão na base da maioria dos debates epistemológicos.

A única saída verdadeira dessas dificuldades epistemológicas é (eu digo) abandonar o ideal analítico. Critérios analíticos, seja de conclusividade, demonstrabilidade, necessidade, certeza, validade ou justificação, são irrelevantes quando estamos lidando com argumentos substanciais. Neste ponto, a questão da relevância, que pusemos de lado antes, é inevitável. Com certeza, os argumentos substanciais envolvem muitas vezes transições entre tipos lógicos na passagem de dados e apoio para a conclusão; tudo o que isto significa é que temos de julgar cada campo dos argumentos substanciais por seus próprios padrões relevantes. O erro fundamental em epistemologia é tratar os saltos entre tipos lógicos como um *abismo* lógico. A exigência de que todas as alegações de conhecimento devam ser justificadas de maneira analítica e a rejeição de todas aquelas que não podem ser justificadas assim são as primeiras tentações às quais esse erro leva; o próximo passo é pôr-se a caminho, na esperança de remediar a situação, na exaustiva trilha que leva por meio do transcendentalismo e do fenomenismo ao ceticismo ou ao pragmatismo. Abandone-se a idéia de que um passo substancial no argumento representa um abismo lógico, e tanto a lógica como a teoria do conhecimento podem voltar-se para problemas mais frutíferos.

A justificação da indução

Antes de voltarmos para perguntar o que poderiam ser esses problemas mais frutíferos, há dois tópicos que podem permitir-nos olhar um pouco mais de perto, ambos conhecidos de recentes discussões epistemológicas: a indução e a intuição. Cada um desses tópicos merece uma seção.

Onde os critérios apropriados para julgar um argumento dependem do momento no tempo em que o argumento é apresentado, é especialmente aguda a tentação de empregar mal os critérios analíticos. Como ilustração, podemos considerar o curso da longa disputa sobre a justificação dos argumentos indutivos; isto é, dos argumentos destinados a estabelecer teorias e leis científicas ou que ajudam a fazer previsões. Pois aqui entra em jogo uma superstição inteiramente geral; a saber, a idéia de que os argumentos tenham de ser julgados como válidos ou inválidos, sólidos ou não sólidos, independentemente da ocasião de declaração – "de fora do tempo". Esta idéia pode permanecer atraente mesmo que se pare de pensar que os critérios analíticos são de aplicabilidade universal; o resultado disto é que se torna duplamente difícil o problema de justificar a indução – porque se fundem (1) a questão de se as teorias e previsões são sempre baseadas solidamente quando feitas e (2) a questão de se, num tempo suficientemente distante, elas podem não se provar equivocadas.

Vale a pena ver como os fios se cruzam nesta disputa, pois aí está um belo exemplo de como surgem os problemas epistemológicos. O gambito-padrão de abertura está destinado a produzir ceticismo ou um medo do ceticismo que impele os filósofos a paradoxos ainda mais estranhos; consiste em chamar atenção para aquelas previsões ocasionais que na conclusão se provam equivocadas, muito embora no momento da declaração tivéssemos toda razão para considerá-las bastante dignas de confiança. "Se nesses casos você se provou equivocado", se diz, "então com certeza é inconsistente de sua parte dizer que eram justificadas." Mas se não eram justificadas, então – fazendo pouco caso da diferença entre equívoco eventual e impropriedade inicial ou condição inicial de não merecer confiança – jamais deveriam ter sido aceitas como dignas de confiança. Pois, dependendo da natureza do caso, não havia no momento da declaração nenhum procedimento que permitisse diferenciar essas previsões de alguma outra de nossas previsões, por mais bem fundadas; se existia algum desses procedimentos, nós deveríamos tê-lo empregado no curso de decidir que essas previsões específicas eram tão dignas de confiança quanto possível. Assim, não temos (argumenta-se), e até que o próprio evento possa tê-las, quaisquer razões conclusivas para aceitar alguma previsão como totalmente digna de confiança. Todas são igualmente suspeitas, e não há o que se possa fazer a esse respeito. Somos tão impotentes para nos ajudar quanto um homem que esteja convencido de que há uma bomba invisível debaixo da cama.

Ora, é difícil opor-se a esse argumento justamente por causa de seu distanciamento olímpico, de sua eternidade. A exigência de visão-do-olho-de-Deus, uma justificação que seja boa para todos os tempos, parece à primeira vista uma exigência perfeitamente boa. Nós negligenciamos a necessidade – se a questão da justificação deve ser determinada de qualquer modo – de especificar se nossa alegação de saber o que vai acontecer está sendo considerada tal como foi feita originalmente, ou à luz dos acontecimentos; e mudamos apreensivamente de uma interpretação para a outra. Tendo sido atraídos para esse predicamento, vemos apenas três maneiras de proceder, além de voltar atrás pelo mesmo caminho pelo qual entramos, e todas elas levam a paradoxo:

(*a*) nós aceitamos a conclusão céptica de que necessariamente não podemos saber, e, falando de maneira igualmente estrita, jamais sabemos de fato o que vai acontecer;

(*b*) podemos rejeitar a conclusão céptica e explicar o fato de que às vezes podemos dizer que sabemos o que vai acontecer, apesar da força do argumento céptico, em termos de uma faculdade cognitiva transcendental que possibilita que nos tornemos, mesmo agora, "testemunhas oculares do futuro"; ou

(*c*) podemos não recorrer a nenhum desses expedientes, e insistir, em vez disso, que a propriedade inicial é tudo o que realmente importa em relação às alegações de conhecimento – que essas são, afinal de contas, apenas relativas, de modo que, mesmo quando uma alegação provou ser equivocada, dever-se-ia ter permissão para seguir em frente dizendo que "se sabia o que ia acontecer", desde que a alegação equivocada fosse feita com razão, em primeiro lugar. (Essa opinião torna o conhecimento uma relação comparável com a "probabilificação" de Kneale.)

No entanto, se vamos apenas repassar nossos passos, veremos que nosso próprio predicamento é ilusório, visto que a exigência original de que a indução seja justificada *sub specie aeternitatis* nos leva para uma inconsistência. Para reconhecer isso, temos de recordar as razões pelas quais hesitamos, quando uma previsão bem fundada se provou equivocada, em dizer que o autor dela "não sabia", e preferimos dizer que "ele pensava que sabia, e com razão". Dizer "ele não sabia" em vez de "ele pensava que sabia" é, como já vimos antes, atacar o *apoio* de sua alegação; sugere que alguma coisa mais poderia ter sido feita no momento, o que de fato teria levado ao "conhecimento" e, como estamos supondo que sua alegação foi bem fundada, não temos o direito de sugerir isso. Claro que, na prática, muitas vezes mais coisas podem ser feitas no momento – dados adicionais podem ser reunidos, por exemplo – e como resultado podemos alegar "saber melhor" ou "saber com mais exatidão" o que acontecerá. Mas a exigência de uma justificação com o olho de Deus não é satisfeita com esses dados adicionais; por mais dados que reunamos, essa exigência ainda poderia tornar a se apresentar. Ela só não surgiria mais quando o argumento implícito se tornasse analítico e, nesse momento, o próprio evento estaria sobre nós.

A justificação-de-uma-vez-por-todas exige ou observação pessoal ou relatos de testemunha ocular do próprio evento. Nada menos nos permitirá identificar os critérios pelos quais nós julgamos uma alegação de conhecimento antes do acontecimento, e aqueles pelos quais a julgamos depois do acontecimento. Mas esse "indício adicional" é excluído pela natureza do caso: dizer que uma previsão está sendo julgada antes do acontecimento *implica* que relatos de testemunha ocular do acontecimento previsto não estão disponíveis como indício – implica não apenas que não estão de fato disponíveis como indício (embora fosse ótimo que estivessem), mas que é absurdo nesse contexto até mesmo falar deles como "indícios". Uma coisa é julgar antecipadamente uma previsão, quando não se pode falar propriamente de relatos de testemunha ocular como "indícios", e uma outra coisa é avaliar em retrospectiva, uma vez que o resultado da previsão pode ser averiguado; uma justificação do olho de Deus envolverá julgar nossas previsões de antemão por meio de padrões que só podem ser aplicados a elas, com sentido, em retrospectiva, e isto é uma pura inconsistência.

Este ponto é mais fácil de ver em linhas gerais do que afirmar de maneira exata. O professor J. L. Austin, por exemplo, ao explicar como é que algumas de nossas alegações de conhecimento perfeitamente apropriadas podem, mais tarde, se provar equivocadas, chama este fato de um "risco" do qual deveríamos ser "francamente conscientes"; e explica dizendo que "os sentidos e o intelecto humano são *inerentemente* falíveis e enganadores, mas de qualquer modo não são inveteradamente assim"[1]. Mas este último comentário é o mais enganador: os sentidos e o intelecto humano não têm coisa alguma a ver com o caso. Sem dúvida, se nossos sentidos e intelectos fossem mais aguçados, uma quantidade menor de nossas previsões provar-se-ia *de fato* equivocada; porém, por mais aguçados que se tornassem, nós estaríamos tão distantes quanto antes de superar o "risco" em questão. Supondo-se que nossos equipamentos intelectuais e sensoriais sejam perfeitos, o futuro continuará sendo futuro e o presente será presente – só num universo sem tempo é que não haveria nenhuma *possibilidade* de reconsiderar nossos julgamentos à luz de eventos posteriores.

---

1. "Other Minds" em *Logic and Language*, 2ª série, p. 142.

É compreensível que entremos com tanta facilidade nesse predicamento em relação à indução. Com certeza, nem todos somos francamente conscientes das vezes em que, tendo alegado com as melhores razões possíveis "saber que p", tivemos de dizer após o acontecimento "eu pensei que sabia, mas estava equivocado"; e não contemplamos de bom grado a idéia de isto acontecer de novo, apesar de nossos melhores esforços. A situação se torna especialmente intricada se supomos que, ao dizer originalmente "eu sei que p" e mais tarde observar "eu pensei que p, mas estava equivocado", nós estávamos primeiro afirmando e depois negando a mesma coisa sobre nós mesmos; a saber, que estávamos ou não estávamos no momento da previsão na-relação-de-conhecimento-com-respeito-ao futuro acontecimento "p" – que nós o "conhecíamos" ou "não conhecíamos" de maneira exata.

No entanto, nesse aspecto, saber é bastante diferente de acreditar ou esperar. Suponhamos que eu diga primeiro "eu espero (ou acredito) que p", mas depois do acontecimento diga "eu lhe disse no momento que esperava (acreditava) que p, mas era uma mentira; mesmo então eu esperava (suspeitava) secretamente que não aconteceria". Neste caso, eu me *contradigo*. Tendo esse modelo diante dos olhos, pode-se precipitadamente aceitar a sugestão de que uma alegação de conhecimento que se prova equivocada deve ter sido uma alegação imprópria; é fácil não notar o indício do contrário, tal como o fato de que não dizemos depois do acontecimento "eu não sabia" só por causa do equívoco. Dizer primeiro "eu sei que p" e mais tarde "eu pensava que p, mas estava equivocado" é (seria melhor dizer) primeiro *exprimir* uma previsão com toda a autoridade, e mais tarde *corrigi-la*.

Mesmo depois que vimos a inconsistência latente de pedir uma justificação de induções boa para todos os tempos, ainda podemos achar que é excêntrico julgar uma previsão por um conjunto de padrões num momento e por um conjunto diferente de padrões num outro momento. Isto é, mesmo depois de reconhecer os fatos sobre nossas verdadeiras idéias, ainda podemos achar essas idéias estranhas ou assimétricas e nos perguntar se não deveriam ser abandonadas. Não seria mais exato usar a palavra "sei" como os filósofos pensaram que tencionávamos usar? Então, poderíamos, com segurança, tratar o conhecimento como "conhecer", segundo o modelo de esperar e acreditar, e recusar dizer "eu sei que p" ou "ele sabe que p", exceto para os casos em que eu acredito (ou ele acredita) e está de fato confirmado, de uma vez por todas, que p.

Para contrapor esta sugestão nós devemos, primeiro, afastar a idéia de que haja aqui alguma estranheza ou assimetria; e, em segundo lugar, nos lembrar de que os traços lógicos característicos de palavras como "sei" e "provavelmente" só poderiam ser mudados em nosso prejuízo. Assim, para contrapor o modelo enganador de esperar e acreditar, vamos perguntar se há alguma inconsistência, estranheza ou assimetria no seguinte conjunto de fatos:

(i) quando ganho um faisão numa rifa, eu digo "como sou sortudo!", mas, mais tarde, quando tenho uma intoxicação alimentar causada por ele, eu digo "na verdade, como eu era sem sorte, mas eu devia saber!" – isto pode ser comparado com "eu sei" e "eu estava equivocado";

(ii) os dois ponteiros de um relógio têm tamanhos diferentes e se movem em velocidades diferentes – essas diferenças não são menos naturais do que a diferença no apoio necessário para uma previsão antes e depois do acontecimento;

(iii) um relógio tem dois ponteiros, mas um barômetro apenas um – e, logicamente, "acreditar" é uma noção mais simples do que "saber".

Nós também devemos lembrar-nos daquele núcleo de *força*, não afetado por mudanças no tempo do verbo e no campo de argumento, que mostra o que de fato queremos dizer com o verbo "saber", e reconhecer como isto seria afetado se *fizéssemos* a mudança proposta em nossas idéias. Do jeito que as coisas estão, podemos dizer, indiferentemente do tempo do verbo, coisas como as seguintes:

"Se você sabe que ele $\begin{cases} \text{matou-a} \\ \text{está matando-a} \\ \text{vai matá-la,} \end{cases}$ por que não *faz* alguma coisa em relação a isso?"

No entanto, a emenda filosófica nos impeliria a dizer:

"Se você *sabe* que ele $\begin{cases} \text{matou-a} \\ \text{está matando-a} \end{cases}$
ou (por outro lado) se você *ebas* que ele vai matá-la, por que... etc."

Isto é, no caso de previsões, nós introduziremos agora um verbo novo – digamos, "ebas" – para fazer no tempo futuro aquilo que o verbo "sabe" não teria mais permissão para fazer sob o novo regime.

Se este for o resultado final de "alinhar" os padrões pelos quais julgamos previsões antes e depois do acontecimento, de modo a fazer "sabe" funcionar como funcionam "espera" ou "acredita", com certeza não tem atrativos. A superstição de que a verdade ou a falsidade, validade ou justificação de todas as nossas afirmações e argumentos deveriam ser inteiramente independentes das circunstâncias em que foram expressas pode estar profundamente arraigada; mas, longe das conclusões eternas e argumentos analíticos da matemática pura, as expectativas às quais ela leva estão fadadas a serem desapontadas. O conceito de conhecimento não é igual a isso, e os filósofos estão procurando encrenca se o tratarem como se fosse.

Intuição e o mecanismo da cognição

Neste ensaio, argumentei que a epistemologia deveria incluir a lógica comparativa dos argumentos em diferentes campos práticos. A solidez de nossas alegações de conhecimento gira em torno da adequação dos argumentos pelos quais nós as apoiamos, e nossos padrões de adequação são, naturalmente, campo-dependentes. A partir desse ponto de vista, muitos modos tradicionais do teorizar epistemológico perdem sua plausibilidade inicial, pois eles a adquiriram em grande parte porque nós pensamos no assunto como extensão da psicologia.

Isto se mostra, com clareza, se se olha para os usos filosóficos do termo "intuição". Muitos filósofos viram-se como se estivessem ocupados com um "processo de cognição", que eles acreditavam estar envolvido em todo saber; e depararam com dificuldades especiais quando discutiram a maneira como sabemos coisas tais como princípios morais (por exemplo, que devemos ajudar aqueles que estão passando necessidades) e as proposições elementares da aritmética (por exemplo, que dois e dois são quatro). Essas dificuldades os levaram a introduzir em sua discussão referências a um "senso moral" ou "intuição", e a usar esses termos não apenas como *façons de parler* sem compromisso, mas com toda a seriedade, a ponto de, até mesmo, descrever esses sensos numa frase como "faculdades racionais de apreensão imediata".

Todas essas referências são desnecessárias: elas resultam de uma série de concepções errôneas, que agora estamos em posição de deslindar. Vale a pena fazê-lo porque essas mesmas concepções errôneas distraíram a atenção dos filósofos das questões da epistemologia que realmente são efetivas; a saber, as questões de que espécies de coisa se podem tomar em consideração de maneira relevante quando se enfrentam verdadeiros problemas em diferentes campos – aritmético, astronômico, moral ou qualquer outro. O *status* das verdades fundamentais da moral e da matemática, em particular, tem sido seriamente mal compreendido, como resultado dessa preocupação quase psicológica com o "mecanismo de cognição".

É verdade, é claro, que frases como "intuição matemática", "um senso moral", "um senso do que é apropriado" e "o sexto sentido de uma mulher" têm uma vigência perfeitamente boa e conhecida, divorciada de todas as considerações recônditas da teoria filosófica. Mas há uma diferença significativa entre as situações em que esta noção de intuição não-filosófica é oportuna e aquelas para as quais os filósofos destinaram o termo. Valerá a pena explorar um pouco este contraste.

O sr. P. G. Wodehouse, essa fonte de coloquialismos, escreve da seguinte maneira em sua história *The Code of the Woosters*:

> Eu percebi que teria de haver algumas discussões informais preliminares antes de ir ao x da questão. Quando as relações entre um bloco e um outro bloco são tensas, o segundo bloco não pode atacar direto o tópico de querer casar-se com a sobrinha do primeiro bloco. Quer dizer, não se tiver *um belo senso do que é apropriado*, como têm os Woosters.

Esse uso não nos deixa em dificuldades. Não surgem quaisquer problemas sutis, e nós compreendemos à exatidão o que se quis dizer. Está transparentemente óbvio que *não* se tencionam duas coisas: Bertie Wooster não está dizendo que seus parentes são dotados de algum equipamento psicológico ou fisiológico de um tipo que só uma análise obscura poderia sondar e só elaborados neologismos descreveriam – a frase "faculdade racional de apreensão imediata" faria com que seu queixo caísse um quilômetro –, nem que algum conhecimento que é comunicado por seu "senso do que é apropriado" é tal que os torne eruditos ou bem informados; saber o que se devia fazer não é tanto saber ou informação como é *savoir-faire*, a marca do bem-educado ou atencioso, do homem de princípio, não do especialista.

O contraste entre os usos filosóficos e não-filosóficos do termo "intuição" pode ser revelado se se volta à noção de "razões"; isto é, àquelas coisas que têm de ser especificadas em resposta à pergunta "como você sabe?", antes que uma asserção tenha de ser aceita como justificada. O importante a notar é isso: embora com muita freqüência deva-se rejeitar a alegação de alguém de saber que isso-e-isso, se essa pessoa não puder apresentar razões, há duas classes distintas de situação em que não se a pode rejeitar, e a exigência de razões pode ter de ser retirada. Se se deixa de traçar a distinção necessária entre essas duas classes de situação, o resultado pode ser uma proliferação ilimitada de faculdades, sensos e intuições. A diferença cardeal entre elas é a seguinte: numa classe (A) faz sentido falar em apresentar razões em justificação à asserção da pessoa, mas nós não necessariamente rejeitamos a alegação da pessoa como sendo injustificada caso ela seja incapaz de apresentar; mas na outra classe (B) nem sequer faz sentido falar em apresentar razões para a asserção – a exigência de que razões sejam apresentadas é inteiramente fora de propósito. Na primeira classe, referências à "intuição" são inteiramente naturais e conhecidas; na segunda, elas parecem bastante equivocadas. Podemos olhar cada classe em separado.

(A) Em relação a muitas questões na vida cotidiana, diferentes pessoas estão colocadas em diferentes lugares; de modo que estamos preparados para confiar no julgamento de um homem sem exigir razões para suas opiniões na mesma circunstância em que outro homem teria de apresentar sólidas razões antes que tomássemos algum conhecimento dele. Às vezes não exigimos razões de um homem porque estamos muito seguros de que ele poderia apresentar boas razões se lhe pedíssemos; mas em outros casos – os únicos que nos interessam aqui – nem sequer importa que ele seja incapaz de apresentar quaisquer razões definitivas se desafiado a apresentá-las. Eu mesmo, por exemplo, só deveria estar justificado de dizer que um certo sr. Blenkinsop, alguém relativamente estranho, estava excepcionalmente cansado quando chegou em casa ontem à noite se eu fosse capaz de apresentar razões definitivas e relevantes – por exemplo, se eu pudesse descrever o dia atarefado que ele teve ontem e o que ele disse quando saiu do escritório. Mas sua mulher está numa posição diferente. Ela pode saber como ele está sentindo-se no momento em que entra na casa, pode correr ao andar de cima para pegar seus chinelos e resolver não aborrecê-lo até mais tarde por causa do vidro quebrado da janela da copa. "Como ela sabia?", pergunta o sr. B. Ela não pode dizer: apenas *sabia*. "Mas então", ele reflete enquanto afunda na poltrona, "este é o jeito das mulheres: elas parecem ter uma espécie de sexto sentido – intuição feminina, acho que posso chamar assim."

O sr. Blenkinsop tem razão. Este é justo o tipo de caso em que frases como "o sexto sentido de uma mulher" e "intuição feminina" funcionam bem. Outras pessoas não seriam capazes de dizer o quanto ele estava cansado; na verdade, não se acreditaria nelas se elas dissessem que sabiam, a menos que pudessem apresentar razões e, desse modo, explicar como sabiam. Mas a sra. Blenkinsop é única. Pode-se confiar nela quando ela diz que sabe, muito embora ela não possa dizer como sabe – não possa apresentar razões, em outras palavras. Ao contrário dos outros, dos quais se exigiriam razões, ela *apenas sabe*.

Um fato é crucial para nossos propósitos: frases como "intuição feminina" só são apropriadas em relatos sobre a justificação de asserções. Ao falar sobre a intuição da sra. Blenkinsop não incorremos em questões biográficas, sobre o processo pelo qual ela veio a saber o que sabe. Talvez ao examinar a questão nós decidamos que o que deu a ela a pista foi alguma coisa no som abafado dos pés dele na escada ou a inclinação de seus ombros quando ele pendurou o casaco, algo tão sem importância que ela própria não pode ter certeza do que era. Mas, quer possamos ou não descobrir o que era, a justiça de se falar sobre o sexto sentido dela não é afetada, uma vez que a expressão "sexto sentido" não é usada para se referir a um canal de percepção em competição com os cinco sentidos comuns. A afirmação "ela sentiu que ele estava cansado" é compatível com alguma ou nenhuma explicação biográfica, como "foi a inclinação dos ombros dele que deu a pista a ela": ao passo que se referências ao sentir ou à intuição dessem a entender um processo pelo qual ela veio a saber, elas seriam explicações alternativas das quais nós deveríamos perguntar "ela *sentiu*, ou ela *viu*, que ele estava cansado?".

Em casos em que se pede a biografia em vez de uma justificação, são claramente inoportunas referências à intuição, aos sentidos ou a outras faculdades. Se me perguntam qual o nome de meu próprio irmão, e eu respondo com confiança que é Roger, não se poderá esperar que me perguntem *como* eu sei que é Roger; e se for sugerido que eu devo ter alguma base para meu conhecimento, ou que deve haver alguma faculdade em virtude da qual eu sei seu nome, só posso encolher meus ombros. Aprendi um dia o nome de meu irmão, não preciso de razões ou premissas a fim de continuar sabendo: só preciso não esquecê-lo. Quanto à faculdade com ajuda da qual eu vim originalmente a saber o nome, eu soube há tanto tempo que é muito improvável que eu lembre como aprendi. Com pessoas relativamente estranhas, eu posso ser capaz de explicar como sei seus nomes, e a explicação envolverá referências aos cinco sentidos comuns, não referências a algum sentido extraordinário – ele deu o nome de George ao telefone, respondeu ao tal nome quando sua mulher dirigiu-se a ele, ou anotou-o no livro de visitantes, que, em seguida, nós mesmos assinamos. É presumível que o mesmo aconteça em relação às pessoas que são conhecidas, embora o aprendizado original tenha ocorrido há tanto tempo no passado que a pessoa não consegue mais se lembrar. Eu posso não ser capaz de dizer agora como sei os nomes dessas pessoas, mas isto é porque eu me lembro deles, não porque os intua, e é um sinal de boa memória em vez de uma boa apreensão racional.

Por conseguinte, "intuição" e "sexto sentido" não agem como frases biográficas, mas sim como frases *post-mortem* ou termos de realização. Isto explica um fato adicional que, de outro modo, poderia ser inteiramente misterioso: o fato de termos um duplo conjunto de verbos para os cinco sentidos normais, mas não para nosso "sexto sentido". Nós não apenas falamos de ver e ouvir, mas também podemos dar ordens com as palavras "olhe para isso!", "escute isso!" e "ouça!". Por outro lado, jamais dizemos "intua isso!", "sexto-sinta isso!", ou "sinta!" – tais instruções não têm sentido. E embora digamos "ela sentiu que ele estava cansado", nós não dizemos "pelo que seu sexto sentido lhe disse, ela *concluiu* que ele estava cansado"; ninguém se sente tentado a teorizar a respeito de "dados do sexto sentido".

(B) As outras asserções para as quais não exigimos razões são muito diferentes. Aqui estamos todos na mesma posição: ninguém precisa apresentar razões para essas asserções porque não há lugar para razões ou justificação. As afirmações matemáticas mais simples fornecem um exemplo natural. Se eu digo uma coisa como "o número (2^{256-1}) é primo", sempre faz sentido me perguntar como eu sei; e minha resposta apropriada é expor uma prova, que consiste de passos dos quais nenhum é mais complexo do que aqueles que aprendemos nas aulas de aritmética na escola – tais como "5 vezes 7 é 35" e "9 mais 7 fazem 16:6 e vai 1". Mas, uma vez que isto tenha sido feito por completo, não há mais espaço para estabelecer razões. Se eu for desafiado além disso com a questão "e '5 vezes 7 é 35' – como você sabe isso?", já não estará mais claro o que se deseja saber. Decompor a prova em passos ainda menores seria apenas uma formalidade, pois como se pode ter confiança de que uma pessoa que questiona "5 vezes 7 é 35", aceitará "1 mais 1 faz 2"? Em geral, quando se chega a esse estágio, não há mais espaço para "provas" ou "razões".

Isto é confirmado pelo fato de que se a pergunta "como você sabe?" for imposta a nós sem piedade, seu efeito natural será exasperar: "o que você quer saber ao me perguntar como eu sei? Eu freqüentei a escola e aprendi aritmética, não aprendi?" Onde não há espaço para uma justificativa, só podemos mudar nossas respostas para o plano biográfico. Tudo o que nos restou agora como resposta para esta pergunta são trivialidades biográficas; a exigência de "razões" já não significa mais coisa alguma para nós.

Neste ponto é possível indicar o primeiro dos emaranhamentos que temos de desembaraçar a fim de ter clareza em relação à noção de "intuição". Se nós dois estamos olhando para o horário de trens de uma ferrovia e você me pergunta como sei que não há trens para Dingwall nas tardes de domingo, a resposta natural é "eu só uso meus *olhos*". Por outro lado, quando você me pergunta como eu sei que cinco vezes sete são trinta e cinco, a resposta é "eu aprendi aritmética", e não "eu só usei minha intuição". Ora, por analogia com "eu uso meus olhos", podia parecer que esta última frase é o que eu devia responder, e que, relembrando meus dias de escola e, desse modo, dando uma resposta biográfica, estou dando uma resposta do tipo errado. Mas tirar essa conclusão é compreender mal o tipo de resposta que realmente está sendo dado quando se diz "eu uso meus olhos". Esta resposta também é, com efeito, uma resposta biográfica em vez de fisiológica: um homem cego tem olhos, mas que não lhe servem, e "eu tenho olhos" só é uma resposta apropriada para "como você sabe?" se for compreendida como dando a entender a afirmação "eu aprendi a ler".

Uma ambigüidade simples está envolvida aqui. Há certas habilidades sensoriais que nós associamos, por uma questão de experiência, com órgãos físicos específicos. A capacidade para dizer as cores dos objetos, por exemplo, pode ser classificada com a capacidade para reconhecer formas a distância, a capacidade para encontrar o próprio caminho do outro lado de uma rua movimentada sem nenhuma ajuda, a capacidade para desenhar uma paisagem e a capacidade para apontar a Estrela Polar, como sendo baseadas num único sentido – o sentido da visão – pois nós achamos que alguém que tenha uma venda amarrada nos olhos perde todas essas habilidades ao mesmo tempo. Como resultado, estamos inclinados a usar a palavra "olho" às vezes com o significado de "o órgão em virtude do qual nós fazemos todas essas coisas", em vez de nos referir a uma parte específica do corpo, anatomicamente identificável. Claro que é concebível (isto é, "logicamente possível") que possamos encontrar um homem que perca sua capacidade visual normal quando seus ouvidos são bloqueados, e sua capacidade auditiva quando seus olhos são cobertos; podemos descrever um homem assim como alguém cujos "olhos" eram realmente ouvidos e cujos "ouvidos" eram de fato olhos. Esta ambigüidade pode ser filosoficamente enganadora. A proposição "a vista observa a cor; a audição, o som" pode ser uma tautologia, mas a proposição "o olho não pode formar juízo sobre harmonia, nem o ouvido formar juízo da cor" tem um *status* lógico bem diferente, de acordo com o qual nós identificamos o olho e o ouvido anatomicamente ou por referência às suas habilidades associadas.

Apesar das aparências, portanto, nenhuma das respostas que damos na vida cotidiana à questão "como você sabe?" se refere diretamente ao *mecanismo* da percepção; esta é uma questão técnica para os fisiologistas, sobre a qual a maioria das pessoas tem apenas as idéias mais vagas. Nossas respostas práticas a perguntas desta forma não dizem respeito nem à justificação de alegações de saber (isto é, a razões) nem à seqüência de eventos pelos quais chegamos a ficar qualificados para falar do assunto em questão (isto é, a questões de fato biográficas). Questões filosóficas sobre o "processo de cognição" tomam vida se nós confundimos os dois.

No entanto, como essas duas coisas são tão diferentes – tão diferentes quanto os sentidos em que a sra. Blenkinsop *apenas sabe* que o sr. Blenkinsop está cansado, e aquele em que todos nós *apenas sabemos* que cinco vezes sete são trinta e cinco; e como é enganador transportar para o último caso palavras como intuição, faculdade e sentido, que são mais apropriadas ao primeiro. Pois quando falamos do sexto sentido da sra. Blenkinsop, nós o fazemos exatamente a fim de contrastá-la com aqueles outros mortais em posição menos favorável, que teriam de dizer como sabiam que o marido dela estava cansado, antes de aceitarmos sua alegação de conhecer; e quando falamos da intuição matemática de Fermat, falamos assim precisamente para contrastá-lo com a maioria menos talentosa em cujas conjecturas sobre questões matemáticas complexas jamais poderíamos confiar como bem fundadas. Só porque se *poderiam* apresentar razões – mas nós renunciamos a elas quando estamos lidando com a sra. Blenkinsop e Fermat – é que faz sentido falar que eles têm intuição. Assim, quando nos voltamos (por exemplo) para "duas vezes dois é quatro", se não faz sentido falar de razões ou de renunciar às razões, em que reside a intuição daqueles que jamais apresentam razões? Seria muito estranho se as apresentassem!

Quando os filósofos negligenciaram as diferenças radicais entre as duas espécies de "apenas saber" aqui distinguidas, eles tenderam a considerar *a ausência de significação* de pedir razões em alguns contextos como o equivalente a uma *ausência* de razões. Isto feito, eles interpretaram a ausência como uma *lacuna* que só a "intuição" poderia preencher. Cada vez que se recorre à tábua de multiplicar, eles sugeriram, está envolvido um "re-conhecimento de sua verdade": nós não podemos apresentar razões para verdades aritméticas elementares só porque respondemos, como a sra. Blenkinsop o faz, a alguns sinais obscuros que compreendemos de maneira intuitiva e não podemos descrever. Uma vez que se tenha chegado a essa conclusão, estão bem em marcha os argumentos impecáveis que nos impelem pelo caminho do jardim em direção a "intuição" e "apreensão imediata".

Por que haveria de ser tão fácil fazer essa confusão? A resposta talvez resida num dos axiomas não examinados da moderna filosofia; a saber, a doutrina de que "todo o nosso conhecimento ou é imediato ou é inferido". Pois este axioma é ambíguo. Numa interpretação, numa interpretação lógica, é um truísmo: "todas as alegações de saber que *p* devem ser justificadas, ou apresentando-se as razões que sejam relevantes no contexto para essa verdade de *p* (inclusive, em casos condizentes, nenhuma), ou mostrando que *p* pode ser inferido, por algum modo de inferência bem fundado, a partir de premissas para as quais podem ser apresentadas algumas razões relevantes (inclusive, pode ser, nenhuma)". Isto é um truísmo, pois simplesmente afirma alguma coisa que todos sabemos sobre o sentido do termo "justificado": a possibilidade de que as razões apropriadas possam ser *nenhuma* tem de ser mencionada, para abranger casos de "apenas saber" – seja do tipo A ou do tipo B. Além disso, do axioma, assim interpretado, não se deduz coisa alguma sobre o "mecanismo de cognição" ou o "processo de conhecer"; não diz respeito aos modos de tirar conclusões, mas, sim, ao procedimento para justificá-las quando foram tiradas.

No entanto, a interpretação influente filosoficamente tem sido muito diferente, expressa não em termos lógicos, de modo algum, mas, sim, numa fantasia psicológica: "sempre que estamos sabendo (conhecendo) alguma coisa, ou nós a estamos sabendo (conhecendo) imediatamente, ou inferindo-a a partir de premissas que estamos sabendo (conhecendo) imediatamente". Esta interpretação só parece inteligível enquanto se pensa no verbo "saber" como se denotasse uma atividade mental ("conhecer") ou uma relação, e como capaz de aparecer na forma "estou sabendo que..."; sobre esta idéia o professor Austin nos deu boas razões para sermos céticos. No entanto, é só nessa interpretação que a pessoa se vê forçada a falar de "apreensão imediata" e do resto. Pois suponhamos que, quando dizemos, por exemplo, "eu sei que o alumínio é um supercondutor em 1º A", consideramos que nossas razões para dizer isto *estendem-se* entre nós (o "conhecedor") e aquilo que afirmamos (o "sabido"), e que parecem dar uma substância a esta atividade ou relação da qual ela até então carecia; de modo que, agora, em casos em que não há razões a que se recorrer e de modo que nada pode "intervir" entre nós e a verdade, deve parecer ser evidente que *estamos em contato direto* com ele. Aceitar como seu valor nominal o fato de que não são necessárias razões por exemplo, para axiomas aritméticos, parece agora significar negar que, afinal de contas, se está "em contato com" (ou "sabendo") a coisa "conhecida"; falar de "apenas saber" parecerá agora legítimo, bastando supor que, em todos esses casos, se está, por assim dizer, tocando diretamente e se apoderando daquilo que se afirma saber – ou, para dizer a mesma coisa em latim macarrônico filosófico, "apre-endendo i-mediatamente". Elimine-se a falsa idéia de que o verbo "saber" é um verbo deste tipo, e todo o castelo de cartas desmorona no chão.

A irrelevância do ideal analítico

Este é o lugar para resumir o resultado de nossos dois ensaios finais. Em cada ensaio, traçamos a influência de algum ramo da filosofia do mesmo ideal analítico de argumento. No Ensaio IV foi a teoria lógica que consideramos; e vimos como as categorias desenvolvidas por lógicos com um olho neste ideal estavam fadadas a divergir daquelas que empregamos quando criticamos argumentos na vida prática. Neste presente ensaio, vimos como os efeitos de adotar o ideal analítico espalharam-se além das fronteiras da teoria lógica, entrando na filosofia geral. Como as questões sobre "a natureza do entendimento humano" consistem, muitas vezes, de lógica disfarçada de psicologia, confusões dentro da lógica também levaram com muita facilidade a concepções errôneas na teoria do conhecimento. Assim, o desejo de alcançar analiticidade mesmo nos casos em que ela está fora de questão – nos argumentos substanciais – levou ou ao ceticismo ou, pelo medo do ceticismo, a se evitar agir, de modo igualmente drástico. Só quando se removem as confusões lógicas iniciais é que fica claro que o curso apropriado para a epistemologia não é adotar nem blindar-se contra o ceticismo mas, antes, moderar as próprias ambições – exigir de argumentos e alegações de conhecimento em qualquer campo não que tenham de estar à altura de padrões analíticos mas, mais realisticamente, que tenham de alcançar a espécie de poder de convicção ou caráter bem fundado que pode ser relevantemente pedido nesse campo.

Dentro da lógica formal, parecia, o ideal analítico obteve sua atratividade em grande parte do prestígio da matemática. A história da filosofia tem estado tão ligada à história da matemática, tanto na Atenas Clássica como na época da Revolução Científica, que talvez este efeito seja compreensível. Não deve nos surpreender que Platão, o organizador e diretor de uma notável escola de geômetras, tenha achado na prova geométrica um ideal valioso para todas as ciências; nem que Descartes, o criador de um importante ramo da matemática ainda hoje conhecido como "geometria cartesiana" – ramo esse que tem tido influência incomensurável no desenvolvimento da física moderna – tenha sido atraído pela idéia de estabelecer de modo quase geométrico todas as verdades fundamentais da ciência natural e da teologia. Assim, também, podemos entender como Leibniz, o inventor de nosso moderno cálculo diferencial, saudou a perspectiva de tornar a filosofia tão "real e demonstrativa" quanto a matemática.

Não deveríamos, eu digo, surpreender-nos com estas coisas. Mas isto não significa que nós mesmos tenhamos de ser conduzidos pelo mesmo ideal. Na verdade, temos, mais propriamente, de nos acautelar contra ele, e temos de ser rápidos em reconhecer em que pontos sua influência é maligna. Em geral, é claro, nada há de original nesta observação; mas é preciso manter na mente, com firmeza e clareza, todas as distinções lógicas necessárias, se é que nos interessa evidenciar todas as conseqüências de se abandonar o ideal analítico. William Whewell, por exemplo, reconheceu há um século o efeito deturpante na filosofia de Platão, de sua predileção pelos métodos e lógica da geometria; só um entendimento das "ciências dedutivas", ele argumentou em sua conferência *Sobre a influência da história da ciência na educação intelectual*, dá à pessoa uma idéia desproporcionada da natureza do raciocínio. A geometria e a jurisprudência, os modelos tradicionais para as ciências, têm sido deslocadas em séculos recentes de sua antiga preeminência, e também se deve adquirir um entendimento dos métodos de pensamento característicos da física, da biologia e de outras ciências naturais – ou "indutivas". Não obstante, fora seu importante *insight* da necessidade daquilo que ele chamou de "conceitos correlacionantes" – um *insight* no qual ele foi muito além de seu contemporâneo J. S. Mill –, Whewell deixou em grande parte sem crítica a distinção tradicional entre dedução e indução.

Só quando se desenvolve um conjunto mais complexo e campo-dependente de categorias lógicas é que vêm à luz as fontes detalhadas de nossos problemas epistemológicos. Desde Descartes, por exemplo, os filósofos têm sido provocados por problemas que ele levantou sobre a falibilidade de nossos sentidos; em particular, pela possibilidade – a possibilidade *lógica*, é claro – de que todas as nossas experiências sensoriais possam ter sido astutamente arquitetadas por um engenhoso Demônio, determinado a nos enganar para que tivéssemos as crenças que temos acerca da existência e propriedades dos objetos do mundo à nossa volta.

À primeira vista, nenhum problema poderia desafiar mais gravemente nosso amor-próprio ou nossas alegações de genuíno conhecimento. No entanto, o que cria problema aqui é só a falsa expectativa de que argumentos *de* como as coisas se parecem *para* como elas são *poderiam* idealmente atingir validade analítica. Tudo aquilo para o qual Descartes chama a atenção é uma "possibilidade lógica", e esta "possibilidade lógica" (isto é, ausência de autocontradição) é um traço necessário do caso.

Por outro lado, o que nós pedimos nesse campo de argumento na prática são conclusões para as quais as suposições sejam tão convincentes a ponto de serem irrefutáveis para propósitos práticos. Assim, podemos responder a Descartes que nenhuma coleção de afirmações sobre nossas experiências sensoriais poderia ou precisaria implicar alguma conclusão sobre o mundo à nossa volta – usamos a palavra "implicar" com o sentido de "inferir analiticamente". A pergunta que fazemos num caso assim, se alguma coleção de dados sensoriais nos *justifica* para alegar conhecimento sobre o mundo, não pede implicações de modo algum; a questão é, mais propriamente, se os indícios de nossos sentidos são, de fato, sempre refutáveis – se as suposições que eles criam estão, na realidade, sempre abertas a discussão séria – e, com certeza, a resposta para esta pergunta é "não". Com muita freqüência, essas suposições são das mais sólidas, de modo que, como foi bem dito, "é mais irracional duvidar do que acreditar em algumas coisas".

Em Descartes, como em Platão, as conexões geométricas do ideal analítico são bastante claras. A idéia de que argumentos substanciais contêm "abismos lógicos", com sua suspeição implícita de todos os saltos entre tipos lógicos, é uma conseqüência natural de se medirem esses argumentos com medidas de comparação destinadas à matemática pura. No entanto, os saltos entre tipos lógicos e as diferenças de campo são aquilo com que começamos, e jamais podemos escapar deles de modo apropriado; transições de tipo entre nossas conclusões e sua informação de suporte não são abismos ou deficiências: são traços característicos de nossos próprios campos de argumento. Quanto à ausência de implicações dos argumentos substanciais e ao fato de que eles não se conformam aos critérios analíticos, nada há a lamentar, nem nada do que pedir desculpas, nem nada que se deva tentar *mudar*.

Nem é preciso dizer, pragmaticamente, que é demais pedir garantias analíticas nesses casos – que tudo o que se pode pedir de modo razoável é uma certeza de que uma garantia *funcionou*, e que temos de aceitar isso *na falta de* implicações.

Mesmo esse ponto de vista, embora possa parecer modesto (e não totalmente diferente da posição que atingimos nestes ensaios), é enganador. Pois este não é o lugar para usar as palavras "na falta de"; há uma vez mais uma desculpa implícita nelas, que a situação não garante.

Pode ser útil encerrar esta discussão com uma imagem; uma imagem que fará alguma coisa para neutralizar os efeitos da imagem rival cultuada na expressão "abismo lógico". Nós precisamos de algum modo de conceber a inferência trans-tipo, que não produza as associações distraidoras dessa frase. Várias possibilidades se sugerem: deve a passagem de informação de um tipo lógico para uma conclusão de um outro ser pensada como uma mudança de "nível", em vez de um passo para o outro lado de um "abismo"; ou como mudança de "direção"; ou como mudança de *postura*? Talvez a última analogia seja a mais útil. Pois mudanças de postura podem acontecer fora de hora, podem ser apressadas, prematuras; ou, por outro lado, podem ser apropriadas, justificadas, em tempo – julgadas por padrões relevantes. De fato, há um ponto em que as posturas se confundem sem nenhuma divisão bem definida em sinais ou gestos, e se tornam positivamente lingüísticas; de modo que uma diferença em tipo lógico entre duas declarações *é* apenas, nesse sentido ampliado, uma diferença entre dois tipos de postura de sinalização.

Um homem pode olhar para a frente estando no interior de seu carro e ver que a estrada está vazia, e então sinalizar para que o carro atrás dele passe. Ver que a estrada está vazia proporciona uma razão para sinalizar dessa maneira: o primeiro é a justificação do segundo. Mas embora ver seja uma coisa e sinalizar uma outra, não há nenhum "abismo" entre ver e fazer – apenas uma diferença. Para justificar nossa sinalização, nós só precisamos apontar para o estado da estrada à frente; não temos de também fornecer outros princípios para atravessar a lacuna entre a visão e o ato. A questão prática agora não é "pode o sinalizar ser em si o equivalente a ver, ou o ver o equivalente de sinalizar?", mas, sim, "em que casos ver alguma coisa justifica a atividade (inteiramente distinta) de sinalizar?".

Nessa analogia, podemos comparar o exame da informação que temos (digamos) sobre as posições presentes e passadas dos planetas com o olhar à frente estrada acima, e externar uma previsão com sinalizar ou gesticular – dessa vez, entretanto, em direção ao futuro em vez de ao longo da auto-estrada. Aqui, também, a mudança de tipo lógico, *de* dados e apoio *para* conclusão representa uma mudança na postura do argumentador, não o saltar sobre uma brecha problemática. Sem dúvida, a presença de um abismo temporal ou "lapso de tempo" no caso das previsões fez muito para fomentar a idéia de que predizer o futuro envolve atravessar abismo; e isto ajuda a explicar por que se tem tão freqüentemente acreditado que o problema geral de transições entre tipos lógicos, que de fato está na base de toda a epistemologia, surge primeiro e mais agudo para induções e previsões. Mas uma coisa é um abismo temporal, outra coisa um abismo lógico; e fazer uma previsão não é tanto atravessar uma brecha escancarada quanto assumir uma atitude (justificada ou infundada) de estar na expectativa.

Tinha eu razão em ameaçá-lo? Ou em acenar para que passasse? Ou em apostar que pelo menos uma traseira apareceria? Ou em declarar que eu sabia a resposta para sua pergunta? Essas quatro perguntas são mais parecidas do que percebemos até aqui; e os epistemologistas não precisam ver mais abismos – tampouco, mais problemas – nos últimos dois casos do que os que há nos primeiros.

Conclusão

Os primeiros passos indispensáveis em qualquer investigação filosófica podem parecer inteiramente negativos, tanto na intenção quanto no efeito. Fazem-se distinções, impõem-se objeções, doutrinas aceitas são consideradas deficientes, e destrói-se a aparência de ordem que havia no campo; e qual, um crítico pergunta, pode ser a utilidade disto? Como efeito imediato, os movimentos iniciais do filósofo quase sempre mais destroem que constroem analogias e conexões. Mas isto é inevitável. O falecido Ludwig Wittgenstein costumava comparar a reordenação de nossas idéias pela filosofia com a reordenação dos livros nas prateleiras de uma biblioteca. A primeira coisa que se tem de fazer é separar livros que, embora estejam agora adjacentes, não têm nenhuma conexão real, e espalhá-los pelo chão, em diferentes lugares; assim, de início, aumenta inevitavelmente a aparência de caos na estante de livros e à sua volta, e só depois de algum tempo é que começa a se manifestar a nova e melhorada ordem de coisas – embora, nesse momento, repor os livros em suas posições novas e apropriadas seja então questão de rotina comparativa. No início, portanto, as atividades tanto do bibliotecário como do filósofo estão fadadas a parecer negativas, confusas, destrutivas; ambos têm de contar com a caridade dos seus críticos, para que olhem além do caos inicial, para a intenção de mais longo prazo.

Nestas presentes investigações, por exemplo, pode ter parecido que só nos preocupamos com questões negativas: a forma que a teoria lógica não deveria assumir, problemas na teoria do conhecimento que são descobertas ilusórias, o que está errado na noção tradicional de dedução, e assim por diante. Mas se assim foi, não foi por amor às distinções e às objeções. Se tudo estivesse bem (e claramente bem) na lógica filosófica, não haveria sentido em embarcar nestas investigações; nossa desculpa está na convicção de que é necessária uma reordenação radical da teoria lógica a fim de alinhá-la mais perto da prática crítica, e nossa justificação só virá se as distinções e objeções sobre as quais aqui insistimos tornarem mais próxima a tal reordenação.

No entanto, algo pode ser dito em conclusão para indicar quais passos mais positivos são necessários, tanto na lógica quanto na teoria do conhecimento, de modo a dar prosseguimento às investigações críticas que foram nossa principal preocupação aqui. Tendo jogado fora as seções da velha "lógica" e "epistemologia" do catálogo de nossa biblioteca intelectual, como começaremos a repor os volumes espalhados numa arrumação nova e mais prática?

A resposta completa seria um assunto muito longo; mas se podem fazer algumas observações gerais sobre os princípios que governarão qualquer reordenação. Três coisas têm de ser observadas em especial:

(i) a necessidade de uma *reconciliação* entre a lógica e a epistemologia, que se tornarão não duas matérias, mas apenas uma;

(ii) a importância, em lógica, do método comparativo – tratar argumentos em todos os campos como igualmente interessantes e apropriados e, assim, comparar e contrastar suas estruturas sem nenhuma sugestão de que argumentos num campo sejam "superiores" a argumentos em outro campo; e

(iii) a reintrodução de considerações históricas, empíricas e até mesmo – num certo sentido – antropológicas na matéria em que os filósofos têm-se orgulhado de purificar – mais do que todos os outros ramos da filosofia – de todos os argumentos, exceto os *a priori*.

(1) Para começar, então, será necessário desistir de qualquer distinção nítida entre lógica, por um lado, e teoria do conhecimento, pelo outro. O tom e o tempero psicológico de questões epistemológicas são (como vimos) enganadores. A pergunta "como funciona nosso equipamento (ou entendimento) cognitivo?" deve ser tratada, para propósitos filosóficos, como equivalente à pergunta "que espécies de argumentos podem ser apresentadas para as coisas que alegamos saber?" – deixando de lado assim as questões psicológicas e fisiológicas associadas, que são irrelevantes para as investigações do filósofo – e esta questão é uma questão para a lógica. Se um argumento é apresentado em apoio a uma mera asserção, ou a uma alegação de conhecimento, em qualquer dos dois casos sua adequação será uma questão lógica; o fato de que, no segundo caso, a asserção é feita sob a proteção de uma alegação de autoridade e confiabilidade ("eu sei que...") não faz nenhuma diferença séria para os padrões para julgar o argumento em seu suporte.

Enquanto a epistemologia foi pensada como se incluísse tanto questões psicológicas sobre habilidades inatas do recém-nascido, como questões fisiológicas sobre o desenvolvimento da estrutura cérebro-fisiológica, bem como questões de um tipo lógico, ela parecia ser um ramo inteiramente autônomo da "filosofia mental"; o entendimento humano, sua gênese e desenvolvimento, era uma matéria bem diferente do silogismo e de suas características formais. Mas, se nossas investigações foram dirigidas, de algum modo, de maneira apropriada, a lógica e a epistemologia têm agora de se mover uma em direção à outra.

A epistemologia pode divorciar-se da psicologia e da fisiologia, e a lógica pode divorciar-se da matemática pura; a tarefa própria de ambas é estudar as estruturas de nossos argumentos em campos diferentes e ver com clareza a natureza dos méritos e defeitos característicos de cada tipo de argumento.

Em alguns campos, nos quais a autoconsciência lógica pode ser de valor prático, o estudo da lógica aplicada já trilhou um bom caminho – embora às vezes sob outros nomes. A jurisprudência é uma matéria que sempre adotou uma parte da lógica dentro de seu escopo, e aquilo que chamamos de início de "a analogia jurisprudencial" pode ser visto em retrospectiva como equivalendo a alguma coisa mais do que uma mera analogia. Se o mesmo que tem sido feito com os argumentos legais há um longo tempo fosse feito com os argumentos de outros tipos, a lógica faria grandes avanços.

(2) Esse estudo conjunto – chame-se de "lógica aplicada" ou do que se queira – deve ser inevitavelmente comparativo. O grande fator deturpante (como nós vimos) no desenvolvimento da teoria lógica até aqui tem sido a prática de tratar argumentos num campo como se fornecessem um padrão universal de mérito e validade. Filósofos estabeleceram ideais de necessidade "lógica", de validade "lógica" e de possibilidade "lógica" que só podem ser aplicados a argumentos fora do estreito campo analítico no estágio preliminar de testar consistência – ou então por uma extensão ilógica. Argumentos substanciais na ciência natural, na ética e em outros lugares têm sido tratados e julgados de modo severo por filósofos, só por não serem (coisa que jamais pretenderam ser) analíticos; e seus méritos bem genuínos têm sido considerados desprezíveis quando comparados com esse pecado inicial inevitável.

O que se tem de reconhecer primeiro é que a validade é uma noção intracampo, não uma noção intercampo. Argumentos dentro de qualquer campo podem ser julgados por padrões apropriados dentro desse campo, e alguns não alcançarão o objetivo; mas se deve esperar que os padrões sejam campo-dependentes, e que os méritos a serem pedidos de um argumento num campo sejam considerados ausentes (na natureza das coisas) em argumentos inteiramente meritórios de outro campo.

Nós devemos aprender a tolerar em lógica comparativa um estado de coisas há muito tempo admitido em anatomia comparativa. Um homem, um macaco, um porco ou um porco-espinho – para não falar de um sapo, um arenque, um tordo e um celacanto –, cada qual tem de ser considerado segundo sua própria estrutura anatômica: membros, ossos, órgãos e tecidos arrumados num padrão característico de sua espécie. Em cada espécie, alguns indivíduos serão deformados, ou lhes faltará um órgão necessário para a vida e a sobrevivência, ou então poderão ter uma parte que é impedida por sua composição de servir à vida da criatura de modo plenamente efetivo. No entanto, aquilo que num indivíduo de uma espécie conta como deformação pode ser a normalidade num outro indivíduo de outra espécie. Um homem com uma mão em forma de mão de macaco seria, de fato, deformado e incapacitado para viver a vida de um homem; mas as mesmas características que incapacitaram o homem poderiam ser indispensáveis para um macaco – longe de serem deformidades, poderiam ser uma vantagem positiva. Neste sentido, normalidade e deformidade são noções "intra-específicas", não noções "interespecíficas", e o mesmo tipo de situação é válido para termos de avaliação lógica. Se perguntamos sobre a validade, a necessidade, o rigor ou a impossibilidade de argumentos ou conclusões, temos de fazer essas perguntas dentro dos limites de um dado campo, e evitar, por assim dizer, condenar o macaco por não ser homem ou o porco por não ser porco-espinho.

Os padrões de argumento na ótica geométrica, por exemplo – diagramas em que raios de luz são traçados em sua passagem de objeto para imagem –, são distintos dos padrões a serem encontrados em outros campos; por exemplo, numa especulação histórica, numa prova de cálculo infinitesimal, ou o que se exige para que o réu de um processo civil alegue negligência. Pode haver amplas semelhanças entre argumentos em diferentes campos, tanto nas principais fases dos argumentos (que estudamos no Ensaio I) como em sua microestrutura (à qual nos voltamos no Ensaio III); no entanto, é nossa obrigação não insistir em encontrar tais semelhanças a qualquer custo, mas ficar de olho aberto também para possíveis diferenças. Desse modo, deveríamos esperar encontrar em alguns campos conclusões "necessárias" como a regra, em outros sobretudo as conclusões "presumíveis"; inferências garantidas por "leis" terão uma estrutura, aquelas que dependem mais de simples correlações empíricas serão diferentes. Onde são encontradas diferenças desses tipos, em geral temos de respeitá-las; temos liberdade para tentar imaginar novas e melhores maneiras de argumentar em determinado campo que nos interesse em especial; mas temos de ter cuidado antes de concluir que em algum campo todos os argumentos têm de ser igualmente inválidos. A simples possibilidade de chegar a tal conclusão já tem de ser tomada como sinal de perigo; ela indica, quase certamente, que cânones irrelevantes de julgamento entraram em nossa análise e que argumentos no campo em questão estão sendo condenados por não atingir coisas que não têm de atingir.

(3) A lógica concebida dessa maneira pode ter de se tornar uma matéria menos *a priori* do que tem sido nos últimos tempos; obscurecendo, desse modo, as distinções entre a lógica em si e as matérias cujos argumentos os lógicos esquadrinham. (Alguns filósofos podem ver nisso uma razão para confinar a lógica mais determinadamente "às condições do discurso inteligível" – a saber, à consistência e ao respeito

por implicações; mas nós vimos como este programa custaria caro se levado a cabo por completo.) Aceitando a necessidade de começar coletando para estudo as verdadeiras formas de argumento correntes em qualquer campo, nosso ponto de partida será confessadamente empírico; estudaremos técnicas de traçar o raio porque elas são usadas para fazer inferências óticas, conclusões presumíveis e "revogabilidade" como traço essencial de muitos argumentos legais, sistemas axiomáticos porque refletem o padrão de nossos argumentos na geometria, na dinâmica e em outras partes. E estes estudos só exigirão pedidos antecipados de desculpas se se estiver completamente apegado ao ideal da lógica como ciência *a priori*, puramente formal.

Mas a lógica não terá apenas de se tornar mais empírica; ela tenderá, de forma inevitável, a ser mais histórica. Imaginar novos e melhores métodos de argumentar em algum campo é fazer um grande avanço, não apenas na lógica, mas no próprio campo substantivo; grandes inovações lógicas são partes integrantes de grandes inovações científicas, morais, políticas ou legais. Nas ciências naturais, por exemplo, homens como Kepler, Newton, Lavoisier, Darwin e Freud transformaram não apenas nossas crenças, mas também nossos modos de argumentar e nossos padrões para relevância e prova; por conseguinte, eles enriqueceram a lógica, bem como o conteúdo da ciência natural. Grotius e Bentham, Euclides e Gauss realizaram a mesma façanha dupla para nós em outros campos. Nós precisamos estudar as maneiras de argumentar que se estabeleceram em qualquer esfera, aceitando-as como fatos históricos; sabendo que elas podem ser suplantadas, mas só como o resultado de um avanço revolucionário em nossos métodos de pensamento. Em alguns casos, esses métodos não serão mais justificáveis – em todo caso, por argumento; o fato de que se estabeleceram na prática pode ter de ser o bastante para nós. (Nesses casos, a propriedade de nossos métodos intelectuais será o que o falecido R. G. Collingwood chamou de uma "pressuposição absoluta".) Mesmo onde podem ser mais justificados em termos de concepções mais abrangentes, assim como os métodos da ótica geométrica podem ser justificados ao serem adotados no sistema mais amplo da ótica física, o passo não será um passo formal *a priori*, mas um avanço substancial no plano da teoria; e as concepções do sistema mais amplo em si permanecerão, por seu turno, algo derradeiro cujo estabelecimento bem-sucedido devemos aceitar por enquanto como uma questão de história. Dessa maneira, uma porta se abre da lógica, não apenas para a psicologia e a sociologia, mas também para a história das idéias; podemos olhar com nova simpatia a visão de Collingwood da filosofia como estudo dos métodos de argumento que, em algum momento histórico, serviu como derradeira Corte de Apelação em diferentes disciplinas intelectuais.

Há certas maneiras de pensar sobre Matéria ou o Estado ou a Conduta; outras existiram mas foram suplantadas. Sem dúvida, pode-se imaginar um número indefinidamente grande que será formalmente coerente, mas na lógica aplicada mal podemos fazer alguma coisa a não ser começar do ponto em que nos encontramos. As ciências – naturais, morais e práticas – estão *aí*; um lógico aplicado ou um epistemologista já terá muito o que fazer se estudar apenas as espécies de investigação e argumento que existiram historicamente; e fazê-lo de maneira adequada pode ser o trabalho de toda a vida de muitos homens.

Aqueles com espírito matemático podem, se quiserem, elaborar outros esquemas formais abstratos – padrões de possíveis argumentos separados da verdadeira atividade de argumentar em algum campo conhecido. Mas devem tomar cuidado em atribuir os resultados a alguma das ciências existentes, a menos que estejam preparados para fazer aquilo que vimos que tem de ser feito aqui – esquadrinhar a história lógica, a estrutura e o *modus operandi* das ciências usando o olho de um naturalista, sem preconceitos ou idéias preconcebidas importados de fora. Isto significará ver e descrever os argumentos em cada campo tal como são, reconhecendo como funcionam; não propondo-se a explicar por quê, ou a demonstrar que eles têm necessariamente de funcionar. O que se pede, numa frase, não é *teoria* epistemológica, mas *análise* epistemológica.

Não há nenhuma explicação para o fato de que uma espécie de argumento funcione na física, por exemplo, exceto um argumento mais profundo também dentro da física. (A lógica prática não tem nenhuma rota de fuga, nenhum buraco de parafuso que dê para o *a priori*.) Compreender a lógica da física está de acordo com compreender a física. Isto não quer dizer que apenas os físicos profissionais familiarizados com as mais recentes teorias podem discutir os princípios dessa lógica, visto que a maioria delas é a mesma tanto nos ramos elementares como nos sofisticados da ciência, e pode ser ilustrada também por episódios históricos e por episódios do dia de hoje. Mas quer dizer que aqui, como também na filosofia política, na ética e até na filosofia da religião, deve-se dar mais atenção ao atual estado do objeto substantivo no momento presente, como ao curso de seu desenvolvimento histórico. Ao lembrar como, na lógica e na filosofia das ciências físicas, homens como Duhem, Poincaré e Meyerson estiveram empenhados durante tanto tempo justamente nesse tipo de investigação, e perseguiram-no sob o mesmo título de *épistémologie*, um inglês relembrará com nostalgia de William Whewell, cujos estudos da lógica e da história das ciências indutivas costumavam também iluminar um ao outro. E ele pode ser tentado a murmurar a meia voz, em despedida, as palavras memoráveis de Laurence Sterne: "resolvem esta questão melhor na França...".

Referências

A análise de argumentos aqui apresentada deve muito ao professor Gilbert Ryle, que deu estimulantes sugestões sobre lógica tanto em seu livro *The Concept of Mind* (Londres, 1949) como em ensaios subseqüentes como *If, So and Because* (em *Philosophical Analysis*, ed. M. Black, Cornell, 1950) e *Logic and Professor Anderson* (*Australasian Journal of Philosophy*, 1950, pp. 137 e seguintes). Suas idéias sobre "licenças de inferência" foram aplicadas às ciências físicas em meu próprio *Philosophy of Science* (Londres, 1953) no qual algumas das questões discutidas aqui no Ensaio III foram tratadas em maior detalhe, em especial a distinção entre afirmações de lei científica e afirmações sobre o âmbito de aplicação dessas leis. Sobre o tópico correspondente em jurisprudência, veja J. L. Montrose, *Judicial Law Making and Law Applying*, em *Butterworth's South African Law Review* (1956), pp. 187 e seguintes.

A discussão de avaliação e apreciação no Ensaio I estende à crítica lógica as idéias do ensaio de J. O. Urmson *On Grading*, que está incluído em A. G. N. Flew, *Logic and Language: 2nd Series* (Oxford, 1953), pp. 159 e seguintes. O mesmo tópico é discutido também na Parte II do livro de R. M. Hare, *The Language of Morals* (Oxford, 1952), onde se dá um interessante efeito ao famoso ataque de G. E. Moore à "falácia naturalista": cf. *Principia Ethica* (Cambridge, 1903). Hare, entretanto, faz uso não-crítico da nítida distinção entre declarações "descritivas" e "emotivas", o que é criticado por K. E. M. Baier e S. E. Toulmin, *Mind* (1952), pp. 13 e seguintes. Para o Ensaio II, veja o ensaio de J. L. Austin, em *Logic and Language: 2nd Series*, pp. 123 e seguintes, e também J. N. Findlay sobre *Probability without Nonsense, Philosophical Quarterly* (1952), pp. 218 e seguintes. Para o Ensaio III, veja livro e ensaios de Ryle, e também J. O. Urmson, *Some Questions Concerning Validity, Revue Internationale de Philosophie* (1953), pp. 217 e seguintes (reimpresso em Flew, *Essays in Conceptual Analysis* [Londres, 1956], pp. 120 e seguintes), D. G. Brown, *Misconceptions of Inference, Analysis* (1955), H. L. A. Hart, *The Ascription of Responsabilities and Rights*, em Flew, *Logic and Language: 1st Series* (1951), pp. 145 e seguintes. Sobre a questão de "lógica da afirmação" e "lógica da proposição", abordada no Ensaio IV, veja A. N. Prior, *Time and Modality* (Oxford, 1957), Apêndice A. O Ensaio V deve, de novo, muito a Austin, *loc. cit.*

Em conclusão, é muito justo dar referências precisas dos livros aqui criticados, de modo que o leitor possa julgar por si mesmo até que ponto minhas críticas são justas e onde eu deturpei as opiniões que rejeito. Estes incluem, além de R. M. Hare, *op. cit.*, Rudolf Carnap, *Logical Foundations of Probability* (Chicago e Londres, 1950), Willliam Kneale, *Probability and Induction* (Oxford, 1949), A. N. Prior, *Logic and the Basis of Ethics* (Oxford, 1949) e P. F. Strawson, *Introduction to Logical Theory* (Londres, 1952). A referência à obra de sir David Ross é a *The Right and the Good* (Oxford, 1930), e a do professor G. H. von Wright é a seu ensaio sobre *Deontic Logic* em *Mind* (1951), pp. 1 e seguintes, e a *An Essay in Modal Logic* (Amsterdam, 1951).

Índice remissivo

1. Nomes próprios

Aristóteles, 1, 2, 3, 6, 11, 137, 186, 210, 212, 215, 253, 259, 264, 265
Austin, J. L., 69, 71, 75, 305, 339
Ayer, A. J., 332

Bacon, Francis, 222
Bentham, Jeremy, 367
Berkeley, George, 127, 222, 332
Bernoulli, Jacob, 124
Boole, George, 124-5, 253

Carnap, Rudolf, 6, 64, 66, 67, 108-27, 229-30, 261, 265-6
Collingwood, R. G., 368

Darwin, Charles, 367
Descartes, R., 110, 311, 355-7
Dewey, John, 4, 7
Duhem, P., 369

Euclides, 259, 273, 287, 367

Farjeon, Eleanor, 63, 129
Fermat, P. de, 351
Frege, Gottlob, 123, 125
Freud, Sigmund, 367

Gauss, K. F., 367
Grotius, H., 367

Hardy, G. H., 274
Hare, R. M., 230-2
Hart, H. L. A., 203
Holmes, Sherlock, 173-4, 197, 228
Hume, David, 13, 218, 222, 234-7, 250, 314, 329, 331-2
Husserl, Edmund, 123

Jeans, James, 123
Jeffreys, Harold, 123

Kepler, Johann, 367
Keynes, J. M., 115, 124
Kneale, W., 64-108, 114-5, 120-2, 222-4, 227, 338

Laplace, P. S. de, 113, 196, 228
Lavoisier, A. L., 367
Leibniz, G. W., 110, 253, 355
Locke, John, 222, 332
Meyerson, E., 369
Mill, J. S., 356
Mises, R. von, 111-3
Moore, G. E., 97, 332
Morgan, A. de, 124

Newton, Isaac, 174, 228, 367

Pascal, Blaise, 285
Piaget, J., 301
Platão, 255, 257, 259
Poincaré, Henri, 369
Prior, A. N., 232-3, 249-50, 258
Pitágoras, 259, 273

Quine, W. V., 256, 264

Ramsey, F. P., 108, 124
Richards, I. A., 332
Ross, W. D., 203-4

Russell, Bertrand, 124
Ryle, Gilbert, 173

Sterne, Laurence, 369
Stevenson, C. L., 332
Strawson, P. F., 225-8, 230, 253, 264

Urmson, J. O., 108

Waismann, F., 125
Whewell, W., 355, 369
Wisdom, John, 326
Wittgenstein, L. 361
Wodehouse, P. G., 344
Wright, G. H. von, 267

2. Termos introduzidos ou discutidos

analogia jurisprudencial, 10-1, 21-4, 59-62, 138, 202-4
apoio de garantias, 148-51
argumentos analíticos, 179, 187-202
argumentos presumíveis, 31
argumentos quase-silogísticos, 156-4, 186-92, 198-201
argumentos que estabelecem garantia, 172, 194
argumentos que usam garantia, 172, 194
argumentos substanciais, 179, 311 ss, 334

argumentos,
   analítico/substancial, 179
   conclusivo/tentativo, 195
   dedutivo/indutivo, 173, 207, 214
   presumível, 31, 143, 147, 203
   quase-silogístico, 156-9, 187-92, 198-201
   que usa garantia/que estabelece garantia, 172, 194
cálculo de sorteios, 282 ss.
cálculos, feitos sob medida, 288-98

campo-dependência, 21
campo-invariância, 21
campos de argumento, 12, 20
classificação, 479
critérios, para uso de termos modais, 11, 42, 43 ss, 51 ss.

dados, em suporte a conclusões, 139
dedução, 9, 12, 173-5, 207, 214, 222

episteme, 2, 253 ss.

falácia naturalista, 97, 104
força, de termos modais, 12, 42, 43 ss, 51 ss, 130
 de afirmações universais, 161
forma lógica, 61-2, 136-7, 202-3
 abismo, 13, 319 ss.
 impossibilidade, 46, 218-9, 242-9, 290 ss.
 necessidade, 9, 218, 242-7, 290 ss.
 possibilidade, 218, 242-7, 290 ss.
 relações, 262
 palavras, 194, 213

garantias, 141

impossibilidade, 29, 31 ss.
 formal, 33, 278 ss.
 matemática, 44-6, 96, 290

 teórica, 39-40, 290-2
impropriedade, 36 ss.
indução, 12, 174, 207, 214

necessidade e probabilidade, 195-201
necessidade, 29, 144

possibilidade, 25-6, 244
probabilidade, 30, 115-6, 144
 cálculo, 115, 131
 relações, 102-7, 115, 120
probabilificação, 76, 102-7, 144, 146, 203
proposições e afirmações, 254 ss.
 cálculo de, 265-6
psicologismo, 120-7

qualificadores, modais, 145-6

refutação, condições de, 145
relações de suporte, 115
revogabilidade, 203

saltos entre tipos lógicos, 19
significado, força e critérios, 50
silogismo, princípio do, 183

validade formal, 158
validade, em lógica formal, 221
verificabilidade, princípio de, 117-8